UNA ESPAÑA MEJOR

MARIANO RAJOY

Una España mejor

PLAZA JANÉS

Papel certificado por el Forest Stewardship Council®

Primera edición: diciembre de 2019
Cuarta reimpresión: diciembre de 2019

Printed in Spain — Impreso en España

ISBN: 978-84-01-02273-9
Depósito legal: B-17.599-2019

Compuesto en Pleca Digital, S. L. U.
Impreso en Liberdúplex
Sant Llorenç d'Hortons (Barcelona)

L022739

Penguin
Random House
Grupo Editorial

A Viri, Mariano y Juan

Índice

Índice

Con la venia

El 20 de noviembre de 2011 la victoria electoral del Partido Popular era algo incuestionable; acaso se podía haber dudado de su magnitud, pero no de su signo. Nadie en su sano juicio podía albergar la remota esperanza de que el PSOE pudiera ganar las elecciones. La crisis económica había liquidado cualquier expectativa electoral del partido en el Gobierno. Las elecciones municipales y autonómicas del mes de mayo ya habían confirmado el vuelco. El Partido Popular había ganado en casi todas las Comunidades Autónomas y en la mayoría de las capitales de provincia. Por primera vez gobernábamos prácticamente todas las instituciones autonómicas y locales. Extremadura y Castilla-La Mancha estrenaban gobiernos del Partido Popular, lo mismo ocurría en importantes ciudades de Andalucía. Por si esto fuera poco, todas las encuestas anunciaban el triunfo del PP en las elecciones generales. Estaba muy claro que íbamos a gobernar España y que lo haríamos en unas condiciones muy difíciles. Una vez más se nos iba a otorgar la confianza para rescatar a España del paro y la desesperanza.

Aquella victoria electoral suponía el reconocimiento a

toda una vida dedicada a la política. Una gran satisfacción para mí y una pequeña compensación para las personas que durante todos esos años sufrieron las consecuencias de mi pertinaz vocación política: mi mujer, que siempre me apoyó incondicionalmente y que suplió con generosidad y sentido común mis innumerables ausencias familiares; mi padre, que al principio receló de mi vocación y cuya rectitud, sensatez y discreción siempre me acompañaron; mis hijos, mis hermanos, mis amigos... Todos sentíamos que por fin, después de no pocos reveses y contratiempos, culminaba con éxito una tarea que había comenzado muchos años antes. Aquellos esfuerzos, los sinsabores, las incomprensiones y alguna que otra deslealtad... todo venía a cobrar sentido aquella noche de noviembre de 2011. Tantas horas de trabajo, muchas ocasiones hurtadas a la familia, los disgustos que tantas veces se llevaron sin estar acostumbrados como yo a las servidumbres de la vida pública. En definitiva, una vida dedicada a la política y al Partido Popular culminaba con una inapelable y contundente victoria electoral. Se terminaba con éxito una etapa, la de líder de la oposición, y comenzaba otra muy distinta, la de Presidente del Gobierno de España.

En mi intervención de aquella noche procuré ser prudente y conciliador. Sabía que nos enfrentábamos a la mayor crisis económica de la historia reciente y quería trasladar a todas las personas, también a las que no me habían votado, la necesidad de encontrar complicidad y comprensión ante la ingente tarea que teníamos por delante.

Las campañas electorales constituyen el momento de mayor agresividad y polarización del debate político, el de la movilización máxima, en el que se pronuncian las frases más altisonantes, las acusaciones más hirientes, las descalificaciones más burdas. Pero todo ese lenguaje debería quedar enterrado la misma noche electoral. Una vez que los ciudadanos deciden y se pronuncian sobre sus preferencias no me parece saludable mantener esa atmósfera de enfrentamiento que a nada conduce. A partir del momento en que se abren las urnas y se conoce la voluntad de los ciudadanos se debe rebajar el grado de tensión del momento electoral y buscar acuerdos. Y quien mayor responsabilidad tiene en ello es el ganador. Sin embargo, cada vez más, asistimos a discursos políticos basados únicamente en la confrontación y no en la cooperación; ese constante maniqueísmo, ese exceso en la impostura para diferenciarnos del otro acaba derivando hacia una política estéril de campaña electoral permanente y extenuante.

Además, cuando uno consigue una victoria tan abrumadora como aquella, con el 44 % de los votos y 16 puntos de ventaja sobre el rival inmediato, cualquier aspaviento o exageración no solo estaba de más, sino que constituía un gesto de escasa elegancia política.

Habíamos ganado las elecciones después de mucho esfuerzo y mucho tesón, pero el futuro que se abría ante nosotros era cualquier cosa menos halagüeño. España estaba en una situación crítica. Hubo entonces quien se consolaba vaticinando que la gravedad de la crisis era tal que se iba a llevar por delante dos gobiernos: el del PSOE, que había sido castigado severamente por su gestión económica, y el del PP, que acababa de ganar las elecciones con una rotunda mayoría absoluta. Hubo también quien presumía de haber recomendado al Presidente Rodríguez Zapatero el adelanto electoral para evitarse el trago de asumir la petición del rescate soberano del país. En cualquier caso, fuera esta la razón principal o una más entre un nutrido grupo de consideraciones, lo cierto es que la situación del último Ejecutivo socialista era insostenible: a la crisis galopante se unía el descrédito general por haberse empeñado en el ciego voluntarismo de ignorar la gravedad de los hechos. Su propio partido recelaba de la gestión del Gobierno después del profundo viraje que había tenido que imprimir a su política en 2010 obligado por los socios europeos, y además se había demostrado incapaz de impulsar las reformas que pedía urgentemente la economía española.

Probablemente la reforma más efectiva que acometió el Presidente Rodríguez Zapatero en su última etapa de gobierno fue la que pactó conmigo para incluir en la Constitución española el principio de estabilidad presupuestaria, que obligaba a todas las administraciones a comprometerse en la lucha por el equilibrio en sus cuentas. Aquella reforma del artículo 135 de la Carta Magna, que acordamos en tiempo récord y de la que ahora reniegan algunos de quienes la respaldaron, fue vital para poder embridar el galopante déficit público que nos encontramos al llegar al Gobierno. Hoy por hoy, ese artículo y la ley que hicimos posteriormente para desarrollarlo siguen siendo una garantía de que no se repitan desmanes similares en el futuro.

La situación de España aquel noviembre de 2011 era extremadamente complicada, pero yo mantenía una razonable confianza; creía ser consciente de la magnitud del reto —luego se reveló mucho peor de lo que podía suponer— pero también de nuestras fortalezas para hacerle frente. Contaba con una sólida mayoría absoluta en ambas Cámaras que nos permitía sacar adelante las reformas con rapidez y eficacia; también tenía de mi parte el respaldo y el esfuerzo coordinado de la mayoría de las administraciones territoriales, que estaban gobernadas por el Partido Popular y que fueron fundamentales para lograr reconducir la situación de las cuentas públicas; gozaba de un conocimiento profundo de la realidad del país, que había recorrido de punta a punta en mis años de líder de la oposición, y acumulaba además una larga experiencia de gestión. Había sido Ministro de Administraciones Públicas, de Educación, Cultura y Deportes, de Interior y de Presidencia, así como Vicepresidente del Gobierno y su portavoz. Cuando llegué a la Presidencia del Gobierno había tenido la oportunidad de conocer en detalle la Administración Pública y algunos departamentos especialmente sensibles como el de Interior. Sabía cómo era el país que me había encomendado su gobierno, sabía cuál era la gravedad de las circunstancias, pero también su extraordinaria capacidad de recuperación y sabía cómo debía hacer frente a la responsabilidad que tenía ante mí. Tendría que actuar con determinación para adoptar las medidas necesarias para cambiar el rumbo del país, pero también con prudencia para valorar cuidadosamente las consecuencias de esas decisiones y con moderación para no generar más tensiones ni empeorar un clima social que ya estaba muy alterado por la crisis.

Así pues, aquella fue una noche feliz, probablemente la última que viviría en mucho tiempo, porque a la mañana siguiente empezaron los problemas. Pensábamos que se nos había puesto al frente del Gobierno de España para afrontar la crisis económica, pero tuvimos que hacer mucho más que eso; nos tocó dirigir el país en uno de los periodos más difíciles de su reciente historia, y esa historia, o al menos mi visión de la misma, es la que el lector tiene entre sus manos.

Este libro responde solo a la voluntad de contar mi historia y mis vivencias desde la responsabilidad que tenía encomendada durante unos años en los que nuestro país pudo haber quebrado, pudo haberse roto, pudo haber sufrido una severa merma en su sistema de protección social o incluso pudo haber vivido una seria crisis institucional por el relevo en la Jefatura del Estado. Todo pudo haber ocurrido, pero nada de ello sucedió.

Es mi crónica personal de unos años difícilmente olvidables en los que España corrió serios riesgos y de cómo los viví desde la Presidencia del Gobierno. No he querido que, como me ha ocurrido en ocasiones durante mi vida política, otros hablen por mí o me atribuyan palabras que no he dicho. Después de haberlo valorado detenidamente, rectifiqué mis fundadas prevenciones contra esta incursión en el mundo de la escritura y llegué a la conclusión de que la responsabilidad de haber gobernado España me exigía también el deber de contar mi versión de esa parte de nuestra historia en común, un periodo del que se puede decir cualquier cosa menos que haya sido intrascendente. Otras personas podrán tener una perspectiva de los hechos que aquí se narran muy distante de la mía e igualmente respetable, pero si alguien quiere conocer mi versión y mis razones, las encontrará en estas páginas. Así es como yo lo vi y como yo lo viví.

Habrá quien eche en falta referencias a algún episodio concreto de su interés, pero asumo ese riesgo desde el primer momento porque la memoria es selectiva y subjetiva. Durante el proceso de elaboración de este libro, conversando con amigos y colaboradores, he podido comprobar de qué forma tan personal vamos recabando los elementos que conforman nuestra memoria. Recordando hechos importantes, momentos decisivos que habíamos compartido varios de nosotros, cada uno era capaz de aportar un detalle distinto que a los demás nos había pasado inadvertido y, por tanto, habíamos olvidado. Uno recordaba una conversación o una frase a la que los demás no habían prestado atención, otro era capaz de describir con precisión un gesto o cualquier otro detalle de color; cada cual tenía su propia versión y su particular recuerdo de un mismo hecho común para todos.

Son, pues, los recuerdos de mis vivencias, con toda la carga de subjetividad que ese concepto entraña, aunque también he intentado mantener el principio que me ha guiado en toda mi vida política: establecer prioridades y dedicarme a lo importante. Los hechos más decisivos de mis años de gobierno.

Probablemente sería inmisericorde y cruel para con el lector glosar aquí en detalle todas las reformas que impulsamos desde el Gobierno; tampoco creo que esa avalancha de información pudiera servir para tener una perspectiva real de lo que significaron aquellos años. En todo caso, esas reformas figuran en el Boletín Oficial del Estado y sus innegables resultados en todas las estadísticas que se quiera consultar. Mi intención no es tanto contar los hechos objetivos como

compartir los detalles que explican esos hechos, intentar trasladar las dificultades que nos encontramos, recordar el ambiente que se vivía, glosar algunas conversaciones que fueron
importantes y perfilar así el cúmulo de circunstancias que me
aconsejaba tomar decisiones en un sentido u otro.

Como todo el mundo puede entender fácilmente, la economía ocupa una parte muy sustancial de este libro. Durante
mucho tiempo se me recriminó que hablara mayoritariamente
de ella y es posible que ahora alguien lo vuelva a criticar. Pero
la economía y el empleo no dejan de estar entre los asuntos
que más preocupan a los españoles según declaran ellos mismos cada vez que se les pregunta. Cuando hablamos de economía hablamos de tener un empleo, de cobrar las deudas, de
conseguir financiación, de poder mantener abierto el negocio
familiar o de tener que cerrarlo definitivamente. Yo hablaba de
este asunto porque a mí la gente me abordaba para comentar
sus problemas económicos en todas partes, incluso hasta
cuando me estaba bañando en la playa. ¡Claro que importa!

Por otra parte, lo que ha hecho el conjunto de la sociedad
española durante estos años ha sido tan admirable que merece ser recordado y contado como acaso no se contó en el momento de los hechos o con la perspectiva que entonces no se
tenía. A nosotros nos tocó la labor de dirigir ese esfuerzo conjunto desde el Gobierno y para ello era preciso abordar un
profundo saneamiento de la economía española. Lo logramos
gracias a la acción coordinada en todos los ámbitos económicos, pero principalmente gracias a cuatro elementos decisivos: la reducción del déficit público, la reestructuración del
sistema financiero, la reforma laboral y la decisión de no pe-

dir el rescate soberano. Cada una de estas piezas fue imprescindible para salir de la crisis, por eso las cuatro figuran en
este libro.

La reducción del déficit, la más ingrata de todas las tareas
que tuvimos que acometer en este tiempo, fue decisiva para
recuperar la credibilidad perdida ante los mercados internacionales, ante nuestros socios y ante los propios españoles,
que merecían tener confianza en su país y en el futuro de los
servicios públicos esenciales. Intentamos hacerlo de manera
equilibrada, repartiendo los costes de un empeño profundamente impopular. Tuvimos que subir los impuestos y reducir
prácticamente todas las partidas de gasto, salvo las pensiones
o las prestaciones por desempleo. En cualquier caso, lo más
importante de esa reducción del déficit es que fuimos capaces
de decidir por nosotros mismos qué partidas ajustábamos y
cuáles no, qué impuestos teníamos que subir y cuáles nos
resistimos a incrementar. Esa es la parte política del asunto:
haber logrado una salida de la crisis sin romper las bases de
nuestro sistema de protección social. Pudimos hacerlo porque
mantuvimos nuestra soberanía económica. Fuimos nosotros,
con el conocimiento que teníamos de nuestro país y de sus
peculiaridades, los que decidimos cómo y dónde concentrá-
bamos los esfuerzos.

Pero todo ese trabajo habría sido baldío si no hubiéramos
arreglado además aquella parte de nuestro sistema financiero
que había contaminado la reputación del conjunto y que estaba provocando un auténtico colapso de la economía. Tuvimos que pedir a la Unión Europea una línea de crédito porque la situación de la economía española y de nuestras

cuentas públicas hacía imposible que lo pudiéramos lograr por nuestros propios medios. Mucho se ha hablado de aquellas negociaciones que, pese a todas sus dificultades e incomprensiones, concluyeron con un acuerdo que abriría el camino a la construcción de la Unión Bancaria Europea. Sin duda, aunque solo fuera por los dolores de cabeza y las horas de difíciles conversaciones que tuvimos que dedicarle, bien merece dicho episodio un comentario en este libro.

El tercer elemento que cimentó nuestra recuperación fueron las reformas para ganar competitividad y, por encima de todas ellas, la reforma laboral. Poco se puede decir de ella más significativo que sus resultados. Acaso merezca la pena destacar en relación con este asunto que, a pesar de las dos huelgas generales que los sindicatos convocaron contra mi Gobierno, yo nunca renuncié al diálogo con los agentes sociales y gracias a ello pudimos cerrar acuerdos positivos, especialmente para los cientos de miles de personas que entonces carecían de un empleo y que hoy disfrutan de una situación muy diferente.

Mientras todo esto sucedía en España, en Europa también librábamos una batalla por reforzar la arquitectura del euro, cuyas limitaciones había dejado al descubierto la devastadora crisis económica. No es posible olvidar aquellos Consejos Europeos que se prolongaban hasta altas horas de la madrugada buscando —realmente imaginando— soluciones admisibles para todos frente a problemas que en muchos momentos parecían superar nuestra capacidad de reacción. Hubo plantes, discusiones, malentendidos y recelos, pero por encima de todo prevaleció la responsabilidad de evitar que la

crisis se llevara por delante el proyecto europeo. Frente a todas las dudas y los pronósticos más sombríos que entonces se
hacían, el euro no solo sobrevivió a la crisis sino que salió más
reforzado ya que hoy contamos con mecanismos de previsión
e intervención inexistentes hace unos años. Es cierto que la
economía ha dejado de ser la mayor preocupación de los ciudadanos europeos —no tanto para los españoles—, pero
ahora Europa y sus instituciones están obligadas a dar una
respuesta a la resaca política de aquella crisis. De cómo abor-
demos cuestiones como la inmigración, la seguridad o la
competitividad de nuestras economías dependerán nuestro
bienestar futuro y la propia existencia de la Unión.

A la hora de repasar los años en La Moncloa es obligado
dedicar alguna reflexión al fenómeno de la fragmentación
política, que no es exclusivo de España. También merece
la pena detenerse con cierto detalle en alguna de sus causas,
como la corrupción, en lo que ha sido su principal consecuencia, la inestabilidad política, y en las distintas maneras de
responder ante el fenómeno: unos ofrecimos pactos y otros
prefirieron cerrarse en posiciones maximalistas o intransigen-
tes y forzar una moción de censura que no ha servido para
mejorar la estabilidad del país. Los promotores y socios de
aquel episodio no han sido capaces, hasta el momento de
escribir estas líneas, de ofrecer a los ciudadanos ni un proyecto coherente ni un horizonte de estabilidad. Y esto, más que
una opinión, resulta un hecho objetivo.

Como no podía ser de otra manera, el otro asunto que,
junto a la economía, merece la mayor atención en esta crónica personal de mi tiempo en la Presidencia del Gobierno es la

cuestión de Cataluña. Un colaborador cercano suele decir que en menos de siete años nos tocó defender en dos ocasiones la soberanía nacional: la primera vez al evitar el rescate soberano y la segunda al aplicar el artículo 155 de la Constitución. Dicho así puede sonar algo jactancioso, pero así lo percibí yo. No ignoro que mucha gente discrepa de ese planteamiento y cree que la respuesta del Gobierno no fue satisfactoria o suficientemente contundente, ni se me escapa que algunos de los más feroces críticos de hoy fueron encendidos defensores de la medida en el momento en que esta se adoptó y de la manera en que se hizo. En un asunto de tanta trascendencia, que ha tocado de forma tan profunda la fibra ciudadana de cada uno de nosotros, son lógicas las diferencias de opinión; cada cual tiene su particular manera de ver el asunto y probablemente nadie la cambiará por lo que yo pueda decir en este libro. Pero sí creo que, a la hora de formar criterio, puedan hacerlo conociendo también mi testimonio de primera mano sobre aquellos hechos que ya figuran para siempre en la historia de nuestro país.

Figuran también en esta crónica personal hechos indudablemente históricos que acontecieron durante mi gobierno. Me refiero a la disolución de la banda terrorista ETA y al relevo en la Jefatura del Estado. Hoy, con los pocos años pasados desde entonces, ambos se evocan con un aroma de normalidad que podría confundirse erróneamente con la irrelevancia, pero nada más lejos de la realidad. La desaparición de ETA, sin que la banda terrorista hubiera logrado ninguno de los objetivos por los que asesinó durante décadas a tantos españoles, es la gran victoria histórica de nuestra democracia frente al terror. Por ello discrepo profundamente de aquellos que cuestionan o ponen en duda esa inapelable victoria. Al menos bajo mi mandato no tuvieron ni el derecho a ser escuchados en ningún tipo de negociación, conversación o toma de contacto. Nada tenía que hablar con ellos y nada hablé. Hoy ETA ha dejado de existir y eso nos debe congratular a todos, pero no debe haber lugar para el olvido. Del mismo modo que fuimos capaces de perseverar hasta lograr la derrota de la banda, hoy debemos mantener la determinación para garantizar que nadie reescriba la historia de aquellos años, para que la infamia siga siendo infamia, el crimen, crimen, y las víctimas, un permanente objeto de homenaje y reconocimiento.

La abdicación de Don Juan Carlos en la persona de su hijo el Rey Felipe VI tampoco admite dudas respecto a su carácter excepcional. Fue un hecho histórico por sus escasos precedentes. No hay más que repasar nuestra historia reciente para comprobar las escasísimas ocasiones en que un relevo de esta naturaleza no fue acompañado de circunstancias dramáticas o de profundas incertidumbres. También acredita su excepcionalidad la talla singular de las personas que lo protagonizaron. Don Juan Carlos y Don Felipe han demostrado suficientemente su responsabilidad y su vocación de servicio a España; cada uno con su propia personalidad y su manera de ser han contribuido de forma notable al éxito de nuestro país en todos los órdenes. Fue histórica también la pulcritud ejemplar con la que se llevó a cabo todo el proceso y la manera en que funcionaron nuestras instituciones democráticas en un momento en el que el clima social sufría grandes tensiones provocadas por la magnitud de la crisis económica.

Esos son, entre otros, los grandes asuntos que se va a encontrar en el libro que tiene entre sus manos: recuerdos y vivencias contados de una forma personal que no pretende ser exhaustiva ni histórica. Lo que no hallará será el menor atisbo de resentimiento o la tentación de establecer ajustes de cuentas con el pasado y mucho menos con las personas. Nunca lo hice en mi vida política en activo y menos lo voy a hacer ahora que me he retirado de ella. Para mí ha sido un orgullo ser Presidente del Gobierno de España y no estoy dispuesto a permitir que nada empañe esa íntima y profunda satisfacción vital, mucho menos la nostalgia o el rencor. Cualquier reproche que pudiera tener contra determinadas personas se torna insignificante frente a la ingente cantidad de agradecimientos que debo consignar.

Y entre esos agradecimientos tienen un lugar preferente todas las personas que formaron parte de mis gobiernos por su entrega y dedicación. Si no fue fácil para mí, tampoco lo fue para ellos. Probablemente habrán discrepado alguna vez de mis decisiones o no las habrán entendido en su totalidad. Es posible incluso que en alguna ocasión se hayan sentido incomprendidos y huérfanos de apoyo; pero si fue así, he de reconocer que de todos ellos solo recibí una lealtad incuestionable y una generosidad en el esfuerzo que siempre agradeceré. Nadie debe tener la tentación de hacer lecturas políticas de las presencias o las ausencias de unas personas u otras. No hay más motivo para ello que la obligada selección de temas por respeto al lector y a su paciencia, pero el agradecimiento es el mismo hacia todos ellos: los que figuran en el libro y los que se han podido quedar fuera.

Lo mismo puedo decir de tantos dirigentes territoriales del Partido Popular que desde las Corporaciones Locales o las Comunidades Autónomas pusieron lo mejor de sus capacidades y de su inteligencia al servicio de su país en una situación dificilísima. Todos ellos, cada uno en sus distintas responsabilidades, son protagonistas de los hechos que aquí se recogen. A todos sin excepción, así como a los diputados y senadores y eurodiputados que constituyeron un bloque de apoyo impagable en los momentos más difíciles, y muy especialmente a los militantes del Partido Popular, que dieron la cara en defensa de mi Gobierno y de mi persona en todos los rincones de España, les debo un agradecimiento infinito del que quiero dejar constancia desde el primer momento.

Y a usted, amable lector, le pido paciencia y comprensión. La misma que tuvo durante los momentos más duros de nuestro mandato. Creo que la historia que recoge este libro, aunque sea yo quien la haya escrito, no es tanto una crónica personal como la historia de un éxito colectivo. La sociedad española supo sobreponerse a la crisis más aguda de su historia y a mí me cupo el honor y la responsabilidad de estar al frente de su gobierno durante esos años. A pesar de todas las dificultades, fue un privilegio y una satisfacción servir a mi país y dejarlo en una situación mucho mejor que la que yo me encontré. Una España mejor.

1

Dedicado a la política

Somos un partido de centro. ¿Y esto qué quiere decir? Quiere decir que nosotros no arrastramos doctrinas ni orejeras. Que no tenemos ideas preconcebidas sobre las cosas. Que huimos de cualquier radicalismo. Y que entendemos la acción política desde la moderación, el diálogo y la convivencia.

El centrismo no es una ideología; no es una doctrina política. El centrismo es una voluntad. La voluntad de evitar cualquier exageración. La voluntad de sacar el mejor partido de las cosas sin prejuicios doctrinarios. La voluntad de sintonizar con los deseos y las necesidades reales del pueblo español, que es fundamentalmente moderado y rechaza todo extremismo porque lo entiende como una mezcla de insensatez y de ineficacia.

21 de junio de 2008
(Intervención de Proclamación del Candidato,
XVI Congreso del PP, Valencia)

El oficio del político

Es indudable que no llegué a la Presidencia del Gobierno en 2011 por casualidad; probablemente mi carrera política haya sido la más extensa que haya tenido cualquier Presidente del Gobierno de España en este periodo democrático. Si eso es bueno o malo, cada cual tendrá su particular opinión. Yo estoy íntimamente convencido de que esa dilatada carrera política y la experiencia que fui acumulando en cada una de las responsabilidades que me fueron encomendadas a lo largo de los años me resultaron de gran ayuda para gestionar las dificultades a las que luego habría de enfrentarme en el Gobierno de la Nación.

Y es que la política no solo consiste en contar con un bagaje ideológico y en defender tus ideas; eso es imprescindible pero no suficiente si no se acaba plasmando en hechos. Lo más reconfortante de la política es poder transformar la realidad a partir de esas ideas. Hacer cosas, aunque sean pequeñas, que ayuden a que pueda prosperar la vida de tus compatriotas, ya sea en una pequeña Diputación Provincial, en un Ayuntamiento o en el Gobierno de la Nación; eso es lo que convierte a la política en algo apasionante. Al fin y a la postre, eso es lo que da sentido a todo el esfuerzo; es lo que queda cuando las incontables contingencias cotidianas se han esfumado.

Durante el tiempo en que presidí el Partido Popular me gustaba inaugurar los cursos políticos cada mes de septiembre en Pontevedra, en el Castillo de Soutomaior. Es un paraje histórico, con una vegetación espectacular de cedros, castaños, magnolios y camelios, donde se alza un castillo del siglo XII cuya restauración acometió la Diputación de Pontevedra durante mi mandato. Volver por allí cada año al final del verano era una satisfacción especial que en más de una ocasión se veía completada por la presencia de parejas de novios que habían escogido el castillo como escenario de su boda. El complejo está hoy plenamente consolidado. Otros responsables de la Diputación vinieron después a añadir nuevas funciones al castillo, que sigue siendo un lugar de referencia en la zona de las Rías Baixas, aunque ya no de los inicios de curso político del Partido Popular, porque la llegada al Gobierno de la Diputación del Partido Socialista trajo consigo que tuviéramos que abandonar aquel entorno para nosotros tan querido.

Luego he tenido la oportunidad de hacer muchas más cosas en la vida pública y alguna de ellas figura en este libro, pero he querido recordar el Castillo de Soutomaior y su recuperación para el uso público porque creo que cualquier persona que se haya dedicado a la política puede sentirse reflejada en la anécdota. No hace falta llegar a la Presidencia del Gobierno para hacer cosas útiles por la sociedad; desde una modesta Diputación o desde una concejalía de las miles que hay en España, mucha gente trabaja día a día por mejorar la vida de sus vecinos. Estoy convencido de que todos ellos, al comprobar el resultado de sus esfuerzos, pueden entender y compartir conmigo esa íntima satisfacción que yo experimentaba cada verano al volver a contemplar el perfil imponente del castillo convertido en un elemento indispensable del patrimonio histórico y cultural de Pontevedra y en un lugar para el disfrute de la gente.

La política necesariamente está forjada en las convicciones, convicciones que todos tenemos y que en algunos casos nos llevan a comprometer nuestros esfuerzos y nuestra dedicación exclusiva a esa causa. Pero la política también debe ser gestión, resultados, progreso real, avance. De otro modo se convierte en un cascarón vacío, en algo estéril o, lo que es peor, en el campo abonado para la demagogia. Nunca he compartido la carga peyorativa que se adjudica a los términos «gestor» o «tecnócrata». Pareciera sugerir que los gestores o los tecnócratas se definieran por su falta de convicciones o su escepticismo: «Usted es un tecnócrata, usted no tiene principios». Ese planteamiento, que subyace en multitud de razonamientos que he escuchado y leído a lo largo de estos años, sería el reverso de otro cliché similar e igualmente desdeñoso como es el de vincular el término «político» a la distancia, la falta de sinceridad o las marrullerías; ese despectivo «no me seas político». Tan falto de razón y tan injusto es un caso como el otro.

Los denostados tecnócratas, que tan grandes favores le han hecho a la historia de nuestro país, si por algo se caracterizan es por su capacidad para transformar las convicciones en realidades en la medida de lo posible; eso es tanto como admitir que sus convicciones nunca son satisfechas de forma absoluta. Esa tensión entre los objetivos absolutos y los logros relativos, entre los propósitos con mayúscula y las realidades en minúscula, es la que define la madurez de la política.

El gobernante debe moverse por sus ideales, pero de igual manera ha de someterse al principio de realidad. Esa es una ley de hierro. En la política y en todos los órdenes de la vida es la realidad la que te enseña a ser humilde, la que en tantas ocasiones te obliga a comerte tus propias palabras, la que te pone límites, la que obliga a actuar con prudencia y con responsabilidad.

Cuando uno es concejal piensa que ojalá fuera alcalde o consejero autonómico para poder hacer todo aquello que desde su concejalía se percibe como inalcanzable. Cuando se llega a consejero los lamentos son porque el todopoderoso ministro no atiende las justificadísimas demandas que se le han hecho llegar. El ministro, por su parte, suele vivir angustiado entre los límites que le impone Hacienda y las instrucciones del presidente. Y este finalmente acaba preguntándose en su despacho por qué diablos no acaba de salir adelante aquello que ha encargado hace semanas.

Más allá de la caricatura, lo que pretendo decir es que el ejercicio del poder en las sociedades democráticas supone en la mayoría de las ocasiones una pugna permanente por romper inercias, arbitrar acuerdos y buscar soluciones a problemas insospechados. Y en esa lucha entre el éxito y el fracaso siempre hay algo nuevo que aprender.

Cuando me encargaron la dirección de la campaña electoral que concluyó en la primera victoria en las urnas del Partido Popular en el año 1996 yo estaba convencido de que sabía casi todo de la política. Luego, cuando José M.ª Aznar me nombró Ministro de Administraciones Públicas, descubrí que todo aquello que había aprendido en el partido, incluso la experiencia de mi etapa en la Xunta de Galicia, debía ser compensado y matizado desde la perspectiva del Gobierno de la Nación. Lo mismo podría decir después de nuestra salida del Gobierno en el año 2004: entonces ya había gestionado varios ministerios y la vicepresidencia, aparentemente no había nada de la Administración que me pudiera resultar ajeno o desconocido. Sin embargo tuve que dedicarme con toda intensidad a estudiar cosas que desconocía de la labor de gobierno y a recorrer España de arriba abajo para afianzar la gran estructura territorial del Partido Popular.

Aquellos ocho años como líder de la oposición constituyeron un aprendizaje impagable: estudié muchísima economía, aprendí de las fortalezas de mi partido, de las distintas formas de ver y practicar la política en España y, también, de mis propios errores. En definitiva, aquellos años de oposición me hicieron mucho mejor político de lo que había sido antes, me dieron más bagaje, más experiencia, más habilidades para ejercer la gobernación de mi país. Por eso estoy convencido de que cada cargo público u orgánico que desempeñé me aportó nuevas lecciones sobre la condición humana y la propia manera de ser; lecciones que me ayudaron a crecer como persona y a mejorar mi talento, poco o mucho, para servir a mi país.

Como es lógico, una carrera tan larga como la mía también revela una profunda devoción por la política, por todas las dimensiones de la política: la del ruido de las campañas electorales y la de la administración sosegada de las cosas, la del contacto directo con la gente y la representación de esa misma gente en las instituciones, la de la competencia y la del pacto. Aun en los momentos de mayores dificultades, he disfrutado enormemente de la vida política, a base de conocerla y practicarla.

Una vocación sobrevenida

A lo largo de todos estos años me han preguntado en varias ocasiones por qué me dediqué a la política o en qué momento se despertó mi vocación. Y nunca me ha sido fácil encontrar la respuesta porque, a diferencia de otras personas, yo no he sentido eso que se suele denominar una «llamada vocacional». Me acerqué a la política de forma accidental, y poco a poco, casi sin quererlo, me fui vinculando de una manera cada vez más intensa hasta hacer de ello una parte fundamental de mi vida.

Algo influyó en esta vocación no planificada el recuerdo de mi abuelo, Enrique Rajoy Leloup, concejal en Santiago y artífice principal, junto con Alexandre Bóveda, de la redacción del primer Estatuto de Autonomía de Galicia allá por el año 1936. Bóveda fue fusilado al inicio de la Guerra Civil y mi abuelo, al que la sublevación de Franco le pilló en un tren camino de Madrid, a donde se dirigía para entregar al Presidente de la República los nombramientos del primer Gobierno Autonómico de Galicia, en el que él mismo ocupaba la cartera de Justicia, fue expulsado de la universidad y suspendido en el ejercicio de la abogacía. Tal vez por eso mi padre nunca habló demasiado en casa de la vida política del abuelo. A él le conocí cuando ya era muy mayor y tampoco se refería demasiado a aquel tiempo; en consecuencia, no se les puede acusar ni a uno ni a otro de haber alimentado mi interés por la actividad pública.

De hecho, a mi padre no le gustaron nada mis primeros coqueteos con la política e intentó conducirme de vuelta al camino del registro. Lo hizo como siempre hacía las cosas:

con serenidad, argumentando sólidamente y mostrando la prevención que todas las personas ajenas a esta actividad tienen hacia ella. Como es evidente, no tuvo éxito. Nunca me he arrepentido de no haber seguido los prudentes consejos de mi padre en lo relativo a esta cuestión y creo que con el paso del tiempo él también celebró que no le hubiera hecho caso. Vivió conmigo todos los años en La Moncloa y pude disfrutar de su compañía, de su rectitud y de una elegancia muy personal con la que sabía poner una saludable distancia de los problemas, por graves que estos fueran.

La historia de mi abuelo, aunque nadie hablara de ella en casa, determinó al menos una curiosidad inicial por ese mundo tan diferente al que supuestamente debía encaminarme una vez aprobadas mis oposiciones a registros, pero creo que el elemento más determinante para despertar mi vocación fue el momento histórico. Hoy la política puede parecer una actividad rutinaria, sin encanto y en demasiadas ocasiones desprestigiada, pero a finales de los 70 y principios de los 80, la política española era un motor de ilusión y una fuente inagotable de emociones. Salíamos de una larga dictadura y la democracia se estaba construyendo ante nuestros ojos entusiasmados. Hoy sigo pensando, como creía entonces con poco más de veinte años, que aquella fue una etapa fascinante, gestionada con generosidad y grandeza. Muchas personas de gran capacidad dieron en aquel momento un paso al frente, de forma totalmente altruista, para participar en una ilusionante tarea colectiva.

España bullía con iniciativas de todo tipo, pero a diferencia de lo que hemos vivido después, el debate político se nos presentaba entonces como algo noble y atractivo, una disputa que se regía por códigos de caballeros y por un afán compartido en el que la prioridad no era la aniquilación del enemigo, sino el progreso del país. Probablemente aquel fue un momento histórico y absolutamente irrepetible que tuvimos la suerte de disfrutar las personas de mi generación. Por eso, cuando hoy veo y escucho a alguna gente criticar frívolamente lo que se hizo en España con la Constitución de 1978 pienso que se debe principalmente a que ellos no tuvieron la oportunidad de disfrutar aquel ambiente ni de experimentar la emoción de la política en un momento único en la historia de España; aquella ocasión irrepetible fue un lujo que a nosotros sí nos fue dado vivir en primera persona.

Nadie va a poder recuperar nunca aquel momento por su naturaleza excepcional. Por fortuna, hoy no tenemos una democracia que conquistar ni estamos obligados a crear unas instituciones nuevas; las que tenemos son ejemplares y funcionan razonablemente bien. Pese a algunas dificultades importantes, nuestro futuro, felizmente, es mucho más previsible y ordenado de lo que era por aquel entonces; mucho más aburrido, entendiendo ese aburrimiento como el factor que según Montesquieu caracterizaba a los pueblos felices. Aquel momento de efervescencia pasó y no volverá a repetirse. Sin embargo, sí tenemos otros retos que ganar y ese debería ser el mejor antídoto contra cualquier tentación de caer en la melancolía. Hay miles de cosas por hacer y entre ellas deberíamos incluir la de devolver a la política un reconocimiento y un prestigio que le permitieran seguir siendo una actividad atractiva para los españoles.

No pretendo decir que los políticos merezcamos un trato de favor ni que se nos dispense una confianza ciega, y menos aún pedir que se oculten nuestros errores y nuestras faltas. Nada de eso tiene sentido en una sociedad libre y abierta. Los políticos debemos estar sometidos necesariamente al escrutinio público y a la crítica. Debemos responder de nuestros actos y de nuestras conductas personales, pero no deberíamos ser tenidos por personas de inferior condición solo por el hecho de dedicarnos a esta actividad. ¿Quién va a querer dedicarse a la política cuando solo por ello se arrastra el estigma de persona sospechosa? ¿Qué profesional de éxito va a querer rebajar el prestigio de su imagen pública para someterlo al vapuleo diario con motivo o sin él? ¿Quién va a querer renunciar temporalmente a su profesión para dedicar algunos años al servicio de su país si esa experiencia deviene no en un mérito, sino en una rémora para recuperar luego su actividad privada?

El asunto no es de ahora; hace ya unos años, en *La civilización del espectáculo*, Mario Vargas Llosa advirtió que «en nuestra época aquellos aspectos negativos de la vida política han sido magnificados a menudo de una manera exagerada e irresponsable por un periodismo amarillo, con el resultado de que la opinión pública ha llegado al convencimiento de que la política es un quehacer de personas amorales, ineficientes y propensas a la corrupción». Esta cita es del año 2012. Desde entonces, con el uso masivo de las redes sociales, las cosas no han mejorado.

En multitud de ocasiones he escuchado argumentar que el problema de la política en España es que está muy mal pagada y que ello es la causa principal de nuestros problemas de corrupción. Discrepo de ese razonamiento. Es cierto que la política está mal pagada, particularmente los miembros del Gobierno, y que no debería ser así. Todavía recuerdo el respingo que dio el Primer Ministro británico David Cameron cuando en un debate sobre el presupuesto europeo le confesé mi sueldo como Presidente del Gobierno de España; tanto le impresionó que lo acabó comentando en su rueda de prensa. Pero más allá de esta anécdota, ni creo que el de los sueldos sea el principal problema de nuestra política ni creo que tenga nada que ver con los episodios de corrupción que se han producido. A mi juicio, el principal problema de la política, en España y fuera de ella, es su profunda pérdida de reputación.

Probablemente los principales responsables de este fenómeno somos nosotros mismos, pero no los únicos. Más de un inquisidor de conductas ajenas ha acabado siendo víctima de los estándares imposibles dictados por su propia intransigencia. Todos en alguna medida hemos caído también en aquella perversión que denunció con brillantez Michael Ignatieff en *Fuego y cenizas,* las memorias de su vida política: la descalificación y destrucción personal del adversario para negarle el derecho a intervenir en el debate público. No se discuten las ideas, algo que es más laborioso y exigente: hay que estudiar, revisar datos, conocer los argumentos contrarios para rebatirlos, etc. Lo fácil es descalificar a quien las plantea y así liquidar cualquier posibilidad de debate racional. Este planteamiento conduce a que los políticos acaben —acabemos— siendo gente tonta, ridícula, mentirosa o perversa; en consecuencia, nada de lo que se dice en el ámbito político tendrá valor y nada de lo que pueda hacer será ponderado de forma ecuánime. Una vez instalados en esa deriva, ¿qué prestigio le queda a la política?, ¿a qué queda reducida? A una pugna teatral y estéril entre dos males, la descalificación y la propaganda.

Este fenómeno presenta unas consecuencias perversas porque allí donde la política democrática pierde la confianza de sus ciudadanos nunca es sustituida por algo mejor. O llegan los populistas envueltos en engañosas banderas de regeneración o de justicia social, o florecen los gobernantes autoritarios que, prometiendo limpieza, lo primero que barren son los sistemas de control y rendición de cuentas ante los ciudadanos que constituyen el pilar básico de cualquier sistema democrático.

Yo he tenido la suerte de conocer y disfrutar de aquella etapa de la vida de nuestro país en la que la política fue algo tan atractivo aunque no fuera un espectáculo mediático como lo es hoy. En mi juventud admiraba a aquellos personajes brillantes y responsables que afianzaron mi incipiente vocación política: eran el espejo en el que nos mirábamos todos. Hoy, tantos años después, se ha desvanecido el prestigio y el reconocimiento que una sociedad ilusionada tenía en la política.

UNA MANERA DE VER ESPAÑA

Cuando yo empecé a dar mis primeros pasos en la política, España bullía, y Galicia —mi tierra—, habitualmente tan sosegada, también se agitaba ante la recuperación de aquella autonomía que tantos sinsabores había acabado por traer a mi abuelo y a quienes con él redactaron el Estatuto de 1936. A mí, que había nacido en Santiago hacía solo veintiséis años y era nieto de uno de sus promotores, me resultaba casi imposible sustraerme a aquella efervescencia social. Todo estaba por hacer y todo se hizo: las instituciones se fueron conformando. El Parlamento, que inició sus sesiones en el Palacio de Gelmírez, cedido por el Arzobispado de Santiago, dejó de depender de la generosidad de la Iglesia para contar con su propia sede. También se decidió sobre la capitalidad, en un debate que finalizó a altas horas de la madrugada en medio de una polémica en la que incluso unos periodistas llegaron a las manos. Comenzó el proceso de transferencias, y la Xunta de Galicia pronto fue percibida como una institución con competencias propias y con una influencia decisiva en la vida de las personas.

Recuerdo aquella etapa con mucho cariño y con enorme admiración por el nivel de muchos de los parlamentarios allí presentes. Haber asistido y participado en aquellos plenos, cuando tenía veintiséis años, fue para mí una escuela de política y de parlamentarismo del bueno, absolutamente inolvidable y que me marcaría para el futuro. Colaborar en la construcción de la autonomía gallega, además de constituir una íntima reivindicación de la figura de mi abuelo, me ayudó a valorar más las virtudes del modelo de Estado que consagra nuestra Constitución.

Aunque llevo muchos años viviendo y trabajando en Madrid, nunca he olvidado mi época en la política gallega. Allí, en el Parlamento de Galicia, en el Ayuntamiento de Pontevedra, en la Diputación Provincial o en la Vicepresidencia de la Xunta, viví los nada fáciles inicios de la autonomía gallega y también de la historia del Partido Popular, e hice un magisterio en peripecias políticas de lo más accidentadas, incluida una moción de censura que me envió de vuelta al registro de la propiedad de Santa Pola. Curiosamente, muchos años más tarde, otra moción de censura me enviaría de nuevo a Santa Pola, que siempre me acogió con los brazos abiertos, con cariño y con respeto.

En ambas ocasiones se trató de operaciones políticas urdidas al margen de la voluntad popular. Mociones legítimas, en cuanto se trata de un instrumento que figura en nuestra Constitución y en nuestro régimen parlamentario, pero escasamente edificantes. En ninguno de los dos casos el nuevo Gobierno fue mejor o más estable, tampoco estuvieron justificadas ni por interés general ni por la voluntad de los votantes. Recuerdo con cariño al entonces censurado Presidente de la Xunta de Galicia, Gerardo Fernández Albor. Era un galleguista convencido, un hombre que trabajó por la concordia y el consenso y que desempeñó un papel decisivo en los primeros tiempos de la autonomía de Galicia.

Cuando Albor cumplió cien años el Gobierno de España le concedió la Medalla de Oro al Mérito en el Trabajo. Tuve el honor de entregarle la alta distinción en un acto que se celebró en Santiago de Compostela, en la Ciudad de la Cultura. Fue un día emocionante. Acudieron casi todos los que formaron parte de su Gobierno; entre ellos, José Luis Barreiro, quien muchos años antes había sido uno de los firmantes de la moción que lo censuró. Ambos se dieron un fuerte abrazo por primera vez en muchos años. Para quienes estábamos allí, y en especial para mí, fue lo más reconfortante de aquel día. El mejor final de una triste historia. Hoy, José Luis Barreiro escribe en las páginas de *La Voz de Galicia* —desde su bien ganada independencia— una de las columnas que analiza los avatares de la política nacional con mayor brillantez y agudeza.

En aquella etapa de mi trayectoria política en Galicia también viví otras experiencias que me resultaron de gran utilidad en el futuro. Una muy relevante fue el proceso por el que el Partido Popular se consolidó como el gran partido del centro-derecha español, que llevó a mi ánimo la convicción de lo importante que es para un país disponer de grandes organizaciones partidarias y los aspectos negativos de una excesiva fragmentación de las fuerzas políticas.

Un personaje imprescindible en aquel momento fue Manuel Fraga, quien sin duda se ha ganado un lugar en la historia. Fue Ministro y Vicepresidente del Gobierno de España. Fundó Alianza Popular y desempeñó un papel decisivo en la Transición. Refundó su partido, creó el Partido Popular y supo dar paso a una nueva generación. Más tarde, desde la Presidencia de la Xunta, hizo que Galicia viviera una de las mejores etapas de su historia.

Fraga prestó grandes servicios a España. Uno de los más destacados fue la creación en el año 1989 del Partido Popular, que desde entonces y hasta hace poco tiempo ha aglutinado al conjunto del centro-derecha español. En Galicia siempre fuimos partidarios de aquella operación política, y en cierta manera pioneros. A principios de los años 80 ya integramos a una parte muy sustancial de la UCD, que estaba entonces en vías de desaparecer, pero que contaba con una excelente estructura en el territorio, algo fundamental para cualquier partido político. Recuerdo que en el año 1983, siendo yo candidato a la Presidencia de la Diputación de Pontevedra, incorporamos a nuestro proyecto y a nuestras listas electorales a una mayoría de alcaldes de la UCD, muchos de los cuales fueron elegidos además diputados provinciales. Esa operación política le permitió a mi partido ganar la Diputación Provincial y a mí presidirla. Si no lo hubiéramos hecho, las cosas no habrían ido así, y mi carrera política habría sido de otra manera. No sabemos cuál.

Esa suma de esfuerzos y la confluencia en una única fuerza política, el Partido Popular, que desde entonces se hizo cada vez más grande, fueron muy positivas para el centroderecha español, que pasó a ser percibido como una alternativa real al Partido Socialista, en aquel tiempo casi invencible. También fue bueno para España porque facilitó el entendimiento con el otro gran partido nacional en los asuntos de Estado. No han sido pocas las discrepancias habidas entre el Partido Popular y el Partido Socialista, que se han alternado en los últimos años en el Gobierno de la Nación, y algunas de mucho calado; pero también es verdad que en lo que es esencial para el país, así como en la fijación de las reglas de juego, hubo en muchos casos acuerdos muy provechosos para el interés general. El proceso que se llevó a cabo con la sucesión en la Jefatura del Estado fue el último de ellos. Siempre he creído que el modelo de partidos que se constituyó en España después de la aprobación de la Constitución de 1978, muy similar al de los países más prósperos del mundo, basado en la existencia de dos grandes partidos que se turnaban de forma natural en la gobernación del país, fue el mejor para España, tal y como lo demuestra el extraordinario avance que la sociedad española experimentó en los últimos cuarenta años. De la misma manera, estoy persuadido de que la fragmentación política que vivimos hoy en nuestro país y en otros de nuestro entorno no ayuda ni a la gobernabilidad ni a la consecución de grandes consensos nacionales. Da la sensación de que a más partidos, menos acuerdos. A ello me referiré luego de forma más extensa.

En Galicia, siendo un modesto dirigente de provincias, tuve ocasión de conocer a políticos de un gran nivel; entre otros, José Manuel Romay Beccaría, una persona elegante y de vasta cultura, que fue un brillante Ministro de Sanidad y Presidente del Consejo de Estado. También tuve la oportunidad de aprender algunas lecciones sobre cómo debe funcionar un partido, algo que me fue muy útil en mi trayectoria política posterior. Sufrí en mis propias carnes el tortuoso proceso para la elaboración de las listas electorales de la Coalición Popular,* por lo demás una idea muy respetable, y la arrogancia con que se nos trató en aquel momento a los dirigentes territoriales del partido. Se nos impusieron unos candidatos que —con alguna honrosa excepción— nada tenían que ver con nosotros, además de contar con escasos méritos para figurar en aquellas listas. También fui testigo —y de hecho sufrí— los numerosos ceses de dirigentes provinciales

---

* Coalición Popular fue la marca electoral que reunió a distintos partidos nacionales y regionales de derecha y centro-derecha para concurrir a las elecciones generales, autonómicas y municipales entre 1983 y 1987.

que habían sido elegidos en los Congresos del partido y de su sustitución por otras personas nombradas directamente desde ese concepto abstracto e indeterminado que se llama «Génova, 13», para los no iniciados, la sede del Partido Popular en la capital de España.

Aprendí que un partido político que se precie no debe desdeñar la opinión de sus líderes territoriales. Es una máxima que desde entonces siempre seguí en mi trayectoria política, particularmente cuando fui Vicesecretario de Organización y Presidente de mi partido. Indudablemente existen unos principios generales que todos los miembros de una organización digna de tal nombre deben respetar, pero mi experiencia me dice también que nunca lleva a buen puerto imponer decisiones ya tomadas sin antes haber consultado, o al menos escuchado, a las organizaciones territoriales. Por lo que significan, estas merecen siempre respeto por parte de la dirección, respeto que se puede traducir en atender una llamada telefónica, en acercarse hasta la sede a explicar las decisiones o, simplemente, en dejar que la gente se desahogue cuando se le acaba de pedir algo que va contra sus intereses personales o territoriales. Pienso sinceramente que el Partido Popular ha llegado a ser una gran fuerza política porque siempre fue capaz de aunar la solidez de sus planteamientos fundamentales, que constituyen el tronco de nuestra organización, con la sensibilidad en las políticas territoriales, que son las manos con las que se alcanza el último rincón de la sociedad. Ambas son necesarias y deben ser cultivadas.

Con esas experiencias a mis espaldas me incorporé a la dirección del nuevo Partido Popular que presidía José M.ª Aznar en el año 1990, primero como Vicesecretario de Acción Electoral y un año después como Vicesecretario de Organización. El objetivo de todos era hacer del PP una alternativa al socialismo, una alternativa creíble, que pudiera acceder al gobierno y aplicar unas políticas distintas a las de los socialistas que llevaban gobernando España desde 1982. Para conseguirlo, además de ocupar el espacio de la moderación, donde siempre se sitúan los españoles, era preciso fortalecer la estructura del partido, incorporar nuevos cuadros y aumentar la militancia, especialmente en zonas de España donde el monopolio político del PSOE parecía intocable.

En esa etapa empecé a descubrir una de las grandes satisfacciones que me ha deparado la política, que no es otra que haber tenido la oportunidad de conocer mi país en profundidad y entender la grandeza que conforman todas sus enormes diferencias. No me resulta fácil explicar por qué he disfrutado tanto con mis viajes por España. En un caso podía ser por la sonoridad musical del nombre de algún pueblo; en otro, el descubrimiento de un paisaje insospechado, o una joya arqueológica, una empresa de tecnología puntera, incluso una comida singular. Hay mil maneras de descubrir lo que define a un país cuando se está predispuesto a ello. Y, por supuesto, siempre la gente, la gente explicando sus proyectos, sus historias personales, sus ambiciones o sus dificultades; en definitiva, su vida.

Conocer España ha sido un privilegio y la oportunidad de entender que somos mucho más que un hecho histórico, político o constitucional. España es mucho más que un concepto, es un cuerpo vivo que late en cada uno de esos pequeños detalles que yo pude ir descubriendo en tantos años de viajes y que se percibe tanto en mi Santiago natal como en las tan españolas Ceuta y Melilla. Somos muy distintos, vivimos en lugares que apenas tienen que ver entre sí y nos comportamos de manera muy diferente: en algunas zonas somos ruidosos y bullangueros, en otras reconcentrados y serios, pero todos compartimos un mismo aliento social, una sensación de pertenencia, que no excluye ni resta sino que suma y enriquece; algo inasible, un sentimiento indefinible que hace que seamos y nos sintamos parte de una comunidad. Ni mejores ni peores, sencillamente partícipes y protagonistas de una misma realidad común.

Aquel trabajo tan intenso y tan gratificante fue acompañado de resultados esperanzadores que nos indicaban que estábamos en la buena dirección. Tras las elecciones municipales y autonómicas del año 1991, el Partido Popular, además de aumentar sus apoyos de forma sensible y su presencia en las instituciones, llegó a gobernar en lugares tan emblemáticos como Madrid o Valencia, donde José María Álvarez del Manzano y Rita Barberá ganaron unas alcaldías que desde el principio de la democracia habían estado gestionadas por los socialistas. El buen hacer de aquellos primeros alcaldes y alcaldesas del Partido Popular, sus éxitos y su determinación por transformar sus respectivas ciudades constituyeron un activo de valor incalculable para nuestra formación política. Ellos eran la muestra de lo que la gente podía esperar de nosotros cuando nos confiaba la responsabilidad de gobernar y su ejemplo fue decisivo en el proceso de consolidación y crecimiento que nos llevaría a ganar en 1996 las elecciones generales.

Yo me encargué de la dirección política de aquella campaña, como ya había hecho en las municipales y autonómicas del año 1995, las primeras que ganamos con claridad y donde el PP amplió notablemente su poder territorial con nuevas alcaldesas como Celia Villalobos en Málaga, Luisa Fernanda Rudi en Zaragoza, Teófila Martínez en Cádiz o Soledad Becerril en Sevilla. La campaña de las generales de 1996 transcurrió con muchísima tensión, porque aunque partíamos como favoritos, todos recordábamos la decepción de tres años atrás, cuando las encuestas habían fallado clamorosamente al pronosticar nuestra victoria. Pienso que en aquel triunfo influyó sin duda el desgaste de los socialistas, tras casi catorce años en el Gobierno de la Nación, pero también influyó el rigor de nuestro partido, la apuesta por los mejores y una decidida vocación centrista.

Habíamos ganado las elecciones, pero estábamos muy lejos de la mayoría suficiente para sacar adelante una investidura. Se abrió entonces un proceso de negociación nada fácil con Coalición Canaria, Convergència i Unió y el Partido Nacionalista Vasco. No es este el momento de entrar en los detalles de aquella negociación, pero sí quiero recordar la claridad y la transparencia de aquel proceso. Fueron pactos para la estabilidad, pactos para una legislatura, pactos conocidos por la opinión pública, respetados y satisfechos por sus firmantes. Aquellos acuerdos en los que yo participé muy directamente, como miembro de la Comisión Negociadora del Partido Popular, y que permitieron una legislatura de gran avance para el conjunto del país, partían de una premisa de lealtad constitucional que años más tarde desapareció, algo de lo que hablaré en extensión en este mismo libro. En cualquier caso, yo defiendo los acuerdos, he negociado muchos a lo largo de mi vida política y creo que es lo natural entre quienes tenemos la representación de los ciudadanos.

He negociado pactos de investidura y pactos presupuestarios con los nacionalistas; también he alcanzado importantes acuerdos con el Partido Socialista. Siempre he defendido y practicado que en los grandes asuntos de Estado el entendimiento entre PP y PSOE resulta indispensable. Desde la oposición participé activamente en la negociación del pacto autonómico en el año 1992 al encabezar la delegación del Partido Popular durante las conversaciones, de la que también formaron parte Jorge Fernández Díaz y Alberto Ruiz-Gallardón. Luego vendría el Pacto Antiterrorista, los grandes acuerdos en Política Exterior, Seguridad y Defensa y algunos otros que se repasan en este libro.

Siempre he defendido que los grandes temas que afectan a la nación tienen que ser acordados por sus principales fuerzas políticas; eso es lo que garantiza la estabilidad, la buena convivencia y el avance de una sociedad. Por el contrario, la tensión que se traslada a los ciudadanos cuando las reglas de juego son sometidas a la disputa partidaria o cuando los consensos básicos se rompen genera una polarización indeseable y un clima político tóxico. Hay ejemplos suficientes en nuestra historia reciente de ambos casos, con resultados conocidos por todos.

Una victoria electoral, aunque sea por mayoría absoluta, permite llevar adelante una acción de gobierno a partir de un programa político, pero no debe usarse para cuestionar el marco constitucional o liquidar los grandes consensos nacionales. En cuestiones de Estado no vale la pena forzar un cambio sin haber intentado un gran consenso previo. Por eso no quise imponer una reforma de la Ley Electoral por mayoría absoluta o aplicar el artículo 155 de la Constitución solo con los votos, entonces suficientes, de mi partido. Entiendo que haya quien pueda discrepar de este planteamiento, sobre todo en estos tiempos en los que discursos extremistas parecen ser los más útiles para triunfar en política, pero creo sinceramente que el buen gobernante no es el que tensiona a la sociedad ni el que atiende a las reclamaciones más ruidosas, sino el que es capaz de asumir que la mayoría de los ciudadanos son personas templadas de ánimo que tienen derecho a que sus políticos no les creen más problemas de los que tienen que afrontar en sus vidas cotidianas.

En el Gobierno y en la oposición

Aquella primera legislatura del Gobierno de José M.ª Aznar fue una etapa provechosa para España; los pactos de investidura se cumplieron, generaron estabilidad y se revelaron muy útiles para abordar con eficacia los dos grandes retos de aquel periodo: superar la crisis económica y acceder a la moneda única desde el primer momento y en pie de igualdad con el resto de nuestros socios europeos. Nadie apostaba por ello ni dentro ni fuera, pero lo conseguimos. Aquello no solo supuso un éxito de gestión, con todos los beneficios que iba a traer a la economía del país. Fue sobre todo una inyección de autoestima para el conjunto de la sociedad española, tan poco dada a poner en valor sus propios éxitos. Habíamos dejado de ser aquella especie de pariente pobre que se había pasado años tratando de entrar en el club europeo y que merecía un trato ligeramente paternalista para participar desde el principio y como socio ejemplar en uno de sus proyectos más ambiciosos y exitosos, como es la moneda única.

Siempre he intentado estar a la altura de las responsabilidades que me fueron encomendadas, que no fueron pocas ni fáciles. No es mi pretensión en este libro ahondar en lo que ha sido mi experiencia en el Gobierno antes de acceder a la Presidencia. Tan solo voy a recordar que, como Ministro de Administraciones Públicas, tuve que completar el proceso de transferencias a las Comunidades Autónomas, pero también aprobar la nada grata congelación del sueldo de los funcionarios, una medida que se demostró capital para reducir el déficit público hasta ese 3 % que nos permitió acceder al euro desde el primer momento. Conocí también, durante un breve periodo de tiempo, las peculiaridades del Ministerio de Educación, Cultura y Deportes, donde, como he dicho en alguna ocasión, algunos hablan mucho más de dinero que de cualquier otra cosa. Descubrí también que ese departamento exige dosis adicionales de mano izquierda, capacidad de diálogo y finura para entender la particular idiosincrasia del sector. Tienen un temperamento especial que se puede compartir o no, pero debe ser respetado y, en todo caso, atendido. De entre todas las políticas que entonces pusimos en marcha, recuerdo con especial satisfacción la creación de las Becas Séneca o la aprobación del Distrito Único Universitario.

La relación con el mundo del deporte me resultó siempre muy cómoda y relajada, en primer lugar, porque soy un gran aficionado al deporte. Fútbol, atletismo, baloncesto, ciclismo, tenis... Me gustan todos los deportes, como me gusta leer el *Marca*, por más que este hecho parezca irritar extraordinariamente a algunas personas, que deben de ser muy restrictivas en sus lecturas. Siempre he pensado que la mayoría de los deportistas están hechos de una pasta especial. No piden nada, son gente muy disciplinada, con una enorme capacidad de trabajo y de sufrimiento. Cuando las cosas no salen como esperan no buscan excusas ni culpables ajenos, sino que se ponen a trabajar más duro para superarse en la próxima ocasión y lograr su meta. Esa disciplina física y mental, ese esfuerzo de superación, esa capacidad de sacrificarse por un objetivo y de asumir el fracaso como una parte natural de su actividad encarnan lo mejor de la naturaleza humana. Tal vez por ello los deportistas son capaces de emocionarnos tanto en sus éxitos como en sus derrotas.

La gestión de aquel primer Gobierno del Partido Popular fue premiada en las siguientes elecciones con una rotunda mayoría absoluta. Paradójicamente, aquella previsible tranquilidad parlamentaria se vio retada con insistencia por un sinfín de dificultades y crisis a las que tuvimos que hacer frente. También cambió de forma considerable mi circunstancia personal a causa de mi nombramiento como Ministro del Interior. Fue una época terrible en la que ETA creyó que podría doblar el brazo a la democracia española llevando hasta límites casi insoportables su actividad criminal. Me resultó muy duro encajar aquella terrible sucesión de atentados, acudir a un funeral tras otro y tratar de confortar a familias destrozadas por aquella absoluta falta de piedad.

Hoy, felizmente, ETA ya no existe, pero el Ministerio del Interior sigue siendo uno de los departamentos más exigentes para cualquier responsable político. Interior es el núcleo del Estado, su pura esencia, no en vano se llamó inicialmente Ministerio de la Gobernación. Todo acaba pasando por el palacete de la Castellana en Madrid: el yihadismo, la inmigración, las mafias, la violencia contra las mujeres, las grandes operaciones de tráfico, las nevadas o las elecciones. Todo acaba aterrizando sobre la mesa del Ministro del Interior. A mi juicio, es el departamento del Gobierno donde con más intensidad se siente el peso de la responsabilidad de una forma solo comparable a la Presidencia del Gobierno. Pero, en caso de necesidad, el ministro siempre puede descolgar el teléfono y llamar al presidente, mientras que este no tiene a nadie a quien llamar cuando las cosas se ponen feas.

Ya desde la Vicepresidencia, también me tocó lidiar con dos asuntos particularmente complejos: la crisis de las «vacas locas» y el *Prestige*, cuyos *hilillos de plastilina* me han acompañado a lo largo de mi carrera política. Tengo para mi modesta (y admito que poco objetiva) opinión que aquella expresión tuvo tanto éxito entre mis críticos porque en lo fundamental, esto es, en la gestión de la crisis y las ayudas a los afectados, no hubo ni un solo motivo para la censura. Los *hilillos*, que me habrían hecho rico si hubiera cobrado derechos de autor, no fueron ningún obstáculo para completar una larga y satisfactoria carrera en la vida pública, pero sí me enseñaron que a un responsable político no le está permitido utilizar expresiones que otro portavoz de carácter técnico sí puede usar con toda normalidad y sin generar ningún tipo de polémica. En el caso de las «vacas locas» tuve la suerte de encontrarme a una autoridad en veterinaria particularmente dotado para la comunicación como era Juan José Badiola, que ejerció una labor fundamental para trasladar tranquilidad y confianza a la población. Esa feliz circunstancia no se repitió en el caso del *Prestige*. Recuerdo haber llamado por teléfono a Badiola y decirle: «Juanjo, ¡qué pena que tú no sepas de hidrocarburos!».

También descubrí en aquellos días del *Prestige*, y en otros sucesos mucho más dramáticos que vinieron después, la cara más perversa de la política, aquella que sin el menor escrúpulo es capaz de emplearse a fondo para obtener rendimientos electorales de las desgracias o las catástrofes. Por el contrario, pienso que en un momento de crisis, de zozobra o de duelo nacional, lo peor que podemos hacer los políticos es enzarzarnos en batallas estériles y dividir a la sociedad. Cuando he tenido la responsabilidad de gestionar situaciones similares, he intentado siempre cultivar la unidad, informar a los grupos de oposición de la situación y tratar de ofrecer una respuesta conjunta que pudiera confortar a los ciudadanos. En el caso del *Prestige* no fue posible, pero también descubrimos que ese tipo de utilización del dolor como munición política no siempre rinde los resultados esperados. Poco tiempo después de aquella marea negra se celebraron elecciones municipales. El pueblo de Muxía se había convertido en el epicentro de la catástrofe ecológica, pero también en el lugar de la utilización partidista y mediática de las desgracias ajenas. No daré nombres. Con todo, no nos amedrentamos y defendimos nuestra gestión. Durante la campaña yo me empeñé en dar un mitin en el pabellón municipal a pesar de las advertencias y los llamamientos en contra. El recinto se llenó de gente. De nuevo confirmamos que los que más ruido hacen no suelen ser los más numerosos, solo los más alborotadores. La noche de las elecciones se ratificó esa impresión: el Partido Popular había ganado con mayoría absoluta. Algunos se pusieron de los nervios.

Hubo en aquella legislatura momentos muy difíciles. No obstante, desde la distancia de los años pasados, pienso que en aquella segunda etapa de gobierno del Partido Popular se hizo una gestión eficaz y responsable, incluida una brillante y fructífera Presidencia de la Unión Europea, en unos momentos de gran inquietud social.

Fui candidato a la Presidencia del Gobierno en el año 2004. Así lo decidió la Junta Directiva Nacional, como lo había hecho en su día con mi antecesor. El Partido Popular perdió aquellas elecciones. Nadie preveía ese resultado. Las terribles circunstancias en que se produjo, después del atentado más brutal que jamás había sufrido nuestro país, el dolor que vivía España por las víctimas y por sus familias, y la conmoción en que dejó sumido al Partido Popular eran circunstancias que componían un escenario desolador. Como cualquier persona razonable, consideré entonces la posibilidad de abandonar la política y enfocar mi futuro vital hacia otros derroteros, pero confieso que tardé poco en decidir lo que tenía que hacer; nunca me he arrepentido de haber seguido al frente del PP en aquel momento.

Un factor determinante fue la responsabilidad: no me habría sentido bien conmigo mismo si hubiera abandonado a mi partido en lo que yo interpretaba que era una situación de desamparo. Hasta donde yo sé, tampoco nadie lo sugirió, y además estaba íntimamente convencido de que la derrota se había debido a unas circunstancias absolutamente excepcionales. En consecuencia, confiaba en que nos pudiéramos recuperar de aquella derrota y volver al Gobierno de España. Por eso presenté mi candidatura a la Presidencia del Partido Popular en el año 2004. Tuve el apoyo de la mayoría de los compromisarios asistentes al Congreso del partido, que clausuró Angela Merkel, quien todavía no era Canciller alemana y a la que había conocido un año antes, cuando mantuvimos un almuerzo en su despacho de líder de la oposición en el Bundestag. Con el paso de los años hemos logrado forjar una excelente relación que, además, me ha sido de mucha utilidad a lo largo de mi vida política.

Así comenzó de modo efectivo el periodo de mi Presidencia del Partido Popular. En contra de las leyendas que se han contado por ahí, nadie me impuso nada e hice mis equipos con absoluta libertad. Yo quise mantener a muchas de las personas que habían desempeñado un papel destacado en la etapa anterior, como Javier Arenas, Jaime Mayor Oreja o Josep Piqué. También Alberto Ruiz-Gallardón y Miguel Arias Cañete, que más tarde formarían parte de mi primer Gobierno. Asimismo, incorporé a otras personas que habían estado en segundo plano y tuvieron la oportunidad de asumir mayores responsabilidades. Siempre he pensado que no se ganan amigos por la vía de la sustitución sino de la ampliación. Como responsable del Partido Popular me sentía partícipe y protagonista, aunque fuera parcial, de su historia, y mi responsabilidad era preservar ese legado e intentar enriquecerlo. No se trataba ni de deshacer lo hecho ni de renegar de ello, sino de seguir avanzando sobre el terreno que ya habíamos conquistado. A fin de cuentas, somos un partido conservador, alérgico a las revoluciones y defensor de la prudencia en todos los órdenes de la vida.

Estoy muy agradecido a todos aquellos compañeros, singularmente al Secretario General, Ángel Acebes, que hizo una labor muy meritoria en circunstancias difíciles: lograron que el partido se sobrepusiera a numerosas dificultades y que se mantuviera unido. Supimos también ganarnos la confianza creciente de los ciudadanos, a pesar de lo desabrido que resultó el ambiente político en aquella primera legislatura de José Luis Rodríguez Zapatero.

Aunque he llegado a tener una buena relación con mi antecesor en la Presidencia del Gobierno, no dejo de lamentar que durante su primer mandato rompiera dos acuerdos fundamentales para España: la unidad en la lucha contra ETA y el consenso frente a las pretensiones de ruptura de nuestra soberanía. Pasado el tiempo he llegado a la conclusión de que su objetivo principal no era malintencionado, pero sí creo que estaba muy equivocado: pensaba que podía resolver de forma casi mágica, con buena intención pero bastante ligereza, problemas de extraordinaria dificultad que arrastrábamos desde hacía décadas; problemas que no solo implicaban graves repercusiones constitucionales, sino que tocaban la fibra más profunda y sentimientos muy arraigados en la sociedad española.

Hace ya tiempo que no hago juicios de intención sobre el

comportamiento de otras personas y no voy a hacerlos sobre la estrategia política de Rodríguez Zapatero en relación con ambos asuntos, pero la forma en que los enfocó, sin querer contar para nada con el principal partido de la oposición, suponía una perversión política que cristalizó en el Pacto del Tinell, y que, precisamente por ello, los condenaba al fracaso.

Desconozco si José Luis Rodríguez Zapatero se planteó continuar con esa misma agenda política en su segunda legislatura o tenía otros planes, pero lo cierto es que la devastadora crisis económica se llevó por delante cualquier proyecto político que hubiera podido planear. También ayudó la sólida posición del Partido Popular, que, a pesar de perder las elecciones de 2008, había ganado medio millón de votantes, y contábamos con un grupo parlamentario integrado por más de 150 diputados y 125 senadores.

El hecho cierto es que la agenda de la nueva legislatura fue muy diferente. Incluso terminó con una reforma constitucional pactada entre PSOE y PP para incorporar el principio de estabilidad presupuestaria que acabarían asumiendo todos los socios europeos. También apoyamos al socialista Patxi López como presidente del Gobierno vasco a pesar del incidente tan desagradable que había protagonizado en la capilla ardiente de Isaías Carrasco en vísperas de las elecciones de 2008. Yo me había acercado a mostrar nuestras condolencias a la familia del concejal socialista asesinado por ETA. Habíamos hecho una consulta previa para evitar que nuestra presencia pudiera causar incomodidad a alguien. Pero a pesar de ello nos encontramos una extemporánea y destemplada recriminación pública del dirigente socialista vasco. Pasado el tiempo he preferido pensar que su reacción fue producto del dolor por aquel asesinato y que realmente no pensaba las cosas que nos dijo aquella noche. En cualquier caso, no dejé que aquel episodio influyera en mi decisión cuando tuvimos la oportunidad de desalojar al PNV del Gobierno vasco y hacer a Patxi López Lehendakari. Por aquel entonces aún no se habían puesto de moda en la política española los vetos personales que luego tanto se han estilado.

El ambiente político en la segunda legislatura de José Luis Rodríguez Zapatero fue muy distinto al de la primera, y los populares también habíamos cambiado. No mucho, pero sí lo suficiente. Se ha hablado mucho del Congreso de Valencia de 2008 cuyos resultados fueron tan inequívocos que no justificaron la escandalera organizada previamente, pero sin duda fue un Congreso importante, tanto que diez años después se sigue hablando de él para buscar explicaciones de distintas estrategias o conductas personales.

Alguna gente de mi partido —y alguna otra de fuera— consideraba que después de haber perdido las elecciones de 2008 debía retirarme. De hecho, esa misma noche electoral empezó a circular el rumor infundado de mi dimisión. Pero en mi opinión, los resultados electorales no justificaban esa renuncia. Había perdido, sí, pero el partido seguía creciendo y gozaba de una sólida posición: el 39,94 % de los votos y 154 escaños en el Congreso de los Diputados, lo que significaba liderar el partido de la oposición más fuerte de la historia democrática en España. Además, nadie se presentó contra mí; hubo todo tipo de movimientos, pero ninguna candidatura. Mis críticos, que tenían todo el derecho a disputarme la presidencia del partido ante los militantes, renunciaron a dar ese paso. Sin duda alguna, en esa decisión el tiempo les dio la razón porque desde entonces el PP ganó las elecciones durante diez años consecutivos. Lo que sí hicieron fue poner en marcha una gran campaña mediática para intentar forzar mi dimisión. La estrategia no era disputarme el Congreso, sino obligarme a renunciar y luego ya se vería quién acababa ocupando mi plaza.

Aquel fue un proceso que, en aras de la prudencia, me limitaré a definir como singular. Cada semana comenzaba con una dimisión sonada o con una diatriba contra mi persona; incluso se llegó a convocar una manifestación ante la sede del partido para exigir mi renuncia. La crisis del PP se convirtió en una mina para los medios de comunicación; algunos —los menos— porque querían influir en su desenlace; la mayoría, sin embargo, no parecía tener más interés que explotar aquel auténtico filón de informaciones, filtraciones, conjuras y todo tipo de elementos similares.

Lo cierto es que el Congreso lo iban a decidir los compromisarios que allí se daban cita, no otras personas. Y ese fue el terreno al que yo dediqué todos mis esfuerzos, recorrí todas las Comunidades Autónomas, me reuní con los presidentes provinciales y di la batalla en el campo en el que se decidía la cuestión. Yo partía con una ventaja: conocía mi partido como la palma de mi mano y además contaba con el apoyo de numerosos dirigentes territoriales que confiaron en mí y apostaron por mi continuidad: Javier Arenas y Paco Camps, que se volcaron en mi apoyo, pero también muchos otros como Juan Vicente Herrera, Alberto Núñez Feijóo, Pedro Sanz o Ramón Luis Valcárcel estuvieron conmigo. Creo que no lo hicieron por ningún interés especial, sino porque creían que era lo mejor para el partido y porque valoraron la importancia de mantener su unidad y su integridad.

Así pues, cuando se inauguró el Congreso, solo quedaban dos incógnitas por despejar: el porcentaje de votos que iba a conseguir (fue casi el 85 % en una votación secreta) y las personas que iban a componer mi nueva ejecutiva cuyos nombres había guardado celosamente para que no fueran achicharrados en aquel ambiente de acoso político. Defendí mi candidatura con tres argumentos principales: me presentaba porque estaba convencido de poder ganar las próximas elecciones generales, como de hecho ocurrió; añadí que mi candidatura era la que mejor podía garantizar la unidad del partido, y planteé que debíamos ser capaces de abrirnos más a la sociedad, romper el aislamiento en el que nos habían querido encerrar y abrir nuestra acción política a multitud de temas. No podíamos ser monotemáticos y debíamos estar dispuestos a hablar con todos: con el Gobierno de Rodríguez Zapatero y también con los nacionalistas. Teníamos unos principios que no habían cambiado ni iban a hacerlo, pero nuestro objetivo no podía ser recrearnos en esos principios sino convencer a más personas y sumarlas a nuestro proyecto. Se nos había caricaturizado como un partido duro e intransigente y debíamos romper este cliché.

Así lo hicimos y ayudaron mucho las personas que entraron en la nueva dirección, como María Dolores de Cospedal, Secretaria General; Soraya Sáenz de Santamaría, Portavoz en el Congreso, o Esteban González Pons, Vicesecretario de Comunicación. Era gente joven que trabajó infatigablemente. Logramos entre todos, los jóvenes y los veteranos que allí seguíamos, construir una amplísima formación política. Años después, otros jóvenes valiosos se sumaron a ellos, me refiero a Fernando Martínez-Maíllo, Javier Maroto, Andrea Levy y Pablo Casado, el hoy Presidente Nacional de nuestro partido y la persona que a buen seguro será capaz de liderar el regreso del Partido Popular al Gobierno de España. Durante la década que siguió a aquel XVI Congreso, el Partido Popular ganó todas las elecciones de carácter nacional que se celebraron en España, generales, municipales y europeas; en ocasiones con mayorías amplísimas, en otras con victorias más cortas, pero siempre vencimos con claridad.

De aquel Congreso de Valencia se han escrito cientos de análisis, la mayoría más freudianos que políticos, pero el elemento que lo definió, desde mi punto de vista, no fue el cambio en las personas, aunque lo hubo; tampoco la línea ideológica, que no varió ni un ápice. Lo decisivo de aquel Congreso fue la apuesta inequívoca por preservar la independencia del Partido Popular. Allí los militantes del PP enviaron un mensaje muy claro: podíamos estar en la oposición y absolutamente solos en la defensa de nuestras ideas, pero no estábamos al albur de otras voluntades que no fueran las nuestras. No íbamos a aceptar órdenes de nadie, ni íbamos a seguir estrategias ajenas que en nada nos beneficiaban. Nadie, por muy poderoso o influyente que fuera, nos iba a señalar qué teníamos que decir o qué teníamos que hacer. Nadie, por mucho que presumiera de ser nuestro aliado, iba a marcarnos la estrategia. Estábamos dispuestos a dar todas las batallas, pero aquellas que nos dictasen nuestra independencia y nuestra concepción del bien público.

Entiendo que esta es una interpretación absolutamente personal y opinable, pero la independencia siempre ha sido para mí, en todos los órdenes de la vida, un elemento fundamental. En el caso de una formación política como el Partido Popular, esa autonomía de criterio es la garantía de la defensa del interés general; es lo que consigue que depositen su confianza en ti aquellos que no tienen un lobby o un grupo de presión para conseguir sus objetivos por otros medios. Ese fue siempre el valor de nuestro partido, su gran fortaleza y su gran servicio a la sociedad española. Siempre que se ha querido debilitar al PP, mermarlo o hacerlo más frágil lo que se buscaba era quebrar su independencia y someterlo a intereses particulares, que pueden ser legítimos, pero no pueden prevalecer sobre el interés general.

Lo atinado de estas reflexiones, que no pasan de buenas palabras cuando figuran impresas sobre el papel, lo pudimos experimentar en su más extenso y profundo significado cuando asumimos el gobierno de España y tuvimos que hacer frente a la terrible crisis económica y sus consecuencias. En aquella crisis todo el mundo sufrió, incluso los que no estaban acostumbrados a sufrir. Esos mismos que con su indudable capacidad de influencia exigían respuestas rápidas y expeditivas sin reparar en sus costes sociales. Pero este es un asunto de otro capítulo.

Dice un proverbio africano que si quieres ir rápido debes caminar solo, pero si quieres llegar lejos debes caminar acompañado. Para mí fue vital el apoyo, la colaboración y la lealtad de muchas personas, pero quiero recordar a algunas que fueron especialmente generosas conmigo. Me refiero, entre otros, a mis jefes de Gabinete: Paco Villar, trabajador y dispuesto en todo momento, que tanto batalló por nuestra victoria electoral y que tristemente no llegaría a disfrutarla por solo unos días; Jorge Moragas, siempre alegre y eficaz, que hizo una labor impagable en el ámbito internacional, y José Luis Ayllón, tan inteligente como buena persona, un hábil negociador como demostró durante su etapa al frente de la Secretaría de Estado de Relaciones con las Cortes, donde dejó un magnífico recuerdo. Los tres me defendieron contra viento y marea, lidiaron con mis manías y mis silencios y siempre me aconsejaron con sinceridad y buen criterio.

Cómo no recordar a Soraya Sáenz de Santamaría, que demostró desde el momento de su incorporación a mi equipo, en el ya lejano año 2000, una inteligencia política y una capacidad de trabajo fuera de lo normal. Fue una brillante portavoz parlamentaria y en su condición de Vicepresidenta y Ministra de la Presidencia, un referente de solvencia y de trabajo bien hecho en La Moncloa. Para mí fue siempre una garantía de tranquilidad. Sin ella, la política española es un poco más triste y más antigua.

Ana Pastor es mi amiga desde hace años, por eso nada me agrada más que comprobar los elogios que suscita su gestión en los variados cargos que le ha tocado desempeñar a lo largo de su carrera. Siempre consigue mejorarse a sí misma, algo de lo que muy poca gente puede presumir y que a mí me causa sincera admiración. Será recordada siempre como una excelente Presidenta del Congreso de los Diputados en momentos nada fáciles para desempeñar ese cargo.

María Dolores de Cospedal también ha sido una generosa y leal colaboradora. Una persona imprescindible. Ha demostrado siempre ser una mujer de coraje y de valentía que nunca se esconde ni se arruga. Trabaja todas las horas del mundo y ha dado la cara por el Partido Popular de manera admirable.

A lo largo de estos años también he contraído una deuda de gratitud con Pedro Arriola y Javier Arenas. Creo que difícilmente se pueden encontrar personas con más perspicacia y más sabiduría política que ellos. El primero se ha ganado algunos críticos por su inveterada costumbre de decir la verdad, aunque a mí eso me haya resultado de una utilidad extraordinaria. Y de Javier Arenas solo puedo decir que, además de ser mi amigo, ha sido y es una persona fundamental en la política española: tres veces Ministro, Vicepresidente del Gobierno y Secretario General del PP. La labor tenaz que hizo en Andalucía durante tantos años fue determinante en nuestras victorias electorales y fue decisiva también para que llegara un día en que Andalucía tuviera un presidente del Partido Popular, alguien tan comprometido y cercano como Juanma Moreno, con el que siempre he mantenido una estrecha amistad.

También ha estado a mi lado Carmen Martínez Castro, una mujer con una entrega y una determinación como pocas personas de las que he conocido. Primero como Directora de Comunicación del PP y luego como Secretaria de Estado del ramo, tuvo que lidiar con las no fáciles relaciones entre la política y el periodismo. Carmen, como antes hiciera Belén Bajo, me aconsejó siempre con sinceridad y buen tino.

Hoy cada cual ha seguido su camino. La política ya ha dejado de unirnos de forma tan intensa como en el pasado, pero afortunadamente con todos ellos me liga un lazo aún más fuerte que el de la política, la amistad.

2

La España que nos encontramos

> Sé muy bien lo que nos toca. Para nadie es un secreto
> que vamos a gobernar en la más delicada coyuntura
> en que se haya encontrado España en los últimos trein-
> ta años.
>
> Pero desde esta hora quiero decirles a todos los es-
> pañoles que en el compromiso que asumimos con ellos,
> no solo vamos a darlo todo, sino que vamos a darlo con
> todos. Que solo habremos salido adelante si salimos todos
> juntos. Y que, para conseguirlo, todos tendremos que
> aportar lo mejor de nosotros mismos.
>
> *20 de noviembre de 2011*
> (Intervención en la noche electoral.
> Sede Nacional del Partido Popular, Madrid)

EL AZOTE DE LA REALIDAD

Una de mis mayores preocupaciones antes de jurar mi cargo
como Presidente del Gobierno era la situación real de las
cuentas públicas. Sabíamos que el déficit era demasiado elevado, conocíamos lo que había sucedido en años anteriores,
y que el objetivo para el año 2011 acordado con la Comisión

Europea era el 6 % del PIB. Esa era también la cifra que el Gobierno saliente se había hartado de proclamar en público y en privado.

Aquel fue el escenario en el que nos movíamos al llegar al Gobierno, pero muy poco después de que los nuevos ministros jurasen o prometiesen sus cargos ante el Rey, recibí una llamada del Ministro de Hacienda, Cristóbal Montoro, transmitiéndome la información que acababa de recibir del Interventor General del Estado sobre la verdadera situación de las cuentas públicas. Según el alto funcionario, el déficit público no era del 6 %, sino que se había desviado en casi 3 puntos, aunque al final la desviación fue aún mayor. Esa diferencia suponía la friolera de casi 30.000 millones de euros. Por poner un ejemplo para entender su magnitud diré que era más de lo que íbamos a pagar en todo el año por intereses de la deuda (26.356 millones de euros) o prácticamente la misma cantidad de la partida destinada a la cobertura de desempleo (29.996 millones de euros) en un país cuya tasa de paro superaba el 22 % de la población.

Indudablemente, en los últimos meses del Gobierno socialista, aunque estábamos en la oposición, nos íbamos formando una idea de cuál era la situación del país a medida que iban saliendo los distintos indicadores económicos. La llegada al gobierno de tantos ayuntamientos y comunidades en mayo de 2011 también nos preparó para lo que suponíamos que íbamos a encontrar. Allí descubrimos entonces una deuda comercial disparada e incluso llegamos a crear en el seno del partido grupos de trabajo para ayudar a los nuevos cargos públicos a gestionar aquella situación de *prequiebra*. Pero nunca pudimos prever que el desfase global de las cuentas del Estado llegara a esos niveles. Nadie nos informó de ello durante el proceso de traspaso de poderes.

Siempre mantuvimos que ese traspaso había sido modélico, y en términos generales lo fue. Se establecieron grupos de trabajo encabezados por Ramón Jáuregui y Soraya Sáenz de Santamaría, y la información fluyó de forma intensa y leal. Recibimos documentación exhaustiva de todo aquello por lo que nos interesamos con una única excepción: la cifra del déficit público, sobre la que no conseguimos más información que aquella que figuraba en las previsiones oficiales del Gobierno. Y no se puede decir que no la pidiéramos con insistencia, tanto verbalmente como por escrito, pero lo cierto es que nunca tuvimos un dato distinto al que constaba en la previsión oficial.

En cuanto terminé la conversación telefónica con el Ministro de Hacienda, que estaba tan alarmado como yo, convoqué inmediatamente una reunión de los ministros del área económica aunque la Comisión Delegada de Asuntos Económicos ni siquiera se había llegado a constituir. Fue la primera de muchas reuniones en las que se estudiaron, se debatieron a veces con intensidad y finalmente se desarrollaron todas las reformas que llevamos a cabo en la legislatura. Siempre intenté que las grandes decisiones que afectaban a la política económica se trataran previamente en una reunión con quienes tenían alguna responsabilidad en esa área: Guindos, después Román Escolano, Montoro y el Director de la Oficina Económica —Álvaro Nadal y luego Eva Valle— siempre estaban presentes, al igual que la Vicepresidenta, Soraya Sáenz de Santamaría. Además se incorporaban otros miembros del Gobierno como Fátima Báñez, José Manuel Soria, Ana Pastor y luego Íñigo de la Serna, en función de los asuntos que tratar. Convenía que tanto el diagnóstico de los problemas como sus soluciones fuesen debatidos y compartidos por todos. Así ocurrió desde entonces y creo que resultó un buen método de trabajo.

Aquel enorme desequilibrio presupuestario nos obligó a hacer un plan de ajuste sobre el que me extenderé más adelante; pero igualmente supuso un aviso de lo que iba a ser nuestra primera etapa en el Gobierno. Fue el anuncio de una suerte de maldición, una fatalidad repetida en más de una ocasión: las cosas siempre resultaban peor de lo previsto, aunque lo previsto ya fuera suficientemente complejo. Todo lo complicado se complicaba aún más, lo grave se agravaba y lo difícil se ponía imposible. Lo mismo ocurrió con la recesión del año 2012. Se intuía que la economía iba a volver a decrecer, pero nadie podía imaginar que se hundiera otro 2,6 % del PIB, una cifra insospechada después de tres años consecutivos sin crecimiento económico.

No resulta nada fácil describir la magnitud del desastre que nos encontramos, aunque probablemente cada español tendrá su propio recuerdo de la manera en que aquella crisis afectó a su vida personal. Todas las familias se vieron golpeadas de una forma u otra; incluso las capas medias-altas de la sociedad, aquellas integradas por profesionales liberales que habían sorteado sin mayores dificultades otras crisis precedentes, se vieron seriamente afectadas. Durante aquellos días un buen amigo, arquitecto, me definió su situación de manera precisa cuando le pregunté por ello: «Mariano, desengáñate, mi profesión, como tal, ha desaparecido». Una sentencia que podían haber suscrito muchos otros profesionales cualificados por aquel entonces.

Yo también tengo mi propio recuerdo de aquella época. Constantemente me llegaban noticias de los infinitos dramas personales causados por la crisis. Si me acercaba a un acto de partido, los compañeros me relataban con todo lujo de detalles sus propios problemas o los de sus vecinos; si me reunía con los presidentes autonómicos, lo que surgía inevitablemente era la amenaza de la quiebra y su angustia por verse incapaces de atender los servicios esenciales; cuando recibía a empresarios, estos se lamentaban de que a pesar de su trayectoria de solvencia habían perdido el acceso a algo tan básico como el descuento comercial y estaban abocados a cerrar sus negocios; si hablaba con mis atribulados ministros, normalmente me encontraba con el anuncio de una nueva dificultad en nuestro horizonte.

Nada de esto es una exageración; todo ocurrió, aunque ahora felizmente parezca algo muy remoto. Si lo traigo a colación es para no olvidar de dónde venimos y para señalar que en contra del tópico aislamiento que se atribuye a los presidentes de Gobierno, yo nunca viví en una burbuja; siempre supe lo que pasaba en España por mí mismo, por mi familia, por mis amigos o por mis colaboradores. Nunca ignoré las dificultades y nunca dejé de tener presente a las personas que las estaban sufriendo. Muchos de ellos me escribieron a la Presidencia del Gobierno para que les ayudase a encontrar un empleo para ellos o sus familias, para explicarme las angustias por las que pasaban o incluso para ofrecerse a colaborar en todo lo que sirviera para salir de aquella situación.

Este breve recordatorio de lo que los españoles vivimos entonces, sumado a las experiencias personales de todos aquellos que se acerquen a leer estas letras, podría hacer innecesario continuar con esta historia; todos somos plenamente conscientes de cómo estaba España en aquel momento. Nunca en democracia habíamos vivido una crisis semejante.

Pero no bastaba con la percepción que teníamos todos. Yo tenía además la responsabilidad de gobernar. Y mi obligación, más allá de ser consciente de la situación y de tener muy presente a la gente que tan mal lo estaba pasando, era poner remedio y acertar con las decisiones. Para ello también era preciso tener muy claras las causas que nos habían conducido hasta ese punto: un buen diagnóstico es el primer paso para la solución acertada de los problemas, porque sin él resulta imposible diseñar las políticas correctas.

No hay precedentes en España de una recesión tan aguda y prolongada en el tiempo como la que sufrimos a partir de 2008. En tres años, el PIB descendió en 5 puntos. Solo en el año 2009 la riqueza nacional cayó un 3,6 %. Una idea de la magnitud de lo que entonces aconteció nos la da el hecho de que, desde el año 1960, nunca hubo más de un año seguido en el que el crecimiento descendiera en nuestro país. Pues bien, en la última crisis se acumularon prácticamente cinco años de recesión.

En su aspecto más doloroso y dramático, el de las personas que perdieron su empleo, la evolución fue simplemente devastadora. En los años anteriores a nuestra llegada al Gobierno, el número de personas sin trabajo se duplicó. El empleo se destruyó en España a un ritmo desconocido hasta entonces en su celeridad. Como señalé el 19 de diciembre de 2011 en el discurso de investidura, entre 2007 y 2011 en España perdieron su empleo tres millones cuatrocientas mil personas. Una auténtica catástrofe económica y social.

La pérdida de riqueza nacional y de puestos de trabajo era la consecuencia más visible y, a la vez, más desoladora de una economía que estaba en caída libre y engullida por una espiral de desequilibrios económicos. Era la tormenta perfecta: padecíamos una grave crisis fiscal, una crisis económica causada por la aguda pérdida de competitividad de nuestra economía y una crisis financiera que realmente solo afectaba a una parte del sistema pero que acabó contaminando a todo el conjunto. En otros países o en otras ocasiones de nuestra historia hubo que hacer frente por separado a alguno de estos males, pero no creo que existan precedentes de una conjunción tan funesta para una sociedad como la que vivimos en España a partir de 2008.

El desmesurado aumento del déficit público, con la consiguiente crisis fiscal, fue sin duda uno de los factores que más daño hicieron a nuestra economía y a los intereses de los españoles. Si en el año 2007 España tenía un superávit del 2 %, dos años después, en 2009, el déficit llegó a alcanzar el 11 %. Hubo que hacer luego, como más adelante explicaré, un enorme esfuerzo para que las cuentas públicas volvieran a estar controladas y redujéramos ese desfase presupuestario a solo el 2,5 % en 2018. Todavía hoy debemos seguir perseverando hasta conseguir el objetivo de la estabilidad presupuestaria porque el déficit es uno de los desequilibrios que más daño hacen a la economía de un país: hipoteca el futuro, aumenta la deuda, genera desconfianza y pone en riesgo los servicios públicos y el bienestar de los ciudadanos.

La razón fundamental del aumento del déficit público fue que el conjunto de las Administraciones Públicas dispararon su gasto de manera irresponsable. Gastar siempre es agradecido para un gobernante, pero hacerlo sin control y sin prudencia no es lo más recomendable: la experiencia nos dice que mientras los ingresos fluctúan y son limitados, los gastos tienden a consolidarse como definitivos. Pues bien, en España todas las administraciones se embarcaron en una espiral de gasto público que resultó casi letal para su propia supervivencia.

Sin duda en esto tuvieron mucho que ver gobernantes que pensaron que los ingentes ingresos públicos que en aquel momento procedían del sector inmobiliario iban a mantenerse de por vida, ignorando la existencia de una «burbuja» que también fue responsable de otra de las grandes crisis del momento, la crisis financiera.

Durante los años previos a la crisis, y alentados por los bajos tipos de interés que había fijado el Banco Central Europeo, en España nos lanzamos a un gasto desenfrenado a base de crédito. Tenía su lógica, porque los tipos estaban tan bajos que penalizaban el ahorro. Se pedían créditos para comprar viviendas, para comprar segundas viviendas, para invertir en casas e incluso para irse de vacaciones. En aquellos años felices si no pedías un crédito eras alguien muy poco inteligente.

Nos lanzamos a comprar viviendas, en parte, por la tradición española de disponer de un hogar en propiedad y, en parte también, porque se estaban revalorizando a una velocidad extraordinaria, mientras que el dinero en el banco no ofrecía ningún rendimiento; era un buen sistema para rentabilizar las inversiones. A nadie le interesaba frenar ese proceso. Los bancos concedían préstamos de manera indiscriminada pensando que el aumento del precio de las viviendas no tenía vuelta atrás posible; la simple revalorización del inmueble funcionaba como garantía del préstamo y, en consecuencia, la solvencia del deudor dejaba de ser un factor para tener en cuenta. Los promotores se endeudaban más allá de lo razonable por la expectativa de un negocio rentable, y los compradores, también. Fue una etapa en la que la virtud de la prudencia fue relegada a un segundo plano. Al final, ni unos ni otros pudieron pagar sus deudas, con las consecuencias de todos conocidas para muchas entidades financieras, promotores, particulares y de igual modo para el conjunto de la economía española.

La crisis fiscal y la crisis financiera no eran los únicos males que aquejaban a la economía española. En paralelo, nuestro país no paraba de perder competitividad, hasta tal punto que se había llegado a acumular un descomunal déficit exterior de cerca del 10 % del PIB en 2008, desde un 3 % en 2003. Comprábamos mucho fuera de España pero éramos incapaces de colocar nuestros productos en el exterior porque nos volvimos muy caros (en los últimos años los precios en España habían subido casi el doble que en Alemania). Además, nos endeudamos en exceso: la deuda externa se duplicó en solo cuatro años y la prima de riesgo escaló hasta unos niveles que no se habían visto desde las devaluaciones de la peseta en

1995. Olvidamos que la economía requería un proceso continuo de reformas estructurales para ganar competitividad y para adaptarnos a las nuevas realidades.

En suma, la crisis que arrancó con la caída de Lehman Brothers fue una crisis global, pero en España nos pilló en una situación de gran vulnerabilidad: estábamos muy endeudados, carecíamos de competitividad y teníamos un mercado laboral que solo sabía ajustarse a través del despido. Por si fuera poco, las serias dudas sobre la sostenibilidad de algunas cajas de ahorros acabaron por contagiar a todo nuestro sistema financiero. Con este panorama general no resulta en absoluto sorprendente que España se hubiera convertido en la más firme candidata a un nuevo rescate soberano después de los que ya se habían aprobado en 2010 y 2011 para Irlanda, Portugal o Grecia. No hay más que repasar las hemerotecas para recordar cómo era percibido nuestro país.

Un plan para España

Era evidente que el nuevo Gobierno tendría que dedicarse en cuerpo y alma a revertir aquella situación de una complejidad extraordinaria. Mi plan inicial era acometer todas las reformas necesarias cuanto antes, teníamos que actuar rápidamente en todos los frentes sabiendo que íbamos a asumir un desgaste durísimo. Antes de haber tomado posesión ya anuncié a los interlocutores sociales, con quienes me reuní en la sede de mi partido pocos días después de las elecciones, mi determinación de aprobar a la mayor brevedad posible una reforma laboral para atajar las rigideces de nuestro mercado de trabajo.

Eso es algo más que una frase hecha: si el mercado de trabajo es tan rígido como era el nuestro, cuando llega un momento de dificultad, el ajuste se acaba haciendo de la forma más dramática posible, a través de despidos masivos. Los cientos de miles de personas que habían perdido su empleo durante la crisis necesitaban una reforma en profundidad que les ayudara a volver a encontrarlo. Además, esa reforma del mercado laboral era una de las mayores urgencias del nuevo Gobierno y un instrumento imprescindible para atajar la falta de competitividad, que se había convertido en una de las causas principales de nuestra grave situación.

La segunda prioridad era empezar a poner orden en las cuentas públicas. No voy a entrar en detalles sobre la gestión del Gobierno anterior, que, como es sabido, no fue muy afortunada. Sin embargo, sí acertó al proponer la reforma del artículo 135 de la Constitución para incluir en ella el objetivo de estabilidad presupuestaria; por eso contó con mi apoyo incondicional. A finales del mes de agosto del año 2011 recibí una llamada del Presidente del Gobierno, José Luis Rodríguez Zapatero, en la que me pidió el respaldo de mi partido para promover una reforma constitucional con el propósito de otorgar el mayor rango legal y todas las garantías posibles al principio de estabilidad presupuestaria. Le brindé mi apoyo en cinco minutos. Era necesario hacerlo; de hecho, siendo también muy consciente de la gravedad de la situación, yo ya había propuesto esa reforma con anterioridad, aunque entonces no me hicieron mucho caso. Sea como fuere, lo relevante fue que en tres días los dos partidos presentamos el proyecto y fue aprobado en un plazo de tiempo brevísimo.

Resultaba absolutamente perentorio embridar el gasto público y sostener las finanzas de unas Administraciones Públicas sobre las cuales se cernía la amenaza cierta de la suspensión de pagos. Los instrumentos para conseguirlo tenían que ser los ajustes presupuestarios, el desarrollo de la Ley de Estabilidad Presupuestaria y los mecanismos de liquidez extraordinarios que, en primera instancia, permitieron a miles de proveedores cobrar las deudas que llevaban en algunos casos pendientes desde hacía años y, a la larga, coadyuvaron a que las Comunidades Autónomas pudieran reducir su déficit.

Pero tan urgente como lo anterior era adoptar las medidas precisas para restaurar la confianza en nuestro sistema financiero. La banca española había sufrido, como todas, las consecuencias de la crisis y del estallido de la burbuja inmobiliaria. Aunque en términos generales no presentaba problemas de solvencia, la reestructuración fallida de las cajas de ahorros —cuya situación sí era preocupante— acabó por generar más desconfianza y contagiar al conjunto del sistema financiero.

Era preciso actuar en todos los campos y hacerlo rápidamente, entre otras razones, para demostrar a nuestros socios y a los mercados financieros que las cosas iban a cambiar en España. La credibilidad de nuestro país ya no podía aguantar ni un retraso ni una decepción más.

Yo era muy consciente de que la primera mitad de la legislatura iba a ser extraordinariamente difícil y que las cosas no mejorarían hasta que se pudieran constatar los primeros efectos positivos de nuestra política, como de hecho ocurrió. Íbamos lanzados en una cuesta abajo y había que frenar aquel deterioro antes de poder empezar a remontar, aunque confiaba en llegar al final de los cuatro años de mandato, si no con la crisis superada, al menos con un horizonte de esperanza y demostrando a los españoles que los esfuerzos habían merecido la pena y empezaban a rendir frutos. Era la única apuesta posible, no había otra. No teníamos ni siquiera margen para especular con cualquier otra opción.

Así era además como yo interpretaba el rotundo respaldo que acabábamos de obtener en las urnas. Los españoles no solo nos habían dado su confianza, nos habían otorgado toda la responsabilidad para enderezar la situación y sacar a España de la crisis.

También estaba seguro de que no podía delegar esa enorme tarea en un vicepresidente económico y decidí asumir en primera persona la dirección de la política económica del Gobierno. Todas las semanas, salvo cuando me encontraba fuera de España en viaje oficial, presidí puntualmente la Comisión Delegada de Asuntos Económicos, el órgano que en la práctica fija la política económica del Ejecutivo. Tenía muy clara la dirección política que debía inspirar nuestra tarea. Íbamos a tener que adoptar muchas medidas impopulares y no podía desentenderme de ese proceso. Quería conocer de primera mano los pormenores de cada una de las opciones antes de tomar una decisión. Tenía que escuchar a todos, cada uno con sus distintos argumentos y con sus particulares puntos de vista, para valorar cuidadosamente las ventajas y los inconvenientes de unas decisiones que siempre iban a ser impopulares. No tenía la posibilidad de elegir entre lo bueno y lo malo, sino entre lo malo y lo peor. Y esa siempre es la más difícil de las elecciones.

Delegar esa labor de coordinación del área económica del Gobierno acaso hubiera sido más sencillo e indudablemente mucho más cómodo, pero yo sentía que nadie debía asumir una responsabilidad que me correspondía a mí en primer término. Era lo más importante que tenía que hacer mi Gobierno y el Presidente tenía que estar al frente de dicha tarea. Esa y ninguna otra fue la razón de que no hubiera en el Ejecutivo un vicepresidente económico: la economía era algo tan importante que si el Presidente no estaba en ello, no tenía sentido que estuviera en lo demás. Era mi obligación tener cumplida información de todo lo que íbamos a hacer y de las razones por las que lo hacíamos.

Alguna gente no entendió aquella decisión. Había quienes sostenían que era necesaria la figura de un vicepresidente económico para dirigir con toda la autoridad esa área y ejercer como interlocutor preferente de los distintos agentes económicos. Otros pensaban que esa figura podría servirme de protección si finalmente había que pedir el rescate para que no cayera ese estigma sobre mi persona, aunque lo cierto es que lo desesperado de la situación tampoco permitía muchos tacticismos.

Sea como fuere y admitiendo que se trata de un asunto opinable, sigo pensando que las ventajas de abordar aquella tarea en equipo desde la Comisión Delegada de Asuntos Económicos fueron muy superiores a los inconvenientes que pudiera plantear la separación de los dos grandes ministerios económicos. De hecho, ahora siguen estando separados. Se puede apuntar además otro argumento de carácter estrictamente funcional: no era posible que una misma persona pudiera estar al frente del Ministerio de Economía y del de Hacienda porque la tarea que había que llevar a cabo en ambos departamentos era, simplemente, titánica. Con un sistema tan descentralizado de nuestras cuentas públicas como el que existe en España, el Ministro de Hacienda estaba obligado a permanecer en su despacho tratando de cuadrar las cuentas, las suyas y las de todas las autonomías, para evitar la quiebra del país. Por su parte, el Ministro de Economía debía estar viajando constantemente para acudir a las citas europeas, entonces muy frecuentes, y trasladar a las autoridades comunitarias y a los mercados financieros nuestro plan económico y lograr las complicidades necesarias para llevarlo a cabo. Su misión principal era restaurar la confianza que nuestro país había perdido también fuera de nuestras fronteras.

Basta echar un vistazo a las portadas de la prensa internacional en aquellos días para recordar el grado de descrédito que suscitaba nuestra economía. Arrastrábamos una larga historia de errores clamorosos en las previsiones y de incumplimientos sistemáticos en las reformas comprometidas que habían acabado por convertir la economía española en una fuente de aguda desconfianza entre nuestros socios europeos y entre los inversores de todo el mundo. Es verdad que en aquellos momentos, e incluso tiempo después, asistimos a muchos episodios de evidente exageración, cuando no desinformación, sobre la auténtica realidad de la situación de nuestro país. Valga como ejemplo lo sucedido en ese mismo año 2012 con el *New York Times*, un periódico que, en lo que se refiere a España, tiende a desafinar bastante en sus informaciones. Publicó entonces un reportaje sobre la crisis económica que vivíamos. Se titulaba «Austeridad y hambre en España». Lo más llamativo era una colección de fotos en blanco y negro, una de las cuales llevada a portada: era un hombre rebuscando en un cubo de basura, hipotéticamente en busca de comida, aunque eso ya no lo mostraba la imagen, había que suponerlo. El texto contaba una sucesión de historias personales, todas ellas dramáticas, que trasladaban al lector una sensación de apocalipsis social. Su tesis era muy evidente: los españoles estaban pasando hambre a causa de la crisis, aunque creo recordar que no aportaba ninguna estadística digna de tal nombre para certificar esa información, tan solo un informe de una institución humanitaria sobre sus datos de atención en comedores sociales.

Aquella misma semana tuve que viajar a Nueva York para asistir a la Asamblea General de Naciones Unidas. Paseando cerca del hotel entre reunión y reunión, yo mismo pude ver a una mujer rebuscando comida entre los cubos de basura cerca de la Quinta Avenida. Evidentemente no figuró en la primera plana de ningún medio aunque la situación era tan angustiosa como la que había ilustrado la portada del *New York Times*. Ambos casos reflejaban situaciones dramáticas, pero deducir de cualquiera de ellas la confirmación científica de que en España o en Nueva York se estuviera pasando hambre de forma generalizada resultaba muy engañoso.

Esta suerte de comportamientos no solo sucedió fuera de

nuestras fronteras, también dentro, y particularmente por parte de algunos dirigentes políticos. Afirmar con todo desparpajo que en España había dos millones y medio de niños hambrientos, asunto por el que fui interpelado en el Parlamento, era sin duda una falsedad y suponía una clara manipulación de la realidad. La prueba es que cuando algún Ayuntamiento o alguna Comunidad crearon servicios especiales para atender aquella supuesta emergencia social se encontraron con que la demanda no se correspondía con las cifras que algunos agitaban. No voy a negar que pudieran existir entonces casos concretos de pobreza extrema y que incluso los siga habiendo hoy, pero no cabe hablar de una situación generalizada de desnutrición.

Dejando aparte algunas desinformaciones y exageraciones interesadas, lo cierto es que la desconfianza hacia nuestro país existía. Y era mucha. Los datos más significativos en este sentido fueron las constantes subidas de la prima de riesgo y el hecho de que las tres agencias de *rating* más importantes (Standard & Poor's, Fitch, Moody's) en menos de un mes nos rebajaran nuestra calificación. Esto sucedió a principios del año 2012.

A la vista de todo lo anterior se hacía evidente que si queríamos superar la situación, evitar que las cosas empeorasen y que el país fuera a una quiebra segura, había que actuar. Y así lo hicimos.

EMBRIDAR EL GASTO PÚBLICO

Embridar el gasto público y, a la vez, sostener las finanzas de muchas de nuestras Administraciones, que se encontraban al borde de la suspensión de pagos, era una prioridad inexcusable. La desviación del objetivo del déficit público que nos encontramos al llegar al Gobierno a finales de 2011 nos obligó a adoptar un ajuste de emergencia por valor de 15.000 millones, antes incluso de que se hubiera configurado la estructura de la Comisión Delegada para Asuntos Económicos.

Recuerdo que al término de aquel Consejo de Ministros del 30 de diciembre de 2011 deseé a todos los ministros una feliz Nochevieja, y aunque aventuraba que no iba a ser la más complaciente de sus vidas, les dije: «Les acabamos de amargar el Fin de Año a muchos españoles, incluidos todos nuestros amigos y parientes, así que paciencia y a aguantar, porque vais a escuchar muchas quejas durante la cena familiar». Acabábamos de subir el Impuesto de la Renta y el de Bienes Inmuebles. Acordamos también mantener la congelación del sueldo de los empleados públicos, no incorporar nuevos funcionarios e incrementar su horario laboral, mantener el Salario Mínimo Interprofesional y aplazar la ampliación del permiso de paternidad, entre otras medidas que no gozaron, precisamente, de grandes apoyos entre la ciudadanía. Es verdad que también se acordaron una serie de ajustes que afectaban a la Administración, como la reducción del presupuesto de RTVE, de RENFE o las subvenciones a los partidos políticos, y que también tomamos algunas decisiones que tranquilizaron en aquel momento a muchos españoles, como incrementar en un 1 % las pensiones o mantener íntegramente las prestaciones por desempleo. Intentamos ser equilibrados, pero lo cierto es que nadie lo percibió así. Hay medidas que la opinión pública nunca ve con buenos ojos.

Aunque los recortes en el gasto, por valor de casi 9.000 millones de euros, fueron muy superiores a los 6.000 millones previstos en subidas de impuestos, estas últimas, como era previsible, se llevaron todo el protagonismo. Se habló del «hachazo fiscal» y se nos afeó haber incumplido la promesa electoral de reducir impuestos. Pude verme a mí mismo en imágenes de archivo en todas las televisiones clamando contra la subida del IVA aprobada por el Gobierno anterior, incluido el famoso «IVA de las chuches», y escuchar a continuación todo el coro de comentarios indignados por aquel primer y flagrante incumplimiento electoral.

Lo cierto es que habíamos sido muy prudentes a la hora de elaborar el programa electoral. Tanto que este no llegó a concretar ningún compromiso de rebaja de impuestos, pero también es verdad que nuestro partido siempre había hecho de la rebaja fiscal una bandera irrenunciable. A la postre era bastante indiferente si figuraba o no en el programa, todo el mundo esperaba que el PP bajara los impuestos; era la marca de la casa. Sin embargo, lo que súbitamente se encontraron votantes y no votantes fue un duro recargo fiscal. Las críticas eran respetables y entendibles; estábamos ante una importante subida de impuestos, particularmente en el caso del IRPF, pero la situación en que nos encontrábamos era de una emergencia absoluta que carecía de precedentes en nuestra historia.

Aquella fue la primera de muchas veces que desde la Presidencia del Gobierno viví en carne propia la contradicción weberiana entre mis planteamientos ideológicos y lo que me imponía una realidad bastante inmisericorde. Siempre entendí que se me había encargado una tarea cuyo objetivo primordial era sacar a España de una situación crítica. Esa era la prioridad a la que había que subordinar todo lo demás, aunque tuviera, como en este caso, que tragarme temporalmente mis promesas.

No voy a decir, como Churchill, que comerse las palabras sea una buena dieta para un político, pero sí que es lo que debe hacer un gobernante responsable cuando la realidad y la prudencia se lo exigen.

No existe nadie más convencido que yo de los efectos positivos de las bajadas de impuestos, tanto en la actividad económica del país como en los rendimientos electorales que suelen obtener aquellos gobiernos que las llevan a cabo. De hecho, a medida que se fue normalizando la situación económica, fuimos bajando los impuestos hasta dejarlos en su nivel más bajo. Eso, curiosamente, es algo que han olvidado quienes siguen afeándome aquella subida de diciembre de 2011. La memoria es así de selectiva, sobre todo cuando se trata de cuestiones políticas, pero el dato indiscutible es que al final de mi mandato España disfrutaba del nivel de impuestos directos más bajo de su historia, tanto en lo que se refiere a IRPF como a Impuesto de Sociedades.

Las ventajas de una baja fiscalidad forman parte de mis convicciones políticas y a ello respondí en cuanto tuve la menor ocasión, pero no era posible acometer una rebaja de impuestos ignorando la realidad de que el país estaba al borde de la quiebra; habría sido tan irresponsable y tan suicida como aumentar desenfrenadamente el gasto público. Lo fundamental de este debate, la lección que todos aprendimos en la crisis —o deberíamos haberlo hecho—, es que tanto para bajar impuestos como para aumentar el gasto social, para hacer el tipo de política que cada gobierno diseñe en función de su programa y de sus apoyos, es preciso contar con una economía saneada capaz de generar los ingresos necesarios de forma equilibrada. Sin esa condición los proyectos más bienintencionados acaban arramblados en un torrente de frustración y desconfianza. Ni se puede hacer política social poniendo en riesgo los fundamentos económicos de un país, ni se pueden bajar los impuestos sin tener en cuenta la importantísima red de protección social que soportan nuestros Estados y que han hecho de ellos la mejor zona del mundo para vivir.

Aquel doloroso baño de realidad de diciembre de 2011 sirvió principalmente para contener el impacto de la grave desviación que había experimentado el déficit público, muy superior a lo previsto y a lo razonable. La noticia podía haber significado la puntilla para la delicada imagen del país, pero habíamos adoptado inmediatamente las medidas necesarias para reconducirlo y no empeorar la pérdida de confianza que ya padecíamos. También era una muestra bastante inequívoca de cuál iba a ser nuestra determinación al frente del Gobierno: veníamos decididos a hacer lo necesario para poner orden en las cuentas públicas.

Un instrumento decisivo para lograrlo fue la Ley Orgánica de Estabilidad Presupuestaria y Sostenibilidad Financiera que desarrolló la reforma del artículo 135 de la Constitución, cuyo anteproyecto se presentó en Consejo de Ministros ya en el mes de enero, y que se publicó en el BOE en abril. La ley obligaba a todas las Administraciones Públicas a mantener una disciplina presupuestaria para evitar nuevas desviaciones del déficit como la que nos encontramos a nuestra llegada al Gobierno. Además, como principal novedad, incluía el principio de sostenibilidad financiera, en virtud del cual el nivel de gasto se tiene que ajustar a las previsiones de crecimiento económico a medio plazo y no a los ingresos previstos en el ejercicio, que pueden ser mucho más volátiles. Tan volátiles como pudimos comprobar los españoles entre 2007 y 2009 cuando la recaudación pública cayó en casi 70.000 millones de euros, aproximadamente un 16 %. En 2007 los ingresos públicos fueron de 442.605 millones de euros, y en 2009, 375.808; ¡como para mantener el mismo nivel de gastos y no hacer ajustes!

Se trataba, en resumidas cuentas, de prevenir que la euforia por un aumento expansivo de la economía acabara llevando a las Administraciones Públicas a deslizarse por un tobogán de gasto imposible de sufragar cuando los ingresos se hunden. Dicho de otra manera: era una vacuna contra esas «borracheras» de gasto público que acaban en duras resacas de ajustes y medidas de austeridad.

EVITAR LA QUIEBRA DE LAS INSTITUCIONES

La Ley de Estabilidad Presupuestaria sigue siendo hoy un elemento imprescindible para prevenir nuevos desequilibrios en el futuro, pero en el momento de su aprobación no era suficiente para corregir el desvío de las cuentas públicas. El desajuste de las finanzas de Ayuntamientos y Comunidades Autónomas era de tal magnitud que resultaba acuciante adoptar medidas para poner orden a la situación. En algunos casos, poner orden significaba sencillamente evitar la suspensión de pagos, hecho que podría haber constituido el golpe de gracia definitivo a nuestra maltrecha credibilidad exterior y provocar el pánico en los mercados. En los casos menos dramáticos, se trataba de establecer los mecanismos para que los proveedores de dichas administraciones pudieran cobrar las facturas que llevaban meses aparcadas en los cajones y garantizar que se siguieran prestando los servicios públicos esenciales.

Cuando el Gobierno de Rodríguez Zapatero aprobó en 2008 el Plan E para tratar de reactivar una economía que ya estaba dando síntomas de una severa crisis, nosotros desde la oposición habíamos planteado que lo conveniente no era destinar aquellos 11.000 millones de euros a hacer nuevas obras sino a ayudar a los ayuntamientos a pagar a sus proveedores, que sufrían enormes retrasos en el cobro de sus facturas. Ya habíamos detectado que, a causa de la caída en los ingresos, las Administraciones Públicas habían dejado de atender a sus compromisos de pago y ese retraso estaba provocando la asfixia de muchas pequeñas y medianas empresas. A finales de 2011, según datos del Banco de España, las obligaciones pendientes de pago en el conjunto del país rondaban los 90.000 millones de euros; las tres cuartas partes de esa cantidad correspondían a la deuda comercial de las comunidades y ayuntamientos.

Era imprescindible acabar con aquella situación por múltiples razones. Miles de empresas, grandes y pequeñas, se encontraban atrapadas por los impagos. En circunstancias normales, podrían seguir funcionando gracias al descuento comercial, pero este también había desaparecido por la situación financiera y por tanto era preciso que el Estado abriera de forma urgente canales de liquidez para inyectar dinero en un sistema económico exhausto.

Gran parte de esas facturas impagadas correspondían a servicios básicos para los ciudadanos. Si atendemos al balance definitivo del destino que se ha dado a los mecanismos de liquidez entre 2012 y 2018, vemos que casi el 69 % del dinero fue destinado a gasto en Sanidad. No era digno ni presentable que el Estado español dejara de atender esos servicios básicos. Si las Comunidades Autónomas no podían hacerlo porque carecían de ingresos y de acceso a financiación, el Gobierno central tenía necesariamente que adoptar medidas para preservar algo que no es un capricho sino una seña de identidad de nuestro modelo de sociedad.

Además, los mecanismos de control y la condicionalidad impuesta a las distintas Administraciones para acceder a este sistema se revelaron como instrumentos de gran utilidad para avanzar en el difícil proceso de reducción del déficit. Ajustarse a la disciplina presupuestaria era obligado e indudablemente incómodo para los gestores territoriales, pero también les permitía ahorrar una cantidad importante de dinero en intereses.

Así nacieron el Plan de Pago a Proveedores y los distintos Fondos de Liquidez que se sucedieron. Era el Tesoro el que obtenía, no sin esfuerzo, la financiación que los mercados habían retirado a las Comunidades Autónomas; los servicios públicos se seguían financiando, la economía real recibía una importante inyección de liquidez y la condicionalidad exigida venía a reforzar el control presupuestario sobre las finanzas autonómicas, lo que contribuyó notablemente al éxito en el reequilibrio de las cuentas públicas.

A través del Plan de Pago a Proveedores se abonaron 5.919.000 facturas pendientes por un importe global de más de 30.000 millones de euros. Como media acumulaban una demora muy superior a los 300 días, aunque llegaron a aparecer facturas que se venían arrastrando desde los tiempos en que aún teníamos como moneda la peseta. Por su parte, los distintos mecanismos extraordinarios, que en 2014 se integraron en un único Fondo de Financiación a Comunidades Autónomas, estaban destinados a cubrir los vencimientos de deuda y las nuevas emisiones que autorizara la Ley de Estabilidad. A tal efecto se destinaron, desde 2012 y hasta el año pasado, 62.500 millones de euros.

En total, entre los distintos mecanismos extraordinarios de liquidez se pusieron a disposición de las administraciones territoriales 92.785 millones de euros. Según estimaciones del Ministerio de Hacienda, los ahorros en intereses de los que han podido beneficiarse las Comunidades Autónomas, gracias a este sistema, rondan los 50.000 millones de euros.

Les ahorro todos los escollos que hubo que sortear para poner en marcha este sistema, tanto por su complejidad técnica como por las tremendas dificultades que encontramos para levantar los fondos necesarios al inicio del proceso. Solo una persona tan experimentada y conocedora de la Hacienda Pública como Cristóbal Montoro podía diseñar y ejecutar aquella gigantesca operación, absolutamente innovadora, que preservó servicios públicos esenciales al tiempo que inyectaba dinero en el conjunto de la economía española.

Cataluña fue la comunidad que recibió más fondos (25.270 millones de euros), más de la cuarta parte del total, y en consecuencia también fue la más beneficiada por los ahorros en intereses, lo que demuestra la profunda impostura de aquellos que alegan un supuesto maltrato hacia esa comunidad autónoma para justificar sus posiciones secesionistas. Soy plenamente consciente de que algunas personas opinan que hubiera sido conveniente «castigar» sin este tipo de ayudas a quienes luego incurrieron en una abierta deslealtad constitucional o sencillamente a quienes no respetaron la disciplina impuesta a todos, pero no puedo compartir ese planteamiento. Concibo España como un país unido y solidario de ciudadanos libres e iguales y, por este motivo, no puedo aceptar que algunos de ellos vean menoscabados sus niveles de vida por los errores de sus dirigentes. Por más que nos puedan irritar ciertos comportamientos políticos, quienes creemos en una España unida no podemos renunciar a actuar en consecuencia. Tuve que defender la unidad de España aplicando el artículo 155 de la Constitución, pero cinco años antes también defendí esa unidad a la hora de plantear este tipo de medidas de solidaridad entre administraciones. Fue esa España unida la que pudo salir de la crisis con un esfuerzo compartido; fracturados no lo hubiéramos conseguido nunca.

Aquellos a quienes este argumento no les resulte convincente deberían acaso mirarlo por el lado práctico y pararse a pensar las consecuencias de permitir la suspensión de pagos de alguna autonomía. En aquel año 2012, si cualquier comunidad autónoma o un gran ayuntamiento se hubiera declarado en suspensión de pagos, toda España habría ido detrás. No hubiera significado un hipotético castigo a un mal gobernante, sino una auténtica catástrofe para el conjunto del país. Aunque hay gente que puede coquetear con la idea del «cuanto peor, mejor» como un método expeditivo y rápido para solucionar problemas, a mí nunca me ha parecido una manera prudente de conducirse ni en la vida ni en la política.

En este sentido, para valorar los efectos del control del déficit público hay que ir mucho más allá de las cifras de reducción, absolutamente contundentes, desde el 9 % de entonces hasta menos del 3 % cuando dejamos el Gobierno. La consolidación fiscal que impulsamos ayudó a la recuperación del crecimiento económico, contribuyó a restaurar la confianza en nuestro país, resolvió buena parte de los problemas de Comunidades Autónomas y Ayuntamientos, evitando incluso su propia quiebra, y permitió a muchos proveedores, pequeños empresarios y autónomos españoles no echar el cierre de sus negocios y dejar en la calle a sus trabajadores. Aún hoy son muchos los pequeños empresarios que se me acercan para recordarme que aquellas medidas salvaron sus negocios, los ingresos de sus familias y los puestos de trabajo de sus empleados. Sin duda, fue una de las decisiones que hoy más me enorgullecen, aunque fueran muchas las críticas y sinsabores que la acompañaron.

SANEAR EL SISTEMA FINANCIERO

Además de las medidas adoptadas para ordenar la caótica situación de las cuentas públicas y de la reforma laboral, la tercera pieza indispensable para detener la caída de la economía española fue el saneamiento de nuestro sistema financiero, un proceso complejo, laborioso y no exento de accidentes.

Una de las consecuencias de la crisis fue la incorporación a nuestros hábitos cotidianos de conceptos y palabras hasta entonces desconocidos. El caso más evidente fue el de la «prima de riesgo», una magnitud económica que hasta 2012 solo figuraba en la jerga de los economistas y de algunos entendidos, pero que aquel año pasó a ser nuestra inseparable compañera de desvelos. Las radios abrían sus informativos cada mañana cantando la evolución de la prima de riesgo con la misma normalidad con la que nos anunciaban cuál iba a ser la temperatura máxima en Sevilla o la mínima en Burgos. Se había convertido en algo así como el electrocardiograma que mostraba la gravedad del infarto que sufría nuestra economía.

Otro concepto muy en boga, que muchos aprendieron por aquel entonces, fue «*credit crunch*», o lo que es lo mismo, la crisis crediticia, la absoluta falta de liquidez que estuvo a punto de estrangular a la economía española y que solo empezó a remitir a finales de 2013, cuando se fue normalizando la situación del sector financiero.

El saneamiento del sistema financiero había comenzado tímidamente en la etapa de Gobierno de Rodríguez Zapatero mediante las llamadas fusiones frías de las cajas de ahorros y la intervención de alguna de ellas por parte del Banco de España. La ministra Elena Salgado, pero sobre todo el Gobernador del Banco de España, Miguel Ángel Fernández Ordóñez, nos tenían informados porque algunas de esas cajas de ahorros operaban en autonomías gobernadas por el Partido Popular, y pedían nuestra colaboración y mediación para llevar adelante sus planes. Lo que nunca nos dijo el Gobernador por aquel entonces era que el déficit en provisiones que acumulaba el sector ascendía a 50.000 millones de euros.

Esta cuestión exige algunas consideraciones previas. En primer lugar, evitar las generalizaciones porque la mayoría de los bancos eran solventes, con balances equilibrados y una gestión profesional. Salvo alguna honrosa excepción, esa no era la situación de las cajas de ahorros cuyo modelo de gestión era mucho más deficiente y, por tanto, más vulnerable desde el punto de vista económico. Pero no todo era un problema de gestión, los balances también estaban sufriendo las consecuencias de una recesión sin precedentes que mermaría el 10 % de la riqueza nacional. Además, el sector estaba en pleno proceso de digestión del estallido de la burbuja inmobiliaria.

En cuanto llegamos al Gobierno, el Ministro Luis de Guindos preparó el primer decreto de saneamiento para tratar de limpiar los balances mientras duraban los efectos positivos de las operaciones de liquidez que había puesto en marcha Mario Draghi al frente del Banco Central Europeo. Aquel decreto-ley, que se aprobó a principios de febrero, supuso una reforma integral del sector: se obligó a las entidades a provisionar sus activos inmobiliarios sospechosos y, por lo tanto, a reconocer sus pérdidas, pero además se actuó en muchos otros campos: las preferentes, las hipotecas, el mecanismo de resolución bancaria, las normas contables y la limitación a las remuneraciones de los directivos de las entidades que tuvieran que pedir ayudas públicas. Luego vendría, en mayo, un segundo decreto-ley, con nuevas exigencias de saneamiento que, sumadas a las de febrero, alcanzaron la nada despreciable cifra de 80.000 millones de euros.

Pocos días antes de este segundo decreto-ley, el 9 de mayo del año 2012, el Gobierno tomó la decisión de nacionalizar Bankia, cuyo presidente, Rodrigo Rato, había dimitido unos días antes a causa de la difícil situación por la que atravesaba la entidad, que había dado lugar a que todos los organismos internacionales advirtieran sistemáticamente sobre el riesgo que suponía; además, las tres agencias más importantes de *rating* habían rebajado su calificación. Fue este un hecho que tuvo lecturas contradictorias. Lo positivo era que trasladaba una imagen de transparencia y profesionalidad al reconocer la grave situación de la entidad. Pero en el lado negativo, el fiasco de Bankia había disparado todas las alertas y las dudas sobre el conjunto de la banca española, a pesar de las medidas que habíamos adoptado.

El 20 de mayo de 2012 se celebró en la ciudad de Chicago una cumbre de la OTAN. Allí estuve con Angela Merkel en un singular recorrido fluvial contemplando los espectaculares rascacielos de la ciudad. El barco se llamaba *First Lady* y se contrataba con frecuencia para la celebración de bodas, lo que fue motivo de chanzas y todo tipo de ocurrencias entre los aviesos periodistas españoles que viajaron a cubrir el evento. Lo que nunca llegaron a saber es que la conversación que pudimos mantener a bordo tenía poco de romanticismo y mucho de cuestiones de trabajo. Repasamos la situación de la economía española y europea. Lo que me sorprendió fue que, al final de la charla, me manifestó su preocupación por la situación real del sistema financiero español y el papel que habían desempeñado los gestores del Banco de España. Su frase textual fue la siguiente: «Mientras continúe el equipo gestor del Banco de España, nadie se creerá ni una palabra de la situación de los bancos españoles». Así me lo dijo.

La inquietud sobre la situación del sistema financiero español no era exclusiva de la Canciller alemana. En aquellas fechas la prensa internacional estaba muy interesada por la solidez de la banca española. Tanto el *New York Times* como el *Financial Times*, el *Wall Street Journal* o *The Economist* manifestaban su preocupación y consideraban que necesitaba mucho más capital para recuperar la confianza de los mercados. Lo cierto es que aquello empezaba a ser un secreto a voces.

Intentando frenar esa ola de desconfianza ya habíamos tenido que hacer un nuevo ejercicio de transparencia y contratar dos evaluadores independientes cuyos análisis ofrecieran la seguridad que el Banco de España no parecía capaz de garantizar entonces. Lógicamente, aquello no le gustó a nadie, ni a los bancos en general, ni al Banco de España en particular.

No me preocupaba el resultado de esos análisis porque no iban a decir nada que no supiéramos ya. Lamentablemente, no tuvimos que contratar a los evaluadores por falta de información sino por falta de credibilidad. Esa era la triste realidad. Me preocupaba la falta de confianza que detectaba en todos mis encuentros con mis homólogos europeos, también la desagradable impresión de que España era señalada como el principal problema de la Zona Euro, pero estaba convencido de que, poco a poco, a medida que las reformas fueran produciendo resultados, esa impresión iría pasando. Lo que realmente me alarmaba aquellos días era pensar de dónde íbamos a sacar los recursos precisos para sanear definitivamente el sistema financiero y permitir que cumpliera su función natural de dar crédito. Desde luego, los mercados no estaban por la labor de prestarlos alegremente ni al Tesoro ni a nada que llevara apellido español. Así fue como empezamos a estudiar la posibilidad de pedir ayuda a Europa.

Ya no recuerdo las decenas de conversaciones telefónicas que yo mismo o el Ministro de Economía —que demostró su habilidad al tiempo que su fortaleza para defender las posiciones de nuestro país— tuvimos con los responsables comunitarios y la multitud de reuniones en las que se fue perfilando la operación. Habíamos podido aflorar y sanear la deuda de las Administraciones Públicas por nuestros propios medios, pero no estábamos en condiciones de hacer lo mismo con la deuda privada que acumulaban los bancos. La primera decisión era asumir que tendríamos que pedir ayuda; la segunda, evitar que esa ayuda se convirtiera en un rescate soberano.

Ese fue, precisamente, el meollo de unas negociaciones que fueron cualquier cosa menos fáciles. Tengo que señalar el excelente comportamiento que tuvieron en aquel momento el Presidente del Consejo Europeo, Herman Van Rompuy; el Presidente del BCE, Mario Draghi; el de la Comisión Europea, Durao Barroso, y el Ministro alemán de Finanzas, Wolfgang Schäuble, que nos ayudaron a superar una situación que era de una extrema dificultad, otra más de las que vivimos en estos primeros meses recién llegados al Gobierno. Recuerdo especialmente la conversación telefónica en la que Van Rompuy, tras comunicarme que las instituciones europeas iban a apoyar la petición española de ayuda económica, me dijo que el Gobierno de España, con las reformas emprendidas en los últimos meses, se había ganado el respeto de todos a pesar de las dificultades en las que todavía nos encontrábamos. Van Rompuy fue un excelente presidente del Consejo Europeo. Era un hombre riguroso, buen conocedor de los temas que tenía entre manos, y siempre actuó con voluntad de resolver problemas y no de crearlos. La suya fue una gestión magnífica para los intereses españoles y europeos.

El domingo día 10 de junio, en una conferencia de prensa en La Moncloa, tras recordar que la reestructuración del sistema financiero era una de las grandes prioridades de mi Gobierno, dije a los periodistas que gracias a la credibilidad que habíamos ganado entre nuestros socios y las instituciones europeas con nuestra gestión en aquellos primeros cinco meses del año, habíamos conseguido una apertura de línea de crédito para nuestro sistema financiero, cuyo objetivo era recuperar la solvencia de las entidades españolas que lo requirieran. Afirmé también que la decisión adoptada mandaba un mensaje nítido y claro: el euro es un proyecto irreversible. Y también dije que esa reestructuración llegaba con tres años de retraso. Otros países habían hecho sus deberes en el momento preciso e inyectado mucho dinero en sus bancos; por esta razón ya se encontraban fuera de peligro. Si España hubiera hecho lo propio entonces, las cosas habrían sido muy diferentes.

Nada de esto ha quedado en el imaginario colectivo en relación con aquella comparecencia. Lo que se recuerda de ella son las críticas que recibí por haberme ido después a Polonia a ver a la Selección Española de Fútbol, que iniciaba su andadura en una Eurocopa en la que ganaría por tercera vez el título. Yo sabía que iba a generar críticas y valoré quedarme en La Moncloa y ver el fútbol desde casa, que resultaba mucho más descansado. Pero había contraído un compromiso previo con el entonces Primer Ministro polaco, Donald Tusk, que me había pedido encarecidamente que asistiera a aquel encuentro inaugural de la Eurocopa en Gdansk, su ciudad natal. Me había comprometido con él y allí estuve a pesar de las críticas. No fue un viaje cómodo ni ocioso. Aquel domingo partí de Madrid a las 14.00 horas y regresé desde Polonia a las 23.00 del mismo día.

La otra anécdota es la respuesta que di a un periodista que me había preguntado por las supuestas presiones de Europa. Le respondí muy ufano que si alguien había presionado a alguien había sido yo. Aquello sentó fatal, pero el hecho cierto es que en las negociaciones algunos socios intentaron imponernos unas condiciones macroeconómicas propias de un rescate soberano que nosotros rechazamos, porque ni la cantidad del préstamo (hasta 100.000 millones de los que solo se utilizaron 40.000) ni la situación del país lo justificaban. Ese fue el órdago que tuvo que plantear Luis de Guindos a sus colegas: si querían exigirnos las condiciones de un rescate soberano de España tendrían que asumir la cantidad de un rescate soberano, es decir, no los 100.000 millones de la línea de crédito pedida, sino cinco veces más, en torno a los 500.000. Y asumir además el riesgo de que el pánico se extendiera a otros países que también presentaban serios problemas.

A partir de ese momento se organizó uno de esos grandes debates que de cuando en cuando tienen lugar en los ambientes políticos y mediáticos de nuestro país para dilucidar si aquello era un préstamo, como manteníamos nosotros, o un rescate, como clamaban otros, incluida, naturalmente, toda la oposición. La pugna era bastante absurda y solo entendible por las distintas implicaciones políticas que entrañaban un término u otro. He de reconocer que el resultado del debate era irrelevante, al menos para mí. Es evidente que cada uno le daba la denominación que más le gustaba. La realidad es que estábamos ante un préstamo con condiciones muy exigentes para el sector financiero, pero con ninguna condición para el Estado español, que no tuvo que asumir ningún compromiso adicional a los que ya había asumido en el procedimiento de corrección del déficit público.

Es curioso cómo las perspectivas de un mismo hecho pueden resultar diametralmente opuestas en función del grado de conocimiento e implicación que se tenga. Desde nuestro punto de vista, aquella tal vez no había sido la solución idílica a las necesidades de financiación de la banca española, pero era un desenlace más que aceptable después de unas duras negociaciones que llevamos con la mayor discreción posible para no aumentar la incertidumbre que penalizaba a nuestra economía. Los partidos de la oposición, por el contrario, prefirieron abonarse a la tesis del rescate, mucho más ingrata para el Gobierno. A lo mejor pensaban que con eso podían ganar algún voto. En cualquier caso, la situación del país, con una caída de la actividad económica del 2,6 % del PIB y un aumento galopante del paro, que ya se situaba entonces en el 24 %, era tan desesperada que nada de lo que hiciera el Gobierno iba a ser juzgado con indulgencia. Si hacíamos algo, malo, y si no lo hacíamos, peor.

Pero si reflexionamos sobre la situación después de los años transcurridos podremos convenir que la ayuda europea fue decisiva y vital en aquel momento de extrema dificultad. Allí descubrimos a nuestros aliados en las instituciones y gobiernos europeos —Van Rompuy, Draghi, Monti, Schäuble, Hollande o Merkel—, normalmente procedentes de los grandes países de Europa, que podían ser muy exigentes en sus negociaciones, pero a la vez tenían el compromiso de velar por mantener vivo el proyecto europeo. Nada que ver con la actitud de otros países menos importantes y más insolidarios en sus planteamientos, como Finlandia, que fue el único que solicitó una garantía adicional. Otros no ahorraban mohínes de superioridad moral frente a España y el resto de los países del sur de Europa. Como todo aquello ocurría en plena Eurocopa dio lugar a todo tipo de comentarios desafortunados en los que se mezclaban las peripecias futbolísticas y las económicas. Recuerdo especialmente uno que llegó de Holanda cuando su equipo cayó eliminado por España: alguien dijo entonces que España podía jugar muy bien al fútbol, pero Holanda era capaz de controlar mejor sus cuentas. Así un día tras otro. Confieso que comprobar cómo apenas un par de años después España crecía a mayor ritmo que todos ellos constituyó para mí una íntima y profundísima satisfacción.

En medio del desánimo general, de la alarma por la gravedad de la recesión y la escalada del desempleo que no dejaba de aumentar, estábamos sentando las bases de la recuperación económica de España, aunque nadie apostara entonces por ello. Lo hicimos aflorando toda la gigantesca deuda que se había generado como consecuencia del estallido de la burbuja financiera e inmobiliaria, y de una política económica errática y equivocada. Como he intentado explicar, no solo había que saldar las deudas financieras y comerciales de las administraciones con sus proveedores, también era preciso sanear las deudas privadas que habían impactado gravemente en la salud de nuestro sistema financiero.

Solo en el año 2012 la deuda pública española se disparó un 20 %: desde un ratio del 69 % del PIB hasta el 85 %. Esa subida fue consecuencia del déficit, pero principalmente de la operación de saneamiento de la gigantesca deuda que había llegado a acumular nuestro país. No fue producto de políticas irresponsables o imprudentes, sino consecuencia de la transparencia. La deuda ya existía, pero estaba escondida en los cajones de la Administración y oculta en los balances de los bancos. Ese riesgo debía asumirlo el Estado, como asume la gestión de la sanidad, de la educación, o como garantiza la seguridad pública.

No rescatar a la banca, esa *boutade* que recetan los activistas de extrema izquierda, hubiera sido tan irresponsable como dejar quebrar a una comunidad autónoma, algo por lo que clamaban algunos liberales *enragés*. Cualquiera de las dos opciones hubiera acabado con los últimos restos de confianza en el país y desatado el pánico entre ahorradores e inversores.

Creo firmemente que una de las funciones de los Estados modernos es proteger a sus ciudadanos ante ese tipo de riesgos, y eso fue lo que hicimos desde el Gobierno. Sin esa operación de saneamiento y transparencia, la recuperación no hubiera llegado con la fuerza con la que llegó meses después.

En cualquier caso, no deja de ser paradójico que un Presidente de Gobierno del Partido Popular se viera obligado a acometer una subida de impuestos, nacionalizar buena parte del sistema financiero de su país y montar una operación de endeudamiento público para evitar la quiebra de alguna comunidad autónoma. ¡No está mal para Don Tancredo!

Sin embargo, en aquel momento eso era lo que exigía la realidad de España. Era más importante arreglar la situación del país que apuntarse tantos en el marcador ideológico. Se lo había dicho a Carlos Herrera en una entrevista la misma mañana en que Rodrigo Rato presentó su dimisión: «Haré cualquier cosa que sea necesaria para sacar a España de esta situación, aunque no me guste y aunque haya dicho que no la iba a hacer. Si tengo que hacerlo, lo haré».

El anuncio del ajuste de diciembre de 2011 evitó el pánico de los inversores al conocer la desviación de 30.000 millones en nuestra cifra de déficit público, un pánico que podría haber acabado en un corralito, como sucedió en otros países. Por otra parte, el saneamiento del sistema financiero no solo garantizaba la tranquilidad a millones de ahorradores y empezaba a restaurar parte de la credibilidad del país, sino que también sentaba las bases para reactivar el flujo del crédito, sin el cual nuestra economía nunca podría recuperarse.

Así nos tocó empezar a gobernar, con urgencias y apremios de la más variada naturaleza. El tiempo demostraría que aquello solo era el principio de lo que nos esperaba.

3

El empleo, mi principal compromiso

> Me propongo pues dedicar toda la capacidad del Gobierno y todas las fuerzas de la nación a detener la sangría del paro, estimular el crecimiento y acelerar el regreso de la creación de empleo. Esto es lo que exigen las urnas, esto es lo que demanda Europa, esto es lo que España requiere con urgencia, y esta, señorías, es la piedra angular que puede sustentar la tarea de nuestra recuperación.
>
> *19 de diciembre de 2011*
> (Discurso de investidura. Congreso de los Diputados)

EL DRAMA DEL PARO

Seis millones doscientos setenta y ocho mil españoles sin trabajo. La cifra, que equivale a toda la población de Nicaragua y supera a la de países como Irlanda, Noruega o Eslovaquia, todavía hoy sigue produciendo una conmoción cercana al dolor físico y nos invita a preguntarnos cómo pudo soportar España semejante deterioro en su tejido económico y social. Era el 26 de abril de 2013 cuando el Instituto Nacional de Estadística dio a conocer la Encuesta de Población Activa correspondiente al primer trimestre del año y su resultado fue mucho más que desolador. De hecho, es difícil encontrar adjetivos capaces de reflejar el impacto que tuvo aquella EPA; la tasa de paro alcanzó la barrera del 27 % y entre la población joven llegó hasta el 57 %. Casi dos millones de hogares en España declaraban que ninguno de sus miembros tenía empleo y el gasto en prestaciones por desempleo superaba ampliamente la cifra de 30.000 millones de euros.

Llevábamos ya más de un año en La Moncloa y nos costaba hacer llegar la recuperación a un país extenuado por cinco años consecutivos de crisis. En mi comparecencia habitual para hacer balance del primer año de Gobierno ya había advertido que 2013 seguiría siendo un año muy duro, sobre todo en su primera mitad, e intenté ponerme en el lugar de los españoles que me pudieran estar escuchando: «Sabemos que mucha gente se está dejando llevar por el escepticismo, cuando no por la desesperanza; sabemos que mucha gente se siente decepcionada por la falta de resultados y comprendemos la impaciencia, el escepticismo y hasta la decepción, pero estamos haciendo lo que es necesario e inevitable hacer. Si no lo hubiéramos hecho, tengan la seguridad de que España y los españoles estaríamos hoy en una situación muchísimo peor».

Pero las palabras y los llamamientos a mirar a más largo plazo acababan tropezando con cada nuevo dato económico. Cualquier esperanza resultaba frustrada al primer contacto con la inclemente realidad.

Y ninguna realidad más dura y más inmisericorde que aquella primera EPA del primer trimestre de 2013. No hay más que echar ligeramente la vista atrás para comprobar el impacto que produjo en la opinión pública: «récord de la vergüenza», «fracaso como sociedad», «la bancarrota de una política económica», etc. Los más piadosos se limitaban a denunciar unos niveles inaceptables de paro, pero eran los menos.

Se dio además la fatalidad de que la EPA se publicara solo un día antes de que enviáramos a Bruselas el Plan Nacional de Reformas, que incluía unas previsiones económicas muy sombrías para el conjunto de la legislatura. Estábamos atravesando el momento más agudo de la recesión y quisimos ser muy prudentes para no generar nuevas expectativas frustradas; pero lo que conseguimos fue un clamor de hartazgo contra la crisis y contra el Gobierno que parecía incapaz de superarla; «Una mezcla de fatalismo e impotencia», se podía leer en la prensa del día siguiente. Todo el mundo interpretó que tirábamos la toalla y de manera unánime se quiso certificar el fracaso definitivo de nuestra política económica y, en consecuencia, del principal compromiso que habíamos adquirido con la sociedad española.

Algún alma caritativa tuvo entonces la feliz ocurrencia de rescatar una entrevista que yo había concedido en enero de 2010, cuyo titular era un rotundo «Cuando yo gobierne bajará el paro». Aquello se convirtió en un ejercicio mensual de mortificación: llevábamos gobernando un año y el desempleo no dejaba de crecer. Cada mes los nuevos datos del paro venían ilustrados en las redes sociales con aquella famosa portada, hasta que por fin fueron datos positivos y se empezó a crear empleo de forma intensa y sostenida. La recurrente portada abandonó entonces el fragor de las redes sociales para volver a dormir el apacible sueño de las hemerotecas. Me reafirmé en algo que tenía claro desde hacía ya tiempo: las buenas noticias no son noticia.

Aquella EPA de abril de 2013 marcó el punto más alto de un proceso de destrucción de empleo sin precedentes que había arrancado con el estallido de la crisis. En el año 2007 la tasa de desempleo, en términos EPA, se encontraba en torno al 8 %; solo un año después ya había escalado casi hasta el 18 % y nosotros nos la encontramos en un nivel superior al 22 %, una cifra dramática, más aún teniendo en cuenta el incremento que se había producido en el empleo público.

Años después, quien fuera responsable de la Seguridad Social en aquel Gobierno socialista reconocería públicamente el fracaso de su gestión por no haber cambiado casi nada en el sistema laboral a pesar de la grave recesión económica. Según sus propias palabras, «dejamos que se destruyeran tres millones de empleos». Probablemente yo no lo hubiera dicho de forma tan descarnada, pero lo cierto es que las rigideces de nuestro mercado laboral, cuando llegó la crisis, se tradujeron en una destrucción masiva de empleo. Por esa razón la reforma laboral fue una de nuestras grandes prioridades en cuanto llegamos al Gobierno, aunque tuvimos que esperar más de un año a que se pudieran constatar con claridad sus primeros resultados.

Desde 1981 la tasa de paro media de nuestro país ha sido de un 17 %, aproximadamente el doble de la de los países más avanzados de Europa, situada en un 8,8 %. En el caso de Alemania esta cifra es aún más baja, solo el 6,9 %; en Francia, el 8,6 %; Italia, el 9,2 %, y solo Grecia se aproxima algo a la nuestra con un 14,2 % de media.

Esta disfunción de nuestro mercado de trabajo ha sido una constante década tras década. En los momentos de expansión económica esa brecha se reduce, para volver a dispararse en los momentos de crisis. La volatilidad del empleo no tiene parangón en el mundo desarrollado. Y lejos de remitir o suavizarse con el paso del tiempo, el fenómeno se ha ido agravando progresivamente: en los 80 el punto álgido del desempleo fue el 18 %, en los 90 llegaría a un 22 %, y en esta última crisis se rebasó el 26 %. Parece como si el umbral de dolor social aumentase 4 puntos en cada recesión.

La evolución del mercado laboral siempre fue parecida. En épocas de crecimiento el nuevo empleo se concentraba en contratos temporales que tardaban demasiado tiempo en convertirse en indefinidos. Cuanto más empleo se creaba, mayor era la tasa de temporalidad. Luego, en épocas de recesión, ese empleo temporal se destruía a gran velocidad, duplicando o triplicando la tasa de paro en muy pocos trimestres.

Además de esta perversión puramente cuantitativa, el proceso presentaba también otra de carácter cualitativo: las empresas decidían prescindir de los trabajadores cuyo despido era más barato solo por esa circunstancia, al margen de cualquier otra consideración. Las personas con contrato temporal no podían hacer nada para defender su empleo ya que su despido no dependía de lo buenos trabajadores que pudieran ser, ni de su esfuerzo, ni de su formación o de su capacidad para trabajar en equipo, sino únicamente del momento en que habían llegado a la empresa y del coste de su despido.

La urgencia de la reforma laboral

Ante esta realidad, cualquier responsable político se siente en la obligación de cambiar las cosas. Y de hecho ha sido así. Casi todos los gobiernos han propuesto cambios en las normas laborales, pero no cabe duda que las grandes reformas han sido las de 1984, 1994 y 2012. Todas fueron en la misma dirección, todas pretendieron superar las rigideces, desequilibrios y disfunciones en el mercado; no obstante, la que más avanzó, sin duda alguna, fue la última, la que nosotros pusimos en marcha nada más llegar al Gobierno.

En aquel momento España había destruido mucho más empleo que cualquier economía de la Eurozona en la primera fase de la crisis. Países que habían experimentado profundas caídas del PIB, incluso mayores que la española, habían ajustado sus horas trabajadas y sus salarios, además de acometer cambios organizativos. España no. Con una caída de PIB similar a la de Italia, en los dos primeros años de crisis se había destruido el triple de empleo que en ese país o en Alemania y ocho veces más que en Francia: 1,7 millones. España explica la mitad (47 %) de la destrucción de empleo de la Eurozona en 2008-2011.

Las modificaciones que aprobó el Gobierno socialista en 2010, a pesar de apuntar en la buena dirección, se quedaban muy cortas para atajar los problemas del mercado laboral español. Tanto es así que unos meses después, en agosto de 2011, el presidente del Banco Central Europeo, Jean-Claude Trichet, remitió al Gobierno del PSOE una carta instándole a acometer una profunda reforma del marco laboral.

La peripecia política de aquella carta resultó de lo más pintoresca. En el Partido Popular conocíamos de su existencia y de su contenido, y pedimos insistentemente al Presidente Rodríguez Zapatero que la hiciera pública. Él se negó en redondo mientras fue Presidente del Gobierno, pero, curiosamente, la dio a conocer estando ya fuera de La Moncloa, en un libro que publicó algo más tarde. También el Banco Central Europeo acabó haciéndola pública a instancias de un pertinaz ciudadano español empeñado en conocer lo que escondía aquella misteriosa misiva de la que todo el mundo hablaba pero nadie conocía.

La carta en cuestión era una llamada de atención al Gobierno con toda una lista de tareas y reformas pendientes, y al frente de todas ellas figuraba la reforma del mercado de trabajo. Trichet fijaba claramente cuáles debían ser los ejes de aquella reforma: descentralizar la negociación salarial para permitir los acuerdos de empresa, limitar la indexación automática de los salarios a la inflación, adoptar medidas para instar a la moderación salarial en el sector privado y crear un nuevo contrato de aplicación excepcional y limitada para conseguir la reincorporación al mercado laboral de las personas que habían perdido su empleo y que entonces rondaban ya la cifra de cinco millones.

A pesar de que la carta venía aderezada por unas cuantas consideraciones muy directas para lo que se estila habitualmente en este tipo de correspondencia, y se insistía en la necesidad de que España adoptara medidas para restaurar su credibilidad ante los mercados, Rodríguez Zapatero no modificó esencialmente la legislación laboral e intentó ganar la credibilidad que le exigía Trichet negociando con nosotros la reforma del artículo 135 de la Constitución, a la que me he referido en un capítulo anterior, para consagrar el principio de estabilidad presupuestaria. La reforma laboral por la que clamaban Trichet y todas las instituciones y organismos económicos internacionales siguió esperando. Fue uno de los principales compromisos de nuestro programa electoral de 2011.

Después de haber ganado las elecciones y aun antes de haber sido investido Presidente del Gobierno convoqué a la sede del Partido Popular en la calle Génova a los interlocutores sociales; fue el 30 de noviembre de 2011. Me reuní sucesivamente con el Secretario General de CCOO, Ignacio Fernández Toxo; el presidente de la patronal CEOE, Juan Rosell, y el Secretario General de UGT, Cándido Méndez. Les expliqué claramente mis planes: la reforma laboral era urgente por razones económicas y también sociales. El desempleo golpeaba de forma muy directa a las personas, a su bienestar y a su capacidad de sacar adelante un proyecto de vida, pero también afectaba severamente a la economía del país, a la recaudación de ingresos públicos, al consumo y a las políticas de bienestar. La partida en subsidios por desempleo había pasado de 15.000 millones en el año 2007 a 30.000 en 2011. Con cinco millones de españoles buscando empleo no podíamos seguir dando largas a unos cambios que resultaban imperiosos.

«Voy a hacer la reforma sí o sí, pero prefiero hacerla con vuestro respaldo. Os pido que os pongáis de acuerdo porque sería lo mejor para todos. Prefiero que sea fruto del consenso, pero también os digo que tiene que ser eficaz y que tiene que ser urgente. No podemos perder ni un minuto más. Os pido que hagáis un esfuerzo y me traigáis un acuerdo antes de Reyes.»

Yo sabía sobradamente que ese entendimiento era casi imposible, pero mi obligación era darles la oportunidad de encontrarlo y animarles para que acercaran posturas; eso siempre sería preferible a que cada uno se enrocara en su posición renunciando a buscar puntos de encuentro. Pero mi determinación de hacer los cambios necesarios era absoluta. Dice el aforismo que un mal acuerdo es mejor que un buen pleito y, en términos generales, siempre me ha gustado guiarme por esa máxima, pero en este caso ya no era posible. Teníamos ante nosotros una situación social catastrófica, sufríamos un profundo descrédito internacional y en aquel mes de noviembre de 2011 habíamos recibido un mandato muy claro de los españoles en forma de una mayoría absoluta incuestionable. La situación del país no admitía ni demoras, ni componendas estériles, ni maniobras de distracción. La denominada «flexibilidad negociada» no había funcionado y no iba a funcionar sin un cambio legal que transformara los incentivos de los agentes del mercado laboral.

Inmediatamente después de la investidura, cuando formé Gobierno, le encargué a Fátima Báñez, Ministra de Empleo, que se dedicara a ese asunto como principal prioridad. Contábamos con una ventaja y es que no partíamos de cero; cuando el Gobierno socialista había presentado sus tímidas reformas, nosotros desde la oposición habíamos presentado una enmienda de sustitución con un texto alternativo completo. La base de la reforma ya la teníamos preparada.

Como era previsible, llegó el día de Reyes pero no el acuerdo entre patronal y sindicatos. Se confirmó que íbamos a tener que sacar adelante la reforma solo con nuestra determinación, pero prometimos a patronal y sindicatos que la ley sería equilibrada y les pedimos que siguieran negociando por el bien del país. Así lo hicieron y alumbraron un pacto de rentas que tuvo una gran importancia en aquel momento, el Acuerdo para el Empleo y la Negociación Colectiva 2012, 2013 y 2014.

El acuerdo garantizaba la moderación salarial para tres años y abogaba por una serie de recomendaciones en materia de flexibilidad y negociación colectiva que iban en la misma línea de lo que sería nuestra reforma laboral. Aquel pacto de rentas, por el que nadie hubiera apostado ni un euro en cualquier otro momento de nuestra historia reciente, fue una pieza fundamental para la estabilización y credibilidad económicas de España. Yo se lo comenté a Angela Merkel la primera vez que me reuní con ella como Presidente del Gobierno, en enero de 2012, y recuerdo perfectamente su gesto de admiración cuando leyó el resumen del documento.

He querido recordarlo aquí por la gran importancia que supuso entonces. Constituyó una pieza más de todas las que se aportaron desde distintos ámbitos para reconstruir la confianza en nuestro país y para hacer honor a sindicatos y patronal, que fueron sus artífices. A ellos hay que reconocerles el éxito y la responsabilidad de haber sabido llegar a un acuerdo, tal vez impensable en otro momento, pero absolutamente necesario en aquella circunstancia.

Por lo que a nosotros respecta, cumplimos nuestra obligación de legislar y aprobamos la reforma laboral el 10 de febrero de 2012. Antes de hacerlo, la Ministra de Empleo volvió a hablar con los sindicatos y la patronal para explicarles las líneas generales del texto. Los sindicatos le pidieron expresamente que la reforma no tuviera efectos retroactivos y supusiera la pérdida de derechos adquiridos por los trabajadores como había ocurrido en algunos países sometidos a rescate y donde la política económica la dictaba la Troika.

La reforma laboral instauraba en España un modelo de flexiseguridad en las relaciones laborales que ayudaba a mantener el empleo durante la etapa de recesión puesto que permitía cambiar las condiciones de trabajo de toda la plantilla y así evitar despidos. También favorecía un cambio sustancial como era que el crecimiento económico se tradujera en una intensa creación de puestos de trabajo y que no tuviéramos que esperar a crecer por encima del 2,5 % para generar nuevas oportunidades de empleo, como había sido tradicional en España hasta ese momento.

Sin duda, los elementos más innovadores de la reforma laboral se referían a la negociación colectiva al dar prioridad al convenio de empresa frente al convenio sectorial para adaptar la negociación colectiva a la realidad económica, en línea con lo que establecieron los agentes sociales en su acuerdo de enero de 2012. Además de facilitar el «descuelgue», también se eliminaba la ultraactividad en virtud de la cual el convenio caducado seguía estando vigente mientras no se aprobara uno nuevo. Había otros elementos de carácter muy innovador, como el derecho a la formación permanente de los trabajadores para mejorar su empleabilidad y la regulación del teletrabajo. Y se contemplaban bonificaciones para los colectivos más vulnerables: menores de treinta años, mujeres y parados de larga duración. Incluso se creó un nuevo contrato indefinido de apoyo a emprendedores y pymes con grandes incentivos. De esta manera animábamos la creación de empleo estable. En definitiva, intentamos combinar medidas coyunturales y estructurales.

Era evidente que la tramitación parlamentaria de la reforma iba a ser sencilla gracias a nuestra amplia mayoría parlamentaria. Otra cosa distinta sería la respuesta que íbamos a obtener de las centrales sindicales.

Yo era tan consciente del rechazo que iba a suscitar que, en una conversación informal y privada —y aun así grabada por una televisión— en los márgenes de un Consejo Europeo en Bruselas, se me escuchó anunciar a un colega que la reforma me iba a costar una huelga general. Acerté de pleno.

Los sindicatos la convocaron para finales del mes de marzo de 2012. El paro fue muy importante, pero no se puede decir que realmente colapsara el país. Como en todas las movilizaciones similares, los sindicatos plantean sus mayores esfuerzos a primeras horas de la mañana para intentar parar los servicios públicos esenciales. Y es en ese momento donde se libra la gran batalla de información para intentar consagrar una versión de los hechos, lo que ahora se llama un «relato». A partir de mediodía la tensión se rebaja hasta el momento de las manifestaciones de la tarde, que aquel día fueron muy numerosas.

En cualquier caso, nosotros decidimos deliberadamente no hacer una batalla política de aquella jornada. No hubo ataques a las centrales sindicales ni la menor tentación de menospreciar su movilización. Nunca nos planteamos abrir una pugna ante la opinión pública sobre las cifras de participación o la incidencia de los paros. Carecía de todo sentido tener al país enfangado varios días en una polémica estéril sobre la incidencia de la huelga, prolongar un debate que no interesaba a nadie e irritar gratuitamente a los convocantes y a quienes simpatizaban con ellos. Entendía las razones de los sindicatos y sabía que algunos elementos de la reforma podían recortar su capacidad de interlocución exclusiva, pero no era mi Gobierno el que les estaba quitando poder, sino la propia realidad económica y su extrema complejidad. A mí me tocaba legislar pensando en el interés general y ello suponía pensar en los trabajadores que tenían empleo, pero también en quienes lo habían perdido y los que todavía corrían el serio riesgo de perderlo. Sabía asimismo que cuanto más abrupta fuera nuestra ruptura, más trabajo nos iba a costar reconstruir los puentes de diálogo, tan necesarios para transitar por aquella difícil coyuntura.

Las cosas estaban muy mal en aquella primavera de 2012. Y, por si no fuera suficiente, el diálogo social quedaba muy tocado tras aquella huelga general. A la mañana siguiente llamé a la Ministra de Empleo, una mujer admirable que nunca perdió ni la sonrisa ni el ánimo:

—Fátima, ¿y ahora qué hacemos con esta gente?

—Lo único que podemos hacer, Presidente: invitarlos a desayunar.

Efectivamente, los invitamos a desayunar. Allí estábamos sentados un grupo de personas que veníamos de tener un rotundo enfrentamiento político pero que compartíamos una misma circunstancia: todos estábamos desbordados por la virulencia de la crisis y cada uno, desde nuestras distintas responsabilidades, intentábamos hacer lo mejor para nuestro país.

A pesar de los buenos oficios de Fátima Báñez, que nunca se permitió el lujo de perder el contacto con los dirigentes sindicales, no me resultó nada fácil romper el hielo después de tan serios desencuentros. Se me ocurrió que la mejor forma de abordar esa nueva etapa de nuestras relaciones era hacerles partícipes de mis desvelos: «No os pido que me apoyéis, solo quiero que me comprendáis».

A continuación empecé a desgranar todas las dificultades que en aquel momento se amontonaban en mi mesa: la amenaza del rescate, la falta de crédito, los milagros para conseguir colocar las emisiones de la deuda, las difíciles negociaciones con los socios europeos y tantos otros quebraderos de cabeza. Nunca me dieron la razón, pero sí muestras suficientes de entender mis circunstancias y mis urgencias.

No sería la única vez que nos reuniríamos a lo largo del tiempo que estuve al frente del Gobierno. Hablábamos de la situación del país con franqueza y lealtad. Nunca se filtró nada. Nadie pretendía imponer su visión a los demás, pero compartíamos nuestros diferentes puntos de vista, algo que a mí me resultó de gran utilidad.

A pesar de las dos huelgas generales que los sindicatos convocaron contra las medidas adoptadas por mi Gobierno, nunca se rompió ese canal de comunicación. Las discrepancias inevitables se mantuvieron pero no impidieron encontrar un camino para los acuerdos posibles. De hecho, logramos firmar varios pactos a lo largo de los años.

El primero fue la Estrategia de Emprendimiento y Empleo Joven que presentamos en marzo de 2013 en La Moncloa. Dicha estrategia estaba en línea con la «garantía juvenil europea» que habíamos aprobado en Bruselas semanas antes. La tasa de paro juvenil en España en esos momentos era inaceptable, pero también en la mayoría de los países europeos superaba con creces la media nacional. Así nació la Iniciativa de Empleo Juvenil 2014-2020. Fue aprobada por el Consejo Europeo en febrero de 2013 con una dotación inicial de 6.400 millones de euros para los Estados miembros más afectados. Como consecuencia de su impacto positivo, en 2017 se incrementó a 8.800 millones. Desde su creación ha dado oportunidades a más de catorce millones de jóvenes europeos.

En mayo de 2013 volvimos a reunirnos formalmente en La Moncloa para dar un impulso al diálogo social en materias tan relevantes como la protección social, el empleo y la seguridad social. Fruto de ese diálogo constructivo se alcanzaron acuerdos como las ayudas a los parados de larga duración, la mejora de la protección social de los trabajadores a tiempo parcial o el pacto por la subida del Salario Mínimo Interprofesional para tres años que firmamos en diciembre de 2017.

Prueba de las fluidas relaciones que llegamos a tener es el hecho de que el sindicato UGT me hizo el honor de invitarme a clausurar en Burgos una Jornada sobre el Futuro de la Industria en España en junio de 2017. Allí me planté muy agradecido por el gesto y por el trato recibido. Al término del acto, Fátima Báñez y yo tuvimos un agradable almuerzo con

Pepe Álvarez, Secretario General de la UGT, y el secretario de la Confederación de Industria, Pedro Hojas. Bien es verdad que por aquel entonces ya no se hablaba de la reforma laboral o de los recortes sociales sino de la impresionante recuperación de España: se estaba creando empleo a un ritmo superior al 3 % y a razón de más de 500.000 puestos de trabajo al año.

UNA REFORMA ÚTIL

A la reforma laboral que aprobamos en 2012 se le han hecho todo tipo de críticas, pero los resultados de la misma hablan por sí solos. Desde el momento de menor nivel de empleo con aquella fatídica EPA de abril de 2013 y hasta que salimos del Gobierno en julio de 2018 las afiliaciones a la Seguridad Social aumentaron en 2.892.000 personas. En términos de la EPA, el incremento fue también muy notable: 2.393.400 personas (hasta junio de 2018). Y frente a otro tipo de reproches por su supuesto impacto en la calidad del empleo, quiero señalar que no aumentaron mucho más los contratos a tiempo parcial ni tampoco la tasa de temporalidad, que en 2018 se situaba 5 puntos por debajo de la existente al inicio de la crisis.

La recuperación llegó a todos. En ese periodo se crearon 233.000 empleos para jóvenes y cerca de un millón fueron ocupados por mujeres. Ya en 2018 logramos recuperar todo el empleo femenino destruido y alcanzar un número de ocupadas nunca antes logrado.

Nadie discute que si la reforma hubiera estado vigente al inicio de la crisis, el deterioro del mercado laboral no habría sido tan acusado. El mismo dirigente socialista que años después hizo pública autocrítica de su gestión durante los primeros años de la crisis aportó un símil muy ilustrativo en el que comparaba la situación del mercado laboral en una recesión con lo que ocurre en ciclismo cuando se llega a una etapa de montaña: el pelotón se estira y se tensa al límite. En ese momento la principal responsabilidad del director del equipo es evitar que una parte importante de sus corredores se quede descolgada y fuera de la carrera. De igual manera, en un momento de severa contracción económica, lo más importante debe ser preservar el mayor número posible de puestos de trabajo. Eso es mucho más fácil hacerlo no en lo macro, sino en lo micro, mediante acuerdos particulares en cada una de las empresas y en función de sus diferentes circunstancias. Eso es lo que permitió la reforma que llevamos a cabo.

Aquella reforma recibió el beneplácito de todos los organismos e instituciones internacionales. La OCDE dijo que la reforma había aportado «un mayor dinamismo al mercado de trabajo español y constituye un avance de cara a la reducción de la segmentación y al aumento de la competitividad a medio plazo». También fue imitada total o parcialmente por gobiernos tan distintos como los de México, Italia, Francia o Argentina en los años siguientes. Pero para mí la primera prueba palpable de su eficacia llegó en octubre de 2012. El entonces Presidente de la Junta de Castilla y León, Juan Vicente Herrera, me llamó para proponerme un almuerzo con el presidente mundial de Renault, Carlos Ghosn; la multinacional francesa estaba preparando su Plan Industrial 2014-2018 a nivel mundial y había muchas posibilidades de que ese plan beneficiara a nuestro país y, más concretamente, a la factoría de Palencia.

Me faltó tiempo para acordar la cita a la que además asistieron el presidente de Renault España, José Vicente de los Mozos; el entonces Ministro de Industria, José Manuel Soria, y el Director de la Oficina Económica de la Presidencia del Gobierno, Álvaro Nadal. Cuando nos reunimos me di cuenta de que la decisión de traer la producción de los nuevos modelos a España ya estaba prácticamente tomada. Durante el almuerzo en La Moncloa, Ghosn me confirmó que era así y que se debía a una única razón: la reforma laboral que habíamos aprobado hacía unos meses y la confianza que les inspiraba.

Un mes después volvimos a encontrarnos en la fábrica de Villamuriel de Cerrato, en Palencia, para celebrar la adjudicación de un plan que iba a crear cientos de puestos de trabajo. También me explicaron que la factoría de Nissan en Barcelona era la que estaba vendiendo los vehículos de la marca que se matriculaban en Australia. Había ganado tanta competitividad que a los proveedores australianos les resultaba más interesante y atractivo comprar un Nissan fabricado en las antípodas —es decir, en Barcelona—, que los procedentes de otras factorías de la marca mucho más próximas.

El Plan Industrial de Renault fue la primera de una serie de buenas noticias que llegaron de la mano del sector del automóvil. Detrás de la multinacional francesa llegarían otros anuncios similares de Nissan, Seat, Ford o Iveco. Aquel desembarco de inversiones (aproximadamente 5.000 millones en el conjunto del sector) fue una de las pocas noticias positivas que pude aportar en mi primer Debate sobre el Estado de la Nación en 2013.

Hoy es fundamental que ese sector tan importante para la economía española siga contando con un fuerte respaldo; lo contrario sería un enorme error.

Aquella decisión de Renault en 2012 fue un verdadero hito, en sí misma por la inversión que implicaba y los puestos de trabajo que se crearon, pero también como símbolo de un cambio por entonces casi imperceptible. Así lo vio el Presidente francés, François Hollande, que no perdió la oportunidad de mostrarme su sorpresa cuando tuvimos la ocasión de encontrarnos en una cumbre internacional. Me pidió un encuentro bilateral para que le contase cómo había sido la decisión de Renault para hacer aquella inversión en España. Como es natural, él habría preferido que su país hubiera sido el elegido. Le expliqué mi reunión con los responsables del grupo automovilístico y añadí: «François, llevo un año terrible. Déjame disfrutar de la única buena noticia que he tenido desde que soy Presidente».

El episodio no pasó de ser un breve momento de confidencias recíprocas y consuelos mutuos; tampoco para él las cosas estaban siendo fáciles. Lo cierto es que desde siempre mantuvimos una excelente relación a pesar de pertenecer a diferentes familias políticas y a pesar de pequeños desencuentros como el de esta anécdota.

Hollande fue siempre un amigo de España y un colega en

el que se podía confiar. Supo entender el papel de Francia en los difíciles equilibrios europeos como una pieza fundamental para armonizar las sensibilidades del norte y el sur del continente en un momento en que esas diferencias amenazaban la propia supervivencia del proyecto europeo.

Cuando teníamos un problema o cuando había que mover voluntades para una reunión o para un acuerdo siempre pudimos contar con la complicidad de Hollande y de su equipo. Así conocimos al actual Presidente de la República, Emmanuel Macron, entonces asesor de Hollande, y al que fue su Primer Ministro, Manuel Valls, dos valiosos políticos que por aquel entonces iban forjando sus respectivas carreras a la sombra del Presidente francés. Esa capacidad para rodearse de brillantes colaboradores dice mucho de François Hollande y de su manera de gobernar.

Es un político inteligente y sencillo, ajeno a la vanidad desbordada que tantas veces se identifica erróneamente como la *grandeur* francesa. Ni intentaba apabullarte ni solicitaba apoyos gratuitos. En nuestras conversaciones siempre salía a relucir, además de un conocimiento profundo de los mecanismos de la política, un sentido del humor elegante y muy personal con el que sabía poner distancia respecto a los avatares cotidianos de la política.

Siempre me ha resultado mucho más fácil entenderme con ese tipo de líderes que siguen manteniendo su personalidad y su carácter por encima del cargo que les toca desempeñar en cada momento, aquellos cuya persona está por encima del personaje. Ese es un rasgo que he encontrado en todos los grandes políticos que he tenido la oportunidad de conocer y tratar. Otros, sin embargo, nunca han sabido sobreponerse a su personaje; con esos es muy difícil entenderse y mantener un diálogo sincero.

Si tuviera que seleccionar una de las medidas de mi Gobierno de las que más satisfecho me siento citaría sin dudar la reforma laboral. Cuando un país llega a tener seis millones de parados, como fue el caso de España, no existe ninguna política social digna de tal nombre que no sea la política de crear empleo. El trabajo es el primer instrumento para luchar contra la pobreza, la desigualdad y la exclusión social, y es también la principal fuente de ingresos para mantener nuestro sistema de bienestar social. Son los empleos los que permiten el consumo, alientan la inversión y financian las pensiones.

Uno de los días más especiales de todo el tiempo que estuve en La Moncloa fue el 24 de julio del año 2014: la primera EPA de creación neta de empleo, el mejor dato desde 2005. Se estaba celebrando en la Casa de América el II Foro Internacional de Políticas Públicas de Empleo. Allí, ante el Comisario Europeo de Empleo, László Andor, y el Director General de la Organización Internacional del Trabajo, Guy Ryder, pude anunciar con legítima satisfacción que el mercado de trabajo había dado un giro de 180 grados. El paro había pasado de aumentar a un ritmo del 12,5 % cuando aprobamos la reforma en 2012 a reducirse un 7 % en el segundo trimestre del año 2014. Y luego compartí un pequeño desahogo: «Tengan ustedes la total y absoluta certeza de que llevo muchísimo tiempo, exactamente desde que llegué a ser Presidente del Gobierno, esperando poder dar una noticia como esta que estoy dando hoy aquí». Fue una de las mayores alegrías que viví como Presidente del Gobierno aunque hubieran de transcurrir más de dos años hasta que la reforma empezó a dar unos frutos que en el momento de escribir estas líneas aún no se han agotado.

Durante los días en que estaba enfrascado en la preparación de este libro y hacía memoria sobre aquellos terribles años 2012 y 2013, me he encontrado más de una vez observando el bullicio de las calles de Madrid desde una óptica distinta: no podía evitar comparar esa alegría de ahora con el ambiente lúgubre que se vivió durante los primeros meses de mi Gobierno. Esa diferencia entre dos realidades tan distintas y no tan lejanas en el tiempo es la que establece el nivel de empleo de la sociedad. Y con la modestia debida, no he dejado de sentir una íntima satisfacción por la contribución —grande o pequeña, cada cual tendrá su opinión— que la acción de mi Gobierno ha supuesto en ese cambio.

GARANTIZAR LAS PENSIONES

También me siento muy orgulloso de haber conseguido superar la crisis sin haber tenido que recurrir a la congelación de las pensiones y de haber aprobado una reforma que sentaba las bases de su viabilidad para el futuro. He empleado mucho tiempo en estudiar nuestro sistema de pensiones, porque entiendo que va más allá de una cuestión económica y afecta a los valores fundamentales que cohesionan nuestra sociedad. He dedicado mucho esfuerzo y bastantes horas de reflexión a analizar la mejor manera de preservar ese logro absolutamente fundamental de nuestro sistema de bienestar y ponerlo a salvo de las consecuencias de la crisis.

La cuestión de las pensiones se sitúa en el eje de un modelo de sociedad que ha convertido Europa en el mejor lugar del mundo para vivir. Esa sociedad solidaria y cohesionada es la que debemos garantizar para el futuro, por quienes reciben hoy sus prestaciones y por quienes contribuyen a ellas con sus impuestos y cotizaciones, que también tienen derecho a seguir contando con esa seguridad cuando acabe su vida laboral.

Ese componente de solidaridad es tan importante en nuestra sociedad que a él dedicamos la mayor partida, con mucha diferencia sobre cualquier otra, de todo el gasto público: 151.000 millones en 2019, casi el 30 % de todo el gasto del Estado; es decir, de la suma de lo que gastan la Administración General del Estado, todas las Comunidades Autónomas y todos los Ayuntamientos de España. No hay una partida igual en su importancia y su dimensión.

Además, por razones demográficas y por la propia mejora de nuestra calidad de vida, esta partida económica se ha disparado en los últimos años. Si en 2008 el gasto en pensiones suponía 98.000 millones con los que se atendía a 8,8 millones de pensionistas, en 2018 nos gastamos 147.000 millones de euros en atender a 9,9 millones de personas. Dicho de otra manera, el gasto en pensiones ha crecido un 50 % en diez años. Y sigue creciendo a un ritmo de en torno al 3 % anual de forma automática, solo por la incorporación de nuevos afiliados y por el crecimiento de la pensión media, y ello sin tener en cuenta la revalorización de las prestaciones que se decide en cada ejercicio económico.

Nos gastamos mucho dinero en pensiones, pero a cambio contamos con un sistema que está entre los mejores del mundo, por la cantidad de gente que atiende, por la magnitud de dinero que le dedica y por el impacto a la hora de prevenir situaciones de pobreza y exclusión entre la gente mayor. La pensión, el sistema sanitario español y la casa en propiedad de la mayoría de nuestros mayores les aseguran una calidad de vida muy razonable.

No fue nada fácil mantener este sistema en los años más difíciles de la crisis, pero se pudo conseguir principalmente por haber evitado el rescate soberano del país, algo sobre lo que luego me extenderé con detalle. Solo quiero recordar en este punto que a otros países que sí fueron rescatados se les impusieron recortes en las pensiones de hasta el 40 %.

El otro elemento que determina la viabilidad o no de un sistema de pensiones, es decir, su sostenibilidad en el futuro, es el nivel de empleo. Cuando llegué a La Moncloa, por cada pensionista que entraba en el sistema, tres trabajadores perdían su empleo y, en consecuencia, dejaban de cotizar; cuando dejé el Gobierno, por cada nuevo pensionista que accedía a la prestación, seis personas entraban en el mercado de trabajo. No hay más secretos para garantizar la sostenibilidad del sistema. Se basa en el empleo y en una gestión responsable de los recursos: sin el primero se tambalea, por eso el objetivo de toda nuestra política fue llegar a los 20 millones de españoles con empleo en 2020; sin la segunda se arriesga su sostenibilidad, por eso hicimos una reforma para garantizarla en el futuro.

Entre 2007 y 2011 se perdieron más de tres millones de

puestos de trabajo mientras los ingresos públicos cayeron en más de 55.000 millones. Aun así el gasto en pensiones creció 22.000 millones durante el mismo periodo. Si se analiza desde un punto de vista estrictamente financiero es difícil entender cómo se ha podido mantener el sistema a pesar de semejante deterioro. La explicación a esa pregunta está en la política: hemos defendido las pensiones por encima de todo porque son uno de los elementos que mejor definen a la sociedad que queremos; una sociedad solidaria en la que unos cuidamos de otros; una sociedad en la que nadie debe tener miedo, en la que los más débiles o quienes ya no pueden valerse por sí mismos cuentan con protección del conjunto. Las pensiones son la seguridad de los mayores y una muestra insuperable de solidaridad entre personas y entre generaciones. Y esa solidaridad es la que nos exige actuar de forma responsable para que el sistema no se agote en un par de generaciones, sino que siga garantizando sus efectos para las siguientes.

Durante nuestra etapa de gobierno abordamos una reforma que tenía como principal objetivo regular el factor de sostenibilidad. Con el asesoramiento de un grupo de expertos independientes se diseñó un mecanismo mediante el cual el cálculo y la revalorización de las pensiones no responderían a la voluntad o el capricho del Gobierno de turno sino a la evolución del IPC y también a la situación financiera del sistema y su proyección en el tiempo, atendiendo a elementos como la evolución de la expectativa de vida o a la previsión de ingreso de nuevos pensionistas en el sistema.

Esta reforma contribuyó a mejorar las perspectivas de sostenibilidad de las finanzas públicas. En la Unión Europea se dejó de hablar de nuestro sistema de pensiones como un problema. De hecho, se consideró modélico tanto por el diseño técnico del factor de sostenibilidad y su índice de revalorización como por el proceso que se siguió para llevarla a cabo. Creamos una Comisión de expertos de diversos ámbitos, todos ellos muy cualificados, que lograron un diálogo fructífero que alumbró una buena reforma.

Esta medida se complementó con otros cambios estructurales en el ámbito de las pensiones que, junto a la creación de empleo, comenzaron a revertir el proceso de deterioro financiero y a apuntar hacia una senda de sostenibilidad en el largo plazo sin merma para el bienestar social, que incluso permitió impulsar nuevas medidas como el incremento de la pensión de las madres trabajadoras o el complemento de maternidad.

Mantener estas reformas de cara al futuro es una necesidad nacional que debería ser considerada como uno de los asuntos de Estado que aconsejan grandes acuerdos políticos ajenos a la demagogia y a las frivolidades. La responsabilidad nos exige ser conscientes del desequilibrio financiero que se nos presenta por el aumento de la esperanza de vida y actuar para atajarlo de forma equilibrada, sin que el ajuste caiga íntegramente sobre una generación en detrimento de otras. El empleo de calidad y productivo es clave para garantizar unos ingresos estables, pero el gasto también debe valorarse en función de la evolución del sistema para evitar que este pueda llegar a hacerse insostenible en algún momento.

LOS EMPLEOS DEL FUTURO

Ahora, cuando prácticamente se ha recuperado todo el empleo destruido en la crisis, es obligado pensar en los empleos del futuro y hacer las reformas precisas para facilitarlos, porque de ello dependerá que podamos mantener o no nuestros actuales niveles de protección social y ese modelo de sociedad que queremos.

Con el cambio del siglo xx al xxi estamos asistiendo a una transformación tecnológica disruptiva equivalente e incluso superior a la que supusieron las revoluciones industriales de hace cien y doscientos años. El momento presente es clave para seguir progresando en esta modernización y mejora de nuestro nivel de vida. A mi juicio, la generación actual, la de comienzos del siglo xxi, tiene el reto de que nuestro país, por primera vez, esté entre los que se sitúen a la cabeza de una revolución tecnológica. La experiencia nos dice que no hay que temer a los cambios tecnológicos, sino afrontarlos como una oportunidad.

En 1960 el 40 % de la población española ocupada se dedicaba a la agricultura. Hoy, después de la mecanización y la incorporación de las mejores técnicas de producción, el número de ocupados en este sector es de solo el 4 %. Ese 36 % de españoles producen ahora otros bienes y servicios de los que disfrutamos todos y que han hecho mucho más próspero nuestro país.

Con la digitalización ocurrirá lo mismo; sin duda va a suponer la desaparición de muchos empleos, pero necesariamente sentará las bases para crear otros puestos de trabajo que aún hoy somos incapaces de imaginar.

La transformación que tenemos ante nosotros se presenta como la más intensa de toda la historia. La capacidad de aplicar la tecnología digital para ayudarnos en nuestro esfuerzo diario como trabajadores, como consumidores, como gestores públicos, como perceptores de los servicios públicos y como ciudadanos de una sociedad democrática y avanzada es inconmensurable.

Si la digitalización ha cambiado el mundo en los últimos veinticinco años, lo va a hacer mucho más en los próximos veinticinco. Ya empezamos a intuir cómo será ese proceso gracias a nuevas aplicaciones como el análisis de datos masivos (*big data*), la cadena de bloques (*blockchain*), el internet de las cosas, es decir, la conexión a la red de nuestros aparatos de uso diario privados y públicos, la computación en la nube (*cloud computing*), el aprendizaje profundo (*deep learning*) o la inteligencia artificial.

La tecnología ya está revolucionando la forma de producir y consumir. Esta transformación no solo es inevitable, también es deseable, y aquellos países que más eficaz y rápidamente consigan hacerlo serán los líderes del siglo XXI. España debería estar entre ellos y nuestro debate político debería colocar el desarrollo digital como una de sus piezas centrales. A ello se dedicó con intensidad Álvaro Nadal durante el tiempo en que fue Ministro de Energía, Turismo y Agenda Digital. Fue uno de mis más estrechos colaboradores en la Oficina Económica de la Presidencia del Gobierno durante los primeros y difíciles años en La Moncloa y luego en el ministerio, donde dio un notable impulso al desarrollo de la digitalización de España. En demasiadas ocasiones se habla de cosas que a largo plazo no tendrán tanta importancia mientras que el éxito tecnológico de nuestro país marcará su bienestar en las próximas generaciones.

Contamos ya con sólidas bases para lograrlo; nuestras insfraestructuras digitales están entre las mejores del mundo y el liderazgo de las grandes empresas españolas en digitalización y sostenibilidad actúa como palanca de modernización del conjunto de la sociedad. Pero debemos hacer más y en esto tiene un papel determinante el sistema educativo que podamos ofrecer a nuestros niños y jóvenes.

Durante mi etapa de gobierno hicimos un gran esfuerzo en política de becas, con una dotación de más de 1.500 millones en 2018, y en reducir las tasas de abandono escolar temprano, que descendieron en más de 8 puntos. Los informes que periódicamente elabora la OCDE, el más conocido de los cuales lleva el nombre de PISA, han puesto de relieve las mejoras producidas en estos últimos años. Además, el Índice Social, Económico y Cultural (ISEC) ha valorado nuestro sistema educativo como el segundo más equitativo de entre todos los países que forman la OCDE. No se dice mucho, por eso he querido recordarlo aquí.

El otro gran objetivo que me fijé fue el de impulsar de forma decidida la Formación Profesional, implantando en España el sistema de FP Dual, que tanto éxito ha tenido en países como Alemania, pionero en llevar parte del aprendizaje a los centros de trabajo. La actual Presidenta de la Comisión Europea, Ursula von der Leyen, en su calidad de ministra alemana de Empleo en aquellos años, fue una eficaz colaboradora en esos esfuerzos.

Poco se habla de la mejora que se ha producido y, aunque seguimos lejos de la media europea, el porcentaje de estudiantes de FP casi se ha doblado en una década. En el curso 2016-2017 ya superó con claridad al de los matriculados en Bachillerato, lo que constituye un fenómeno que reduce con claridad la brecha entre el sistema educativo y la realidad del mercado laboral. Esa tendencia es aún más positiva cuando pensamos en la naturaleza de los perfiles laborales que se demandan en el mundo digital, unas cualificaciones más flexibles y multidisciplinarias. Los expertos del Foro de Davos han señalado algunos aspectos que necesariamente tendrán que formar parte de la educación del futuro: la adaptabilidad, el aprendizaje continuo, el trabajo colaborativo o la inteligencia emocional.

En un mundo en el que tenemos toda la información imaginable accesible desde un teléfono que llevamos en el bolsillo, estamos abocados a complementar el aprendizaje basado en conocimientos con el aprendizaje basado en el desarrollo de habilidades. Consciente de todo ello y del impacto que la digitalización va a suponer en el ámbito educativo, propuse un Pacto de Estado por la Educación, que los grupos de la oposición finalmente no quisieron respaldar a pesar de lo avanzados que estaban los trabajos. Entre otras novedades se recogía el establecimiento de un sistema MIR para los docentes.

Lamento que se perdiera aquella oportunidad de lograr algo que desean la mayoría de los españoles, y que tan necesario resulta, como es un sistema educativo de calidad y ajeno a las peleas partidistas. La educación ha sido siempre el principal factor de movilidad social y de lucha contra la exclusión. Ahora es además un instrumento imprescindible para conseguir el gran objetivo: que España pueda situarse entre los países líderes en la adaptación de todas sus estructuras al nuevo mundo digital.

4

El no rescate

Sé que los pasos que estamos dando y los que vamos a dar duelen a cada persona, a cada individuo, como consumidor, como pensionista, como ama de casa, como lo que ustedes quieran. Duele que los ingresos se reduzcan y duele que los impuestos suban; pero hemos de hacerlo porque gracias a esos sacrificios individuales podremos salvar lo que compartimos. Los españoles hemos llegado a un punto en que no podemos elegir entre quedarnos como estamos o hacer sacrificios. No tenemos esa libertad. Las circunstancias no son tan generosas. La única opción que la realidad nos permite es aceptar los sacrificios y renunciar a algo o rechazar los sacrificios y renunciar a todo. Yo no tengo ninguna duda, Señorías. No ocuparía este puesto si la tuviera. Estoy convencido de que al final del sacrificio nos espera la recompensa.

11 de julio de 2012
(Comparecencia para informar sobre el
Consejo Europeo celebrado el 28 y 29 de junio.
Congreso de los Diputados)

La amenaza del rescate

Desde que llegamos al Gobierno a finales de diciembre de 2011 la amenaza del rescate soberano de España siempre nos estuvo rondando. Había responsables económicos que se jactaban de haber recomendado a Rodríguez Zapatero el adelanto electoral precisamente para evitarse solicitar el rescate y pasar esa responsabilidad a un gobierno recién llegado. Muchos analistas económicos y corresponsales extranjeros se dedicaban únicamente a especular sobre el momento en que dicha intervención iba a hacerse realidad.

En aquellos momentos, nuestra prima de riesgo ya rondaba los 450 puntos básicos, frente a los menos de 200 del año anterior y a casi 0 de antes de la crisis. Eso significaba que el Tesoro español necesitaba pagar 4,5 puntos porcentuales más que el alemán para financiarse y ello repercutía a su vez en el coste financiero de todos los agentes privados, tanto familias como empresas. Lo que esa prima estaba reflejando, en definitiva, era la falta de confianza en nuestra economía. Como la economía alemana era absolutamente fiable apenas pagaba interés por su deuda, mientras que nuestro país, junto con algunos otros, presentaba unas cuentas cuya sostenibilidad era más que dudosa y por ello tenían que pagar más en los mercados por el dinero que pedían prestado.

Así pues, la hipótesis del rescate siempre estuvo acechando en términos teóricos, y había razones para ello: la España de finales del año 2011, cuando accedimos al Gobierno, era la España del paro y de la recesión, y lo fue todavía durante un tiempo, hasta que las reformas que pusimos en marcha empezaron a producir efectos. Era la España de los problemas de sus entidades financieras, también la de los desequilibrios, del déficit público, la inflación, el déficit exterior. La España que perdía competitividad y seguía endeudándose frente al resto del mundo, especialmente Europa.

Por otra parte, la experiencia reciente demostraba que la cuestión del rescate no era ninguna ocurrencia de ciencia ficción. Grecia, Irlanda y Portugal ya habían tenido que someterse a ese tipo de programas de ayuda exterior; en el caso de Grecia, principalmente por su insostenible situación fiscal, Irlanda por los problemas de solvencia de sus bancos y Portugal por su severa crisis de competitividad. Los rescates habían dejado de ser una teoría para convertirse en una dura realidad en los países sometidos a las decisiones de la Troika. Además, poco antes de nuestra llegada al Gobierno, el 13 de noviembre de 2011, es decir, la semana anterior a que se celebraran en nuestro país las elecciones generales, el Primer Ministro italiano Silvio Berlusconi fue forzado a dimitir y sustituido por Mario Monti, con la idea de que un presidente de corte más tecnocrático y sin conocida adscripción política ayudaría a calmar a los mercados financieros y a crear más confianza.

Pero ¿en qué consistía eso que se llamaba «el rescate»? En el caso de los países europeos, el rescate significaba que, a cambio de ayuda económica para evitar la suspensión de pagos de un país, el grueso de la política económica de ese país pasaba a ser dictado por la llamada Troika, de la que formaban parte el Banco Central Europeo, la Comisión y el Fondo Monetario Internacional. Los conocidos coloquialmente como «los hombres de negro». Su presencia significaba que los países objeto de rescate habían perdido su capacidad para desarrollar su propia política económica.

Dicho así parece algo inocuo y casi intrascendente, pero conviene detenerse por un momento para reflexionar sobre las graves implicaciones políticas que esto supone. Desde el momento en que entramos a formar parte del euro, aceptamos renunciar a una porción de nuestra soberanía económica para compartir unos objetivos y reglas comunes. Renunciamos a tener nuestra moneda porque escogimos los beneficios, muy superiores, de contar con una moneda común, el euro. Pero, como es lógico, formar parte de un club exige aceptar sus reglas, y en este caso esas reglas eran unos principios de estabilidad presupuestaria comunes y que deben ser respetados por todos los países miembros.

Sin embargo, cuando un país es rescatado renuncia por completo a su soberanía económica, esto es, a su capacidad de hacer las políticas que los ciudadanos deciden cuando votan. Los ciudadanos de ese país, por lo tanto, dejan de ser dueños de sus destinos para ponerlos en manos de unos organismos internacionales cuya principal misión es de carácter técnico y no son elegidos por los ciudadanos. Y eso, a mi juicio, es un matiz de extraordinaria importancia. Cuando es preciso abordar medidas de ajuste o reformas ingratas, no es lo mismo que esas medidas sean aprobadas por un gobierno democráticamente elegido o sean impuestas por unos organismos ajenos al país en cuestión.

La legitimidad democrática, sobre todo cuando hay que tomar medidas impopulares como las que hubo que adoptar en todo el sur de Europa durante la crisis, resulta vital, aunque probablemente no sea lo más agradable para el gobierno que tiene la responsabilidad de llevarlas a cabo. Pero para pedir sacrificios en momentos de dificultad o para liderar a una sociedad frente a ese tipo de desafíos es preciso un sólido mandato democrático; al menos eso es lo que yo siempre he creído.

Todas estas consideraciones estaban en mi ánimo en aquellos primeros meses del año 2012. En mi fuero interno había decidido hacer lo posible y lo imposible por defender la soberanía económica de España y evitar caer en un rescate soberano. Pero no supuse entonces que me resultaría tan difícil llevar a cabo aquella promesa que me había hecho a mí mismo.

Tras el ajuste extraordinario de fin de año, a lo largo del primer semestre del año 2012 se fueron cumpliendo los diferentes hitos marcados en la agenda económica del Gobierno, cuyos objetivos, como ya hemos visto, eran hacer sostenibles las finanzas públicas, el saneamiento bancario y las reformas estructurales para recuperar la competitividad perdida.

A la vez que poníamos en marcha las reformas, iniciamos la tarea de explicar qué estábamos haciendo para abordar con éxito la situación de nuestra economía y recuperar así la confianza perdida.

Después de cumplir la tradición no escrita de visitar en primer lugar a nuestros vecinos de Marruecos, Portugal y Francia, a finales del mes de enero del año 2012 tuve mi primera entrevista en Berlín con la Canciller alemana. Merkel estuvo amable y cordial, pero también me mostró su grave preocupación por la situación de la economía española y las repercusiones que podía tener en el conjunto de la Zona Euro. Además, me trasladó lo que ya era un asunto consumado, decidido en la época del Gobierno anterior: que el puesto que tenía España en la cúpula del Banco Central Europeo, vacante por cumplir su mandato el señor González Páramo, sería para un candidato de Luxemburgo. Era evidente que la confianza en España no estaba en su mejor momento. Varios años después, Luis de Guindos, Ministro de Economía del Gobierno de España, era nombrado Vicepresidente primero del Banco Central Europeo, sin duda, por su gran competencia profesional, pero también porque la imagen de España ya era otra.

A lo largo de las siguientes semanas fui presentando a todos los mandatarios internacionales con quienes tuve la oportunidad de coincidir nuestro plan de acción y las reformas que íbamos aprobando de forma vertiginosa en aquellos primeros meses de 2012. La economía española era por aquel entonces fuente de interés, de preocupación y, en muchos casos, también de cierto escepticismo cuando no de indisimulada desconfianza. El propio Presidente de la Comisión, José Manuel Durao Barroso, cuando le planteé una rebaja en los objetivos de déficit, a lo que más tarde accedió, llegó a decirme —de forma no muy diplomática— que España carecía de credibilidad alguna entre las instituciones comunitarias.

Aquel comentario, por muy desagradable que me pudiera resultar, no dejaba de ser cierto en toda su extensión. Cuando un país, por las razones que sean, ha sufrido semejante pérdida de crédito entre los mercados financieros y las instituciones internacionales, no hay cambio de gobierno que permita restaurar la situación. No hay márgenes de confianza para los recién llegados ni el beneficio de la duda. Estábamos obligados a recuperar la reputación perdida a base de realismo, de rigor y de respeto a los compromisos adquiridos.

Cuando volví a reunirme con Angela Merkel el 20 de mayo de 2012, durante aquel paseo en barco en Chicago, con ocasión de la Cumbre de la OTAN, mi Gobierno ya había puesto en marcha todas las piezas fundamentales de nuestro plan de actuación: Ley de Estabilidad Presupuestaria, Plan de Pago a Proveedores y presupuestos, la reforma bancaria completa y la reforma laboral.

Pese a su observación respecto a la gestión del Banco de España y las dudas sobre nuestro sistema bancario, en aquella reunión recibimos todo el apoyo y el ánimo de la Canciller en un momento que era difícil para España, pero también para el conjunto de Europa. Todos éramos conscientes de la importancia del momento y de no dar pasos en falso, pero sobre todo nos enfrentábamos al reto de explicar a nuestras respectivas opiniones públicas la necesidad de adoptar medidas que suscitaban un profundo malestar.

Tan difícil era explicar en los países del norte la necesidad de dar asistencia financiera a los países con más dificultades —este era el caso de Grecia, Irlanda y Portugal—, como predicar entre esos países la obligación de actuar con rigor para salir de la crisis. El mismo esfuerzo que había que hacer en el sur para recomendar austeridad había que hacerlo en el norte para defender la necesaria solidaridad, y en todas partes era urgente recomendar calma y paciencia porque una crisis tan profunda como aquella no se resuelve en dos días. Se necesita tiempo para que las medidas que se van tomando produzcan sus efectos: para que los desequilibrios o excesos, como se les quiera llamar, puedan corregirse.

Por aquel entonces mi principal preocupación era lograr de nuestros socios y de los mercados internacionales un voto de confianza hacia España en virtud de las políticas que ya habíamos puesto en marcha. Preparamos un documento muy bien editado con todas las acciones que el Gobierno había aprobado en los primeros meses y con él inundamos las cancillerías extranjeras, los gabinetes de estudios económicos, todas nuestras embajadas en el mundo y las redacciones de los principales diarios económicos. Yo mismo pude presentar aquel documento a los responsables del *Wall Street Journal*, en un encuentro al que me acompañaron mi Director de Gabinete, Jorge Moragas, y la Secretaria de Estado de Comunicación, Carmen Martínez Castro. El tiempo demostraría la utilidad de aquel encuentro, porque el prestigioso periódico estadounidense nunca dio crédito a las especulaciones sobre un rescate inminente de España que sí siguieron otros medios internacionales. El *Wall Street Journal* acertó, otros fallaron clamorosamente.

A la par que iba explicando las reformas emprendidas, también intentaba convencer a nuestros socios comunitarios de que era necesario fijar una nueva senda de reducción del objetivo de déficit ajustada a la realidad. Nadie podía creerse que desde un 9 % que nos habíamos encontrado a nuestra llegada pudiéramos bajar de golpe 5 puntos porcentuales en un solo ejercicio económico, y además en recesión, para cumplir la senda programada que preveía dejarlo en el 4,4 %. Mi ejemplo era siempre el mismo: uno no puede perder quince kilos en un mes; sencillamente, no es posible, y si lo fuera, resultaría fatal para la salud. Para reducir el déficit también debíamos marcarnos objetivos creíbles: exigentes pero realizables. Todos debíamos corregir nuestros desequilibrios de forma comprometida, pero también de manera razonable y realista. La manera más segura de incumplir unos objetivos es fijar unas metas irrealizables y eso era lo que estaba sucediendo con la senda de corrección del déficit de España.

Yo también entendía que no iban a tener en cuenta mis planteamientos en tanto en cuanto no diéramos muestras inequívocas de nuestro compromiso de sacar adelante las políticas necesarias. Al final, nosotros fuimos cumpliendo, ellos fueron flexibilizando la senda de reducción del déficit y todo acabó encajando.

Lunes negro en la Baja California

Así estaban las cosas cuando, los días 18 y 19 de junio del año 2012, tuvo lugar en Los Cabos (México) la reunión del G-20. Hasta entonces el debate del rescate estaba solo en el nivel de los expertos, de los entendidos (también de quienes creían serlo) o en el puramente mediático, pero no en el de las instituciones políticas.

Fue en Los Cabos cuando, por primera vez, nos encontramos con la primera sugerencia internacional de pedir un rescate. Un rescate con condicionalidad macroeconómica, es decir, con la intervención del presupuesto y de las políticas económicas y sociales internas.

Aquello fue una sorpresa mayúscula y no voy a decir que agradable. Hoy se puede contar lo que, de haberse conocido entonces, habría causado una gran conmoción en los mercados; otra más. La primera recomendación de pedir el rescate no partió ni de nuestros socios, ni de ninguna institución económica internacional, sino del entonces Presidente de México, Felipe Calderón, que ejercía como anfitrión de la cumbre del G-20 en Los Cabos.

Poco antes de partir hacia México recibí una carta del entonces Presidente del país anfitrión del G-20, Felipe Calderón, en la que, entre otras consideraciones, me sugería «de manera por demás respetuosa» —esa fue la expresión por él empleada, uno de esos eufemismos que en general significan lo contrario de lo que indica su tenor literal— que considerara «solicitar un programa de apoyo externo, en particular del Fondo Monetario Internacional y del Mecanismo de Estabilización Europeo, por un monto suficientemente grande que no deje duda, aun entre los más escépticos». La misiva reconocía que la principal dificultad sería de carácter político por las condiciones que nos impondrían desde fuera, pero el Presidente mexicano consideraba, de forma muy optimista a mi juicio, que una buena política de comunicación podría hacer pasar el rescate no como un estigma sino como una oportunidad. Por último, señalaba las circunstancias que le llevaban a plantear esa solución: «La realidad es que el tiempo apremia y un escenario preocupante es que una hipotética salida de Grecia de la Zona Euro pudiera complicar aún más en el corto plazo la difícil situación por la que atraviesan varios países. Bajo este escenario [...] desaparecería un pilar

En el balcón de Génova, 13, celebrando la victoria electoral del 20 de noviembre de 2011 con mi mujer, Viri, la persona que más me ha ayudado y más ha sufrido las consecuencias de mi pertinaz vocación política.

Pleno del Congreso de los Diputados, durante el debate de investidura celebrado los días 19 y 20 de diciembre de 2011. Entonces prometí gobernar con sensatez y creo haberlo hecho. Intenté mantener la templanza en tiempos destemplados.

Primera reunión de mi Gobierno. En apenas cien días aprobamos las principales reformas que sentaron las bases de la recuperación de España.

Con Alberto Núñez Feijóo en el Castillo de Soutomaior, cuya restauración acometí siendo Presidente de la Diputación de Pontevedra y donde me gustaba comenzar cada curso político.

Con 26 años, en la Mesa de edad del primer Parlamento de Galicia, junto a Manuel Iglesias Corral y Tomás Pérez Vidal, en el año 1981. Haber asistido y participado en aquellos plenos fue para mí una escuela inolvidable de política y parlamentarismo.

do Fernández Albor e o seu tempo.
Cen anos dun presidente
Cidade da Cultura de Galicia. **16 de setembro de 2017**

En el acto de entrega de la Medalla de Oro al Mérito en el Trabajo a Gerardo Fernández Albor, con motivo de su centenario. Además de galleguista convencido, el Presidente de la Xunta fue una persona entrañable.

IN MEMORIAM
1922 - 2012

Manuel Fraga se ganó un lugar en la historia. Tuvo un papel decisivo en la Transición y fue determinante para la articulación del centro-derecha español. Fundó Alianza Popular, refundó el partido y supo dar paso con generosidad a una nueva generación.

Tuve ocasión de hacer entrega a Rafa Nadal de la Medalla de Oro al Mérito en el Trabajo. Siempre he pensado que la mayoría de los deportistas están hechos de una pasta especial. Son gente muy disciplinada, con una enorme capacidad de trabajo y de sufrimiento.

También he podido celebrar en La Moncloa los numerosos éxitos del deporte femenino español. Aquí, en agosto de 2014, con la selección de waterpolo tras su victoria en el Campeonato de Europa.

La política me ha dado la oportunidad y el privilegio de conocer España en profundidad. La imagen corresponde a Tudela, Navarra, en una visita a una explotación de alcachofas, cuyo destino era la exportación.

Celebrando con Soraya Sáenz de Santamaría, Íñigo Méndez de Vigo y Alfonso Fernández Mañueco, entonces alcalde de la ciudad y hoy Presidente de la Junta de Castilla y León, el VIII Centenario de la Universidad de Salamanca.

En una de mis conocidas caminatas matinales, que sigo practicando. Aquí con Juan Manuel (Juanma) Moreno, hoy Presidente de la Junta de Andalucía, en la playa de Cádiz.

También en los viajes al extranjero, a pesar de los apretados programas, conseguí sacar tiempo para cumplir mi rutina matinal. Así pude conocer mejor los lugares que visitaba, como la zona del National Mall en Washington D.C.

Trabajando en el AVE con Cristóbal Montoro, Ministro de Hacienda. Su preparación y experiencia fueron decisivos para crear los instrumentos que evitaron la quiebra de muchos Ayuntamientos y Comunidades Autónomas.

En La Moncloa con el Ministro de Economía, Luis de Guindos. El actual Vicepresidente del Banco Central Europeo hizo una gran labor para trasladar a las autoridades europeas y a los mercados financieros nuestro plan económico y recuperar así la confianza internacional que se había perdido.

Con Angela Merkel, en un recorrido fluvial entre los rascacielos de Chicago, durante la cumbre de la OTAN en mayo de 2012. Hablamos poco de arquitectura y mucho de la situación económica europea.

Celebrando un gol de España en el arranque de la Eurocopa de fútbol de 2012 en Gdansk (Polonia). Sabía que mi asistencia al partido generaría críticas, pero había contraído un compromiso con el Primer Ministro, Donald Tusk, y quise cumplirlo.

A pesar de tener serios desencuentros con los sindicatos, incluidas dos huelgas generales, nunca interrumpimos el diálogo social y llegamos a firmar acuerdos tan importantes como la Estrategia de Emprendimiento y Empleo Joven o el acuerdo para la subida del salario mínimo.

La primera prueba de la eficacia de la reforma laboral fue la decisión de la multinacional francesa Renault de traer a España su plan industrial 2014-2018. En noviembre de 2012 se anunció oficialmente con una visita a la factoría en Villamuriel de Cerrato, en Palencia, donde se crearon cientos de empleos.

En Nueva York, en la sede del *Wall Street Journal*, donde pudimos explicar las primeras medidas aprobadas por mi Gobierno. El tiempo demostraría la utilidad de aquel encuentro porque el periódico estadounidense no participó en las especulaciones sobre un posible rescate a España.

Con Jorge Moragas, mi Jefe de Gabinete, e Ildefonso Castro, Director del Departamento de Asuntos Internacionales, durante una conferencia telefónica en el avión oficial camino de Los Cabos, México. La cumbre del G-20 que se celebró allí en 2012 nos deparó algún sobresalto.

Los problemas de la Eurozona protagonizaron los debates del G-20 de México e incluso provocaron un intenso intercambio de pareceres entre Merkel y Obama. Finalmente la cosa no pasó a mayores.

Aunque Mario Monti lo intentó convocando en Roma una cumbre a cuatro, no pudimos llegar a un acuerdo sobre las medidas de apoyo a España e Italia. Días después, ambos países tuvimos que bloquear el Consejo Europeo del 28 y 29 de junio para exigir un cambio de política en la Eurozona.

Con Mario Draghi, durante una visita que realizó a La Moncloa. Hizo una gran labor al frente del Banco Central Europeo para superar la crisis de la Eurozona; ello fue posible en parte gracias a los acuerdos que se adoptaron en el Consejo Europeo de junio de 2012.

El 2 de agosto de 2012, Mario Monti visitó La Moncloa. Aquel día, que se prometía feliz, resultó una de las jornadas más difíciles para la Eurozona. La bolsa cayó un 5% y la prima de riesgo se disparó casi hasta los 600 puntos.

En la Capilla Sixtina, con el papa Francisco y el resto de los líderes europeos, con motivo del 60 aniversario del Tratado de Roma. Merece la pena seguir defendiendo la Unión Europea, que ha significado el mayor periodo de paz y prosperidad de nuestra historia en común.

En agosto de 2014 invité a Angela Merkel a recorrer un tramo del Camino de Santiago. Aquí, caminando por el *concello* coruñés de O Pino, donde vivieron mis abuelos maternos. Con Merkel he podido desarrollar una gran relación siendo como somos personas muy distintas: ella es muy directa, yo... no tanto.

Con Alexis Tsipras, Primer Ministro griego, al que aconsejé que no convocara un referéndum contra el rescate. Le dije que debía «elegir bien a los enemigos» porque nunca podría ganarle un pulso a la Unión Europea. Al final tuvo que aceptar unas condiciones aún más duras que las rechazadas en aquella consulta.

Los europeos hemos sido capaces de dejar atrás la crisis y apostar por el futuro de la Unión. Un ejemplo han sido los avances en la Unión Bancaria o el desarrollo del mercado de la energía. Con este motivo celebramos el 4 de marzo de 2015 en Madrid una cumbre sobre interconexiones energéticas.

Tuve una excelente relación con los primeros ministros portugueses, Pedro Passos Coelho y Antonio Costa. Con este último en mayo de 2017, con motivo de una cumbre bilateral celebrada en una travesía por el río Duero, entre Salamanca y Vila Real.

He prestado especial atención al refuerzo del diálogo y cooperación con nuestro vecino, Marruecos; un país que, bajo el reinado de Mohamed VI, ha emprendido un notable proceso de modernización y desarrollo.

importante de la Unión Monetaria, que es la de su irreversibi-
lidad. Si ese pilar dejara de existir, los mercados pasarían a
fijar su atención en otros países de la región, incluyendo Irlanda, Portugal y España. De ahí que amerite estar bien per-
trechados».

Como he dicho aquello constituyó un notable sobresalto,
entre otras razones porque jamás se había planteado nada
semejante en las reuniones preparatorias de la cumbre. Y afortunadamente tampoco se habló de ello durante la misma. En
los diversos contactos bilaterales que mantuve tanto con líderes europeos como con el Presidente Obama nunca se men-
cionó esta posibilidad. Tampoco en la plenaria del G-20 se
habló en ningún momento de un posible rescate a España, ni
en la reunión que mantuvimos en los márgenes del G-20 los
países europeos que estábamos en Los Cabos (Alemania,
Francia, Italia, Reino Unido y España) así como los presidentes del Consejo Europeo, de la Comisión y con el Presidente
de Estados Unidos.

Lo que sí se produjo en esta reunión fue un agudo momento de tensión, ya que la delegación estadounidense había
preparado un borrador de discusión sobre las soluciones a la
crisis de la Zona Euro, que fue interpretada, no sin razón, por
parte de la Canciller alemana como una injerencia. La situación de Europa y, particularmente, la aparente parálisis frente
a la situación del euro en los mercados preocupaba a todo el
mundo, pero éramos los europeos quienes debíamos afrontar
nuestra responsabilidad. Al final la señora Merkel miró de frente, Obama hacia el otro lado y no llegó la sangre al río.

Lo cierto es que la iniciativa de Felipe Calderón quedó finalmente reducida a una mera sugerencia que no tuvo la menor trascendencia; nosotros no lo comentamos, entre otras razones porque hubiera sido letal para la delicada situación del país, y el Presidente de México tampoco planteó nada más en la misma línea. La Cumbre concluyó con un apoyo expreso a las iniciativas de los gobiernos e instituciones europeas para salir de la crisis y hubo un decidido espaldarazo a la agenda reformista que estaba poniendo en práctica el Gobierno español.

Después de haberle dedicado algunas reflexiones he llegado a la conclusión de que aquella carta fallaba en la solución propuesta —el rescate de España— pero acertaba en el diagnóstico de lo que estaba ocurriendo en los mercados financieros. Allí se señalaba con toda claridad que era la incertidumbre sobre el futuro de la Zona Euro, la posible salida de Grecia y la ruptura de la moneda única el factor decisivo en la inestabilidad de los mercados, que estaba castigando sobremanera a los países entonces más débiles de la Eurozona.

Por eso Calderón nos recomendaba pedir el rescate al FMI y por eso también Obama nos había citado a los socios europeos para animarnos a hacer algo que conjurara los riesgos que empezaban a acechar a la moneda europea.

Lo que estaba pasando ya no tenía que ver con los fundamentos de la economía española, que estaba haciendo todas las reformas necesarias para enderezar su rumbo. En realidad, a pesar de nuestras reformas, que todo el mundo alababa y consideraba necesarias, los mercados habían empezado a apostar a corto plazo por la ruptura del euro, y en esa hipótesis Grecia sería la primera pieza en caer, pero España e Italia no iban a aguantar mucho más tiempo. Ese era el pronóstico que se estaba descontando y nada de lo que pudiéramos decir entonces ni de lo que pudiéramos hacer parecían calmar aquella oleada de pánico.

En aquella misma Cumbre del G-20 en Los Cabos vivimos una situación que reflejaba claramente el nivel de nerviosismo, incertidumbre y volatilidad al que nos enfrentábamos, muchas veces sin llegar a entenderlo. Era nuestro primer día en México. Después de haber celebrado una *conference call* entre los líderes europeos en pleno vuelo trasatlántico, a la llegada habíamos celebrado que en las elecciones griegas hubiera triunfado un candidato claramente europeísta como era Andonis Samarás. Por nuestra parte, acabábamos de alcanzar un acuerdo con la Unión Europea por el que íbamos a tener acceso a un crédito de hasta 100.000 millones para abordar la recapitalización de nuestro sistema financiero. En teoría todo eran noticias que debían contribuir a calmar los mercados. Sin embargo, al inicio de la jornada en la Baja California mexicana, lo que nos encontramos fueron las noticias de un nuevo lunes negro en los mercados: la prima de riesgo se había ido hasta los 574 puntos, el bono a diez años había superado la barrera del 7 % y el IBEX estaba cayendo un 3 %. Ninguno de los que asistimos a aquel desayuno, que inmediatamente derivó en un insospechado gabinete de crisis, podremos olvidar el calor, la incertidumbre y la angustia de sentir cómo tu país parece desplomarse al otro lado del mundo sin poder hacer nada para evitarlo.

Luis de Guindos compareció poco después ante los enviados especiales españoles para garantizar que la solvencia de nuestro país sería reconocida más pronto que tarde. Finalmente, la cosa no pasó de ser un susto, uno más de los muchos que jalonaron nuestra labor en aquellas fechas.

A pesar de todas estas circunstancias, la Cumbre de Los Cabos fue muy diferente al G-20 anterior, que a la postre había supuesto la dimisión de Silvio Berlusconi como Presidente del Consejo de Ministros de Italia y su sustitución por Mario Monti. Las cosas en México salieron como queríamos, pero España no dejó de estar en el punto de mira durante aquel encuentro. Lo mismo sucedió dos años después en Brisbane, la ciudad australiana que acogió entonces la cita anual del G-20. Pero allí fue por razones muy distintas. España había recibido el encargo de explicar a los países miembros cómo «las reformas estructurales sirven para mejorar la economía y el bienestar de un país». En solo dos años, la situación había cambiado radicalmente, también nuestro crédito y nuestra imagen internacional.

UN PLANTE EN BRUSELAS

Terminada la Cumbre de Los Cabos, casi inmediatamente, tras asistir en Río de Janeiro a la Cumbre de Naciones Unidas Río+20 sobre el Desarrollo Sostenible, fuimos a Roma, donde Monti era anfitrión de una reunión de los cuatro grandes países de la Zona Euro. Aquel cónclave buscaba preparar el Consejo Europeo que se iba a celebrar en Bruselas a final de mes y que era de una importancia vital. El Gobierno de España estaba actuando con rigor y trabajando para controlar el gasto público y poner en marcha reformas estructurales con el objetivo de mejorar nuestra competitividad, pero las reformas tardan tiempo en producir frutos. Era necesario algo más, un gesto de Europa que despejara las dudas de los mercados, y eso ya no les competía en exclusiva a los gobiernos nacionales.

Hablar a fondo sobre el próximo Consejo Europeo era, al menos en teoría, el objetivo que perseguía Monti, que pensaba de una manera muy similar a la mía, al convocarnos en Roma. Pero aquella cita apenas supuso avance alguno. Los alemanes no se sentían cómodos: intuían, con razón, que se iban a quedar solos frente a un acuerdo de los otros tres países e intentaron que no se celebrara la reunión. No consiguieron suspender el encuentro, pero sí que concluyera sin ningún tipo de avance. La reunión solo duró dos horas y Merkel partió hacia Gdansk a presenciar un partido de la Eurocopa de fútbol entre Alemania y Grecia. Alemania se adelantó en el marcador, pero Grecia consiguió empatar gracias a un gol de Samarás, que compartía apellido con el Primer Ministro heleno. La ilusión de los griegos duró poco: al final el partido lo ganó Alemania por 4 a 2. Pocos días después, asistí con Monti a la victoria de España sobre Italia en la final de esa Eurocopa, que se celebró en Kiev.

Durante aquellos días no era fácil entender lo que estaba pasando y mucho menos explicarlo a la gente o a los medios de comunicación. Lo único que acertábamos a señalar era que España estaba recibiendo un castigo que no se justificaba por la situación del país, que ya estaba haciendo todo lo necesario para enderezar su rumbo. La causa era la que apuntaba en su carta Felipe Calderón: los mercados habían apostado ya por la ruptura del euro.

Por eso, con fecha de 6 de junio, escribí al Presidente del Consejo Europeo una carta en la que le animaba a proponer medidas claras en defensa de la moneda única. En aquella carta transmití a Van Rompuy algo que comenzaba a ser un secreto a voces: «Europa está atravesando la crisis más grave desde su creación, esta crisis es económica y financiera pero también es una crisis de confianza en el futuro de nuestro proyecto colectivo de integración, cuya máxima expresión ha sido la moneda única». A continuación, después de advertir sobre el riesgo de ruptura del euro, abogaba por una actuación decidida tanto a nivel nacional como europeo: «El próximo Consejo Europeo de los días 28 y 29 de junio debe lanzar un mensaje nítido y decidido sobre la irrevocabilidad del euro y del mercado único».

Le propuse a Van Rompuy que actuara en cinco ámbitos que en aquella época repetí hasta la saciedad, tanto que los periodistas que habitualmente cubrían la información de Presidencia del Gobierno eran capaces de repetir de carrerilla mis cinco propuestas. Se resumían básicamente en que aquellos países que teníamos déficits abultados debíamos seguir avanzando con decisión en la consolidación fiscal. Los países europeos debíamos progresar también a título individual en las reformas para estimular el crecimiento. A su vez, Europa debía abordar nuevas iniciativas que apuntaran a una mayor armonización económica, y el BCE tenía que actuar en los mercados financieros a fin de darles estabilidad y reducir las primas de riesgo de forma que tanto los hogares como las empresas tuvieran acceso a la indispensable liquidez.

Por último, le pedí al Presidente del Consejo Europeo un decidido y contundente compromiso político de todos con la moneda única. Era necesario dejar claro que a medio plazo la Unión reforzaría su arquitectura institucional y avanzaría en el proceso de integración. Se trataba de despejar la falta de confianza en el futuro del euro que estaba alterando los mercados financieros.

Esa era mi manera de ver las cosas: había que actuar y hacerlo rápido; apostar decididamente por la integración europea y disipar las dudas que nos estaban matando. Todos los Estados nacionales, el Consejo Europeo y la Comisión debían remar en la misma dirección. Los enormes esfuerzos que algunos países estábamos haciendo para reducir nuestros desequilibrios perdían su eficacia por la incertidumbre sobre el conjunto de la Zona Euro. A medio plazo, la solución estaba en el trabajo que cada uno de los países pudiéramos hacer a nivel interno, pero a corto plazo era preciso garantizar la pervivencia y la estabilidad de la Unión.

Con estos antecedentes, el 28 y el 29 de junio de 2012 se celebró el que, en mi opinión, fue el Consejo Europeo más importante de los muchos que se han celebrado a lo largo de los últimos años. La reunión fue tensa y larga; no acabó hasta bien entrada la madrugada del día siguiente y después de no pocas discusiones. Nuestro objetivo, en el que llevábamos trabajando desde que llegamos al Gobierno, era conseguir una solución equilibrada que restaurase la confianza y sirviese para enderezar el rumbo de los acontecimientos. Mientras ese debate estuviera abierto, los países con más dificultades estaríamos sufriendo un castigo añadido a nuestros propios problemas que hacía mucho más difícil encontrar soluciones.

Sin embargo, esta, desde mi perspectiva, muy razonable opinión no era compartida por todos, particularmente por Alemania y los países nórdicos. Para ellos la situación crítica por la que atravesaban algunos países, entre ellos el nuestro, se debía exclusivamente a nuestros propios errores: unas políticas económicas equivocadas, la falta de control de las cuentas públicas o la supuesta nula voluntad de llevar a cabo reformas estructurales. Corolario de ese planteamiento era que cuando se hiciesen los ajustes y reformas necesarios las aguas volverían automáticamente a su cauce. El discurso dominante se limitaba a una sola palabra: ajuste. Y cuando uno explicaba que el ajuste no era suficiente, surgían las respuestas más peregrinas. Recuerdo una particularmente original: que cambiáramos el día de celebración del Consejo de Ministros y lo trasladáramos del viernes a otro día de la semana para lograr mayor cobertura mediática internacional a nuestras reformas.

Las cosas se pusieron de tal manera que por primera y única vez en los seis años y medio que asistí a las reuniones del Consejo Europeo tuve que vetar la aprobación de la propuesta de conclusiones. En el Consejo se iba a acordar un plan de reactivación económica de la Zona Euro, algo en lo que Francia tenía especial interés y con el que todos podíamos estar de acuerdo. Sin embargo, para España e Italia aquello no pasaría de un brindis al sol si además no se adoptaban medidas a corto plazo para garantizar la sostenibilidad de nuestra deuda de manera inmediata. Y la única institución que podía hacerlo era el Banco Central Europeo.

Nada más aterrizar en Bruselas el día que comenzaba el Consejo, el 28 de junio, recibí un mensaje en el teléfono: Mario Monti quería hablar conmigo con urgencia sobre el Consejo Europeo que iba a comenzar en unas horas. Él estaba tan preocupado como yo por el castigo desmesurado que estábamos sufriendo los mercados y ambos considerábamos imprescindible que la cumbre trasladara un mensaje político de que las cosas iban a cambiar. Desde el mismo aeropuerto le devolví la llamada y allí trazamos la base de una estrategia conjunta que luego terminarían de negociar nuestros equipos. Íbamos a apoyar el plan de reactivación propuesto por Francia, pero exigiríamos además medidas urgentes para sostener nuestra posición en los mercados de deuda, asunto sobre el que no se decía una palabra en la propuesta de conclusiones que nos habían hecho llegar. Para nosotros era algo vital, tanto que estábamos dispuestos a bloquear el Consejo. Si no se atendían nuestras peticiones, él pediría la palabra para manifestar su desacuerdo y yo saldría a respaldarle. Hollande, que veía con simpatía nuestro planteamiento, nos garantizó que intervendría si las circunstancias lo hacían necesario.

La discusión sobre el documento de conclusiones iba avanzando a lo largo de la tarde sin grandes problemas; casi todos estábamos de acuerdo en lo que incluía, el desacuerdo versaba sobre lo que no aparecía en el texto. Era el elefante en la habitación. Yo veía, con creciente inquietud, que el debate seguía adelante sin que siquiera se mencionara el problema más grave que en aquel momento tenía planteado la Eurozona y menos aún las soluciones que nosotros habíamos sugerido en público y en privado. Cada vez más alarmado me iba cruzando mensajes con mis asesores, que estaban fuera de la sala del Consejo: «Aquí nadie dice nada de lo nuestro; esto pinta fatal». Veía que el tiempo se acababa e íbamos a pasar a otro punto del orden del día, así que no esperé a que Monti pidiera la palabra y lo hice yo mismo. Inmediatamente él salió a apoyarme.

En el aquel momento se organizó una pequeña escandalera dentro de la sala y también en la zona de prensa: «¡España e Italia bloquean el Consejo Europeo!». Algunos se mostraron muy molestos, unos porque contaban con acabar la reunión a una hora razonable para ver el fútbol, otros porque ya habían comprometido una comparecencia ante la prensa, aunque los más enfadados eran, sin ningún género de dudas, los que no querían oír hablar de nada relacionado con un cambio de política del BCE. Costó unas cuantas horas reconducir la discusión a un punto de acuerdo común y la sangre no llegó al río. Ni siquiera fue necesaria la intervención de Hollande porque el compromiso resultó aceptable para todos. Todos nos comprometimos a realizar políticas económicas ortodoxas, a controlar el gasto y hacer reformas —lo que algunos calificaron en España como el «austericidio»—, pero al tiempo la Unión admitía por primera vez la posibilidad de poner en marcha medidas de estabilización de forma que se normalizaran las condiciones de acceso a la financiación y liquidez de los países que así lo necesitaran. Acordamos además seguir avanzando en la integración europea y dar el mensaje de que no había marcha atrás en el euro. Dicho de otra forma, convinimos hacer la política económica correcta y aportar los recursos necesarios si era menester, al tiempo que transmitimos nuestra voluntad de seguir adelante con el proyecto europeo.

Sobre las seis de la mañana nos dirigimos al hotel para ducharnos y cambiarnos, porque a las nueve se reanudaba el Consejo Europeo. Mario Monti, que con razón estaba muy satisfecho del resultado de la jornada, se empeñó en que atendiésemos a los medios de comunicación para comunicarles las buenas nuevas. Yo no lo vi tan claro y di instrucciones para que ninguno de mis colaboradores saliera a celebrar nada: ni declaraciones, ni gestos de triunfo. Cuando las cosas te van bien conviene que no se note mucho, sobre todo si hay otros que no están tan contentos con el desenlace de los hechos. Ese llamamiento a la contención es más aconsejable si cabe cuando esos insatisfechos disfrutan de una posición en la que te pueden acabar creando problemas.

Monti no lo entendió así; supongo que en aquel momento quiso lanzar un mensaje en clave nacional: era absolutamente tentador presentarse ante sus compatriotas después de haber conseguido doblegar la severa disciplina dictada por los países del norte de Europa. Y todo ello aderezado además por la victoria de Italia que aquella noche había dejado a Alemania fuera de la Eurocopa con dos soberbios goles de Balotelli. Indudablemente, abonarse a la euforia era tentador, pero también bastante contraproducente.

A las nueve de la mañana, después de las celebraciones italianas y del malestar de la prensa germana, nos encontramos con la sorpresa de que la delegación alemana, irritada con las declaraciones triunfalistas de algunos, pretendía reabrir el debate sobre el documento de conclusiones de la Cumbre.

Finalmente no hubo caso y la declaración quedó tal y como se había acordado durante la madrugada. Con todo, Merkel dejó muy claro una vez más la doctrina del norte: «No hay prestación sin contraprestación».

En mi comparecencia ante los medios de comunicación consideré necesario hacer un reconocimiento expreso a la altura de miras y la responsabilidad de todos mis colegas de la Unión Europea, y subrayé principalmente la señal política inequívoca que había salido de ese Consejo.

Si los mercados habían apostado por la ruptura del euro, fallaron en su apuesta. No tuvieron en cuenta el poder de la política. Por encima de discusiones concretas o desacuerdos determinados, por muy intensos que pudieran ser, existía una clara voluntad compartida: prevalecía entre los líderes europeos la responsabilidad de sabernos depositarios del mejor proyecto político que se había puesto en marcha en nuestra historia reciente. Aquel proyecto se tambaleaba por la dureza de la crisis, pero supimos defenderlo. A veces a trompicones y a veces a regañadientes, pero fuimos capaces de hacer lo correcto y lo necesario para mantenerlo vivo.

Pienso sinceramente que aquel Consejo Europeo y los acuerdos que en él se adoptaron fueron decisivos para que el Banco Central Europeo fuera capaz de actuar en los mercados en defensa de la moneda única. Todavía tendríamos que superar muchas dificultades, pero de allí salió un claro mandato político que permitió a Mario Draghi utilizar toda la fuerza y los recursos del BCE para defender el euro. En España estábamos cumpliendo con nuestro deber, y a partir de ese momento las cosas también empezaron a cambiar en Europa.

Con todo, aquel importante paso europeo debía ser correspondido con nuevos pasos a nivel nacional. De vuelta en Madrid, encargué al equipo económico del Gobierno el diseño de un plan que garantizara el cumplimiento de la nueva senda de déficit que habíamos negociado. Europa nos daba un año más para reequilibrar nuestras cuentas y nuestra responsabilidad era actuar con la diligencia y la disciplina exigibles.

Así preparamos el nuevo plan de ajuste que presenté ante el Congreso de los Diputados el 11 de julio de 2012. Durante la tarde-noche anterior había estado reunido con mi equipo de confianza para cerrar los detalles: allí se contemplaba la subida del IVA, que habíamos intentado evitar por todos los medios. El tipo general se incrementó en 3 puntos, el reducido en 2 y se mantuvo el superreducido para los productos de primera necesidad en el 4 %. Hubo también una rebaja en las cotizaciones de la Seguridad Social y una subida de la imposición sobre el tabaco, así como modificaciones en el sistema de pagos fraccionados del Impuesto de Sociedades. El conjunto del paquete de consolidación fiscal, incluyendo ingresos y reducción de gastos, supondría una cifra de 65.000 millones de euros en los siguientes dos años y medio.

Hasta esa misma mañana no tomé una decisión definitiva sobre la medida más polémica y también muy difícil de adoptar, que consistió en suspender de forma extraordinaria el abono de la paga de Navidad a los funcionarios. Sabía muy bien que los funcionarios ya habían perdido mucho poder adquisitivo durante los años de la crisis y me dolía extraordinariamente exigirles nuevos sacrificios. Era consciente de que estaba dejando sin paga de Navidad a muchos cientos de miles de personas, entre ellas a quienes me acompañaban y me atendían a diario en las dependencias de la Presidencia del Gobierno, pero la única alternativa a aquella medida hubiera significado cargar el peso de semejante ajuste sobre los pensionistas u otros colectivos vulnerables y, a mi juicio, eso habría sido aún más injusto. De nuevo tocaba escoger entre lo malo y lo peor. Todas las opciones que tenía ante mí eran malas, todas tenían consecuencias sobre las personas, pero en aquel momento pesó en mi decisión el hecho de que los funcionarios, al menos, tenían un trabajo.

Los gobernantes también somos humanos y tenemos sentimientos, aunque algunos no lo crean, pero entonces pensé, y hoy me ratifico en ello, que mi obligación era atender al interés general mirando al medio y al largo plazo porque ese es el único criterio que te puede ayudar en los momentos de suma dificultad, como era aquel. También tenía claro entonces que si no poníamos en marcha las medidas anunciadas, el rescate estaría mucho más cerca, la salida de la crisis se demoraría en el tiempo y las consecuencias para los españoles serían mucho más gravosas. Fue una decisión que adopté en soledad, después de haber escuchado a todos mis ministros y asesores, después de haber sopesado una y otra vez los inconvenientes de cada una de las opciones y asumiendo la responsabilidad de la decisión. No fue fácil ni agradable, pero todavía hoy creo que escogí la menos mala de las opciones que tenía ante mí. Pocas veces volvería a sentir de forma tan intensa el peso de la responsabilidad, el vértigo de acertar en una decisión de la que dependía la situación de tantas personas.

Aquel debate en el Congreso de los Diputados fue muy duro, no tanto por la agresividad de la oposición como por la gravedad de las circunstancias. Alfonso Alonso, quien luego sería Ministro de Sanidad, tuvo una sólida y valiente intervención de apoyo al Gobierno en unas circunstancias tan difíciles. No sería la última vez en que destacara por su eficacia dialéctica frente a los ataques de la oposición. Al término del debate, recuerdo haber confesado a un colaborador: «Si tengo que volver a hacer algo así, prefiero irme a mi casa». Felizmente no tuve que volver a aprobar un ajuste semejante. Además, tal y como había prometido, los funcionarios recibieron durante mi mandato aquella paga que dejaron de cobrar y que permitió que España pudiera escapar del rescate soberano que tantos le pronosticaban.

Pocos días después de ese 11 de julio, Draghi pronunció sus famosas palabras «*Whatever it takes*», es decir, que haría todo lo necesario para preservar el euro. Estoy absolutamente convencido de que la determinación de algunos gobiernos a la hora de gestionar la crisis y la reunión del Consejo Europeo, a la que antes me he referido, le ayudaron mucho para hacer esa afirmación.

Tras la Eurocumbre y las declaraciones de Draghi parecía que las aguas volverían a su cauce, pero como antes he señalado todavía nos esperaban momentos de extrema dureza. El día 2 de agosto se producía la visita de Monti a España y tuvo lugar un almuerzo en el Palacio de la Moncloa. Asistimos Monti y yo, que ejercía de anfitrión, así como algunos colaboradores de ambos. A esa misma hora Draghi daba una rueda de prensa anunciando los nuevos instrumentos del BCE para ser utilizados en caso necesario. Seguimos la rueda de prensa en el iPad del Jefe de la Oficina Económica, Álvaro Nadal. En el comedor del Palacio de la Moncloa no se oía ni una mosca. Monti no articuló palabra durante varios minutos. Lo que allí escuchamos fue un auténtico jarro de agua fría: volvíamos a las andadas. El Presidente del BCE dijo, en síntesis, que solo habría apoyo financiero a cambio de pérdida de soberanía, de una intervención, de «una estricta condicionalidad» fue el término empleado, si bien dejó abierta una puerta a la esperanza pues apostó con claridad por la estabilidad del euro y no descartó adoptar «medidas financieras no convencionales» para aliviar la presión de los mercados, anunciando que en breve presentaría el diseño de las mismas. Lo cierto es que el IBEX 35, que estaba subiendo un 2 % al comienzo de la rueda de prensa, llegó a bajar hasta un 5 %; los grandes bancos lo hicieron hasta el 8 %, y la prima de riesgo, que estaba en 536 puntos cuando Draghi empezó a hablar, no paró de subir y alcanzó los 591 puntos básicos. No es de extrañar la cara de Monti durante el resto del almuerzo. No hace falta decir que las lubinas, que constituían el plato principal del menú, volvieron a la cocina prácticamente intactas.

Salimos a atender a la prensa en medio de la alarma generalizada, pero los únicos que no podíamos mostrar nerviosismo éramos precisamente nosotros. Compusimos nuestro mejor gesto y nos aferramos a unas frases literales de Draghi para intentar justificar que no había motivo para tan desmesurada reacción en contra. Sorteamos la rueda de prensa como mejor pudimos y volvimos a nuestra pugna soterrada en Bruselas y Fráncfort por agilizar las medidas previstas.

Un mes más tarde, el 6 de septiembre, se repitió la misma escena en el comedor del Palacio de la Moncloa con una invitada distinta. Ahora quien almorzaba en compañía de sus asesores era la Canciller Merkel. Draghi también ofreció a la misma hora una rueda de prensa e igualmente la seguimos durante el almuerzo por el iPad. Esta vez las noticias que venían de Fráncfort eran mucho mejores, al menos para mí. Draghi explicó con detalle cómo era el instrumento que había diseñado para aliviar la presión de los mercados. Básicamente consistía en un plan de compra ilimitada de bonos de los países con problemas siempre que estos accedieran a pedir un programa de rescate. Volvía a aparecer el término «estricta condicionalidad», pero esta vez ya iba asociado a una posible solución que un mes atrás no aparecía por ningún lado. A pesar de esta salvedad, el representante alemán en el consejo del BCE, Weidman, votó en contra de la propuesta.

Aquel mecanismo distaba mucho de poder ser considerado como una bicoca, pero implicaba un cambio innegable en la política que hasta ahora había seguido el BCE y así lo entendieron inmediatamente los mercados. Aquel jueves la bolsa subió casi un 5% y la prima de riesgo bajó de golpe 46 puntos.

Las decisiones adoptadas en el Consejo Europeo de finales del mes de junio, la apuesta clara por el euro y la continuidad del proceso de integración, eran buenas noticias para nosotros y nos ayudaban en nuestro principal empeño que era superar la crisis y preservar al tiempo nuestra soberanía económica. Pero la amenaza del rescate aún no había desaparecido.

MI DECISIÓN: NO AL RESCATE

Al igual que en nuestro país, en Europa también el rescate contaba con más partidarios que detractores. La mayoría de la gente desconoce que entre estos últimos se encontraba Angela Merkel y ella era, desde luego, una de las personas que más conocimiento y capacidad tenía para tomar decisiones. En nuestro encuentro en La Moncloa del mes de septiembre ya me dijo algo con lo que yo estaba completamente de acuerdo: pedir el rescate significaba perder la libertad. Me insistió entonces en que valorara cuidadosamente las consecuencias de renunciar a esa independencia y admitir que otros, desde fuera, dictaran nuestra política económica.

Creo que esta recomendación partía de una reflexión sincera; después de todo yo había sido testigo en Los Cabos de cómo Merkel se enfrentó a Obama para defender la autonomía de Europa a la hora de tomar sus propias decisiones sobre política económica sin ser tutelados por nadie. Pero creo también que parte de sus prevenciones respondían a un interés propio: la cantidad de dinero que habría que aportar para rescatar a la cuarta economía de la Eurozona era ingente y Alemania tendría que asumir la mayor fracción del mismo dada su condición de país más grande. Eso era algo que no le iba a gustar nada ni a sus votantes, ni a sus expertos económicos ni a sus entonces socios liberales.

Quizá la conversación más clara que tuve con ella sobre este asunto fue en Bucarest, el 17 de octubre de 2012, con motivo del Congreso del Partido Popular Europeo que se celebró en un mastodóntico palacio en el que el dictador Ceausescu había invertido el 10 % del PIB de Rumanía. Merkel había leído en el *Financial Times* que yo iba a pedir el rescate y que lo iba a hacer justo después de las elecciones gallegas que tendrían lugar el domingo siguiente, el día 21. Me preguntó directamente por aquella información y yo le aseguré que por muy prestigioso que fuera el medio, que sin duda lo es, se fiara más de mi palabra.

Después de tranquilizarla respecto a mis planes, fui yo quien quiso continuar la conversación y le recordé que la noche anterior la agencia de rating Moody's había estado a punto de calificar la deuda española como bono basura. Habíamos conseguido evitarlo de milagro, pero el riesgo seguía ahí y no era solo un problema de España: «Angela, ¿te imaginas cómo sería nuestra conversación en estos momentos si ayer nos hubieran declarado bono basura?». No dijo nada, pero por su expresión intuí que el argumento había hecho mella en su ánimo.

El 21 de octubre hubo elecciones en Galicia. Alberto Núñez Feijóo y el PP las ganaron por mayoría absoluta. Y, en contra de todas las especulaciones, yo seguí sin pedir el rescate. Había decidido hacer todo lo necesario para evitar el rescate soberano, pero también había decidido no decir ni una palabra al respecto, primero para no cerrarme ninguna puerta y, en segundo lugar, para no alterar aún más unos mercados que ya estaban suficientemente desquiciados. Si decía que iba a pedir el rescate, la prima de riesgo de disparaba; si descartaba pedirlo, también se hundían los mercados. En aquellos momentos todo era contraproducente y hasta las ideas más positivas a simple vista entrañaban graves riesgos para nuestra situación. Baste como ejemplo una anécdota de este agobiante periodo. También fue en octubre de 2012; estaba en Bruselas con mi equipo, comiendo unas hamburguesas en un hotel cercano a la sede del Consejo donde, en un par de horas iba a comenzar la cumbre europea. Uno de mis asesores planteó la idea de organizar una reunión en la delegación española con Merkel, Hollande y Durao Barroso antes de que empezara el encuentro. En su criterio aquello trasladaba una imagen muy potente de apoyo a España. Yo no acababa de dar mi consentimiento porque había algo que no me acababa de convencer; mi instinto me decía que aquello podía tener algún riesgo. Méndez Vigo, que estaba a mi lado, vino en mi ayuda: «Pero, Presidente, ¿es que les vas a pedir el rescate?». Le dije que de ninguna manera. «Pues, entonces, no te hagas la foto», sentenció y siguió comiendo su hamburguesa. No hubo ni foto ni reunión; en aquel ambiente la única interpretación posible del encuentro hubiera sido que estábamos negociando los términos y condiciones del famoso rescate.

A veces no moverse es la mejor forma de avanzar, por eso me pasé medio año «hablando gallego»: un día me tocaba decir que de momento no había necesidad; otro, que tenía que conocer muy bien las condiciones del rescate, y al siguiente, que era un asunto que había que estudiar con detenimiento. Nunca lo descarté y nunca lo confirmé por más que me preguntaran al respecto de todas las maneras posibles.

Así me pasé medio año, como la Penélope de Ulises, tejiendo y destejiendo la trama del rescate, mientras en España crecía un clamor a favor de solicitarlo. No había comparecencia pública en la que no se me preguntara hasta la saciedad sobre si iba o no a pedirlo o, más directamente, en qué fecha lo haría. Se me instaba a no demorar más la decisión, cuando lo cierto es que ya había tomado una decisión hacía tiempo, la de no pedirlo.

Algunos lo expresaban en público, como el Presidente de una de las grandes empresas del IBEX, que llegó a decir: «Cuanto antes, siempre que sea posible». Casi todos, sin embargo, me lo venían a recomendar en privado. De hecho, la mayoría de las personas con las que me entrevisté entonces, que fueron muchas, me animaron a hacerlo. Nunca supe si eso era así porque todo el mundo estaba a favor del rescate o porque a mi despacho solo acudían los partidarios de solicitarlo.

Lo cierto es que tuve entonces la sensación de que en determinados círculos el rescate se veía como la única solución para España. Los costes de financiación todavía seguían siendo muy elevados para el Estado y también para las empresas privadas. Ese era el principal argumento de un llamativo editorial publicado en diciembre de 2012 por un periódico nacional en el que se me apremiaba para que demandase urgentemente la intervención de la Troika. Nunca conocí quién pudo influir en ese editorial, si es que alguien lo hizo. En el supuesto de que acaso lo supiera, a estas alturas del libro ya habrá adivinado el lector que tampoco lo iba a contar.

El editorial, bastante campanudo, daba por hecho la inevitabilidad del rescate, que calificaba como el «remedio más rápido y eficaz para reducir el coste financiero», y señalaba que mi decisión de no pedirlo «condenaba a la economía española a una recesión prolongada y dolorosa». Pues bien, tengo para mí, aun a riesgo de caer en las indeseables ucronías, que no haber pedido el rescate fue clave para que España pudiera superar la crisis y encarar la recuperación con la fuerza con la que lo hizo meses más tarde.

Ninguno de los partidarios del rescate se refirió nunca a sus contrapartidas. Solo veían las ventajas: una capacidad para financiarse a tipos razonables que en aquel momento les resultaba urgente. Pero nadie parecía haberse molestado en considerar las indudables contrapartidas que habíamos visto en otros países, como la pérdida de soberanía, los nuevos ajustes que nos serían impuestos, sus consecuencias sobre pensionistas o funcionarios o incluso sobre el tejido productivo del país. Ellos tenían derecho de pensar solo en las ventajas, pero yo tenía la obligación de pensar también en los inconvenientes. Mi principal responsabilidad era defender el interés general y creo que en aquella tesitura supe hacerlo, aunque fuera casi en solitario.

Seguir adelante sin solicitar el rescate acaso fue más exigente y más incómodo, al menos en aquel momento. Sin embargo, después del tiempo transcurrido nadie duda de que aquella fue la decisión correcta. Como casi siempre sucede en la vida, hacer las cosas bien y perseverar suelen producir buenos resultados, aunque eso muchas veces tenga un gran coste personal y suponga muchos sinsabores.

El día 20 de febrero de 2013 se celebró en el Congreso de los Diputados el Debate sobre el Estado de la Nación, el primero como Presidente del Gobierno. Ese día la prima de riesgo ya había bajado a los 350 puntos básicos y pude dar por zanjado definitivamente el episodio del rescate. Recordé a los señores Diputados que, frente a la desconfianza generalizada de un año antes, habíamos demostrado en apenas doce meses nuestra capacidad y nuestra determinación para llevar a cabo las reformas necesarias a una velocidad que no tenía precedentes en la economía española. Nos habíamos ganado el respeto de nuestros socios y de los inversores. Y nadie fue capaz de rebatir esta afirmación.

En aquel momento, febrero de 2013, España aún estaba en recesión y se destruía empleo, pero ya empezaba a despejarse el horizonte: las exportaciones comenzaron a crecer a dos dígitos y los datos de la balanza de pagos de principio del año eran contundentemente positivos. Las cosas estaban cambiando a mejor. Nadie pensaba ya que España no lograría salir adelante.

Esta es la historia del «no rescate» como yo la viví. No diré que fue fácil, porque no lo fue; ni fácil, ni agradable. Tampoco diré que lo haya entendido todo el mundo. Algunos pensaban que la única solución era devaluar, lo que equivalía a salir del euro o ceder la soberanía, es decir, aceptar que no nos podíamos gobernar a nosotros mismos. Sin embargo, yo nunca dudé de la capacidad de mi país; acaso porque pude conocer tantas y tantas historias de superación y de esfuerzo. Fui testigo de cómo España supo hacer una transición modélica de la dictadura a la democracia, viví cómo fuimos capaces de entrar en el euro cuando nadie apostaba por ello. Sabía que España podía salir adelante por sus propios medios; solo necesitaba una política económica razonable, con ajustes equilibrados y con reformas. Si Europa estaba en su sitio, los españoles lo podríamos conseguir. Así fue, y creo que todos debemos sentirnos satisfechos por ello.

5

Europa también estuvo en riesgo

En Roma, esta mañana en el Campidoglio o ayer en El Vaticano, los valores europeos se perciben con una nitidez extraordinaria. Es donde sentimos con mayor intensidad la herencia que nos ha hecho como somos y el peso tremendo de una historia que hemos sabido superar. Europa, que ha sido escenario de terribles enfrentamientos e innumerables guerras, es hoy el lugar del mundo donde mejor se preserva y se defiende la dignidad humana. [...] La Unión Europea nació para lograr la vieja aspiración de desterrar la guerra, la tiranía, la ignorancia y la miseria de la vida de las personas, y sesenta años desde aquel impulso fundador estamos de acuerdo en seguir avanzando en este proyecto. Europa es hoy el mejor sitio del mundo donde puede nacer un ser humano. Somos solo el 7 % de la población mundial, pero somos el 22 % de la riqueza del planeta y disfrutamos del 58 % de todo el gasto social. Estas son las magnitudes que definen la grandeza del proyecto europeo.

No son tiempos fáciles, pero eran más difíciles los que vivieron los padres fundadores cuando sentaron las bases de nuestra convivencia actual sobre las ruinas de un continente arrasado por la guerra y por el totalitarismo.

Roma, 25 de marzo de 2017
(60 Aniversario del Tratado de Roma)

LA DESAFECCIÓN HACIA EL PROYECTO EUROPEO

Los líderes europeos nos reunimos en Roma en marzo de 2017 con el objeto de celebrar el sexagésimo aniversario de la Unión y para reiterar nuestro compromiso con ella. Como dije entonces, difícilmente se puede encontrar un lugar en todo el continente donde el peso de nuestra historia común, con toda su grandeza y vocación de universalidad, se haga presente de manera más intensa. Hay una imagen de aquellas celebraciones que a mí me sigue causando una profunda impresión cada vez que la contemplo. En ella se nos puede ver a todos los jefes de Estado y de Gobierno de la Unión en la Capilla Sixtina posando junto al Papa Francisco, que nos había recibido en audiencia con motivo de aquellas conmemoraciones. Allí estamos todos, con gesto grave, conmovidos ante la grandeza del escenario, sobrecogidos por la obra de Miguel Ángel que luce a nuestra espalda en toda su imponente majestad, como si nosotros también estuviéramos siendo sometidos al juicio de Dios. Después de todo lo vivido durante estos años bien merecemos un alegato en nuestra defensa y en la defensa de la propia Europa.

Con el proyecto europeo ha pasado algo muy similar a la trayectoria que hemos vivido los españoles en democracia y del que hablaba al inicio de este libro, al recordar lo que significaron para mí aquellos primeros momentos de nuestra andadura democrática. En el momento en que ese proceso se pone en marcha suscita ilusión y entusiasmo. Pero una vez se ha consolidado, con la seguridad de los logros conquistados, desaparecen el fervor y la alegría, y todo se va tiñendo poco a poco de cierto desencanto. Porque es mucho más estimulante mudarse a una casa nueva que arreglar las cañerías de nuestra vieja casa de siempre; ya sabemos que en ella hay cosas que no nos gustan, vecinos con los que tenemos poco en común o echamos en falta más espacio vital. Y algo así sucede con los proyectos políticos: son absolutamente magnéticos en el instante en que se ponen en marcha, pero a menudo van perdiendo lustre con el paso del tiempo. En esos momentos es cuando más necesario resulta recordar tanto la razón moral que late en el fondo de los mismos como los logros conseguidos. En el capítulo anterior explicaba que España, que siempre ha sido un país profundamente europeísta, vivió situaciones de extrema dificultad. Pero no solo nuestro país, Europa también estuvo en riesgo. Hasta tal punto que muchos llegaron a poner en tela de juicio el propio proyecto europeo, que había dado sus primeros pasos antes incluso de la firma del Tratado de Roma y que se encontraba en un proceso de consolidación muy avanzado.

Las causas de esa desafección hacia el proyecto europeo fueron muy diversas; la más importante, la crisis económica que azotó de una manera durísima a algunos países de la Unión, particularmente del sur, una de cuyas caras más dramáticas fue el desempleo, entonces creciente en Grecia, Portugal, Irlanda y en España, donde se llegaron a destruir más de tres millones de puestos de trabajo. También influyó la necesidad inexcusable de poner en marcha reformas económicas para recuperar la competitividad y la imperiosa obligación de reducir el déficit público, que llevó aparejado un control muy estrecho del gasto y, en ocasiones, subidas de impuestos. No es difícil entender el profundo descontento de los ciudadanos durante aquellos años. Todos podemos recordar las constantes protestas en la calle contra las políticas de los gobiernos y las de la propia Unión Europea, percibida como inspiradora principal de las mismas, o las huelgas generales que vivimos en algunos países de la Unión.

En los países del norte de Europa, sin embargo, el malestar tenía un origen muy distinto: entendían que la situación en el sur era consecuencia directa de nuestros propios errores, particularmente de saltarnos las reglas que nos habíamos autoimpuesto para garantizar una economía saneada y armónica. Temían además que pudiéramos perjudicar a sus economías y obligarles a unos esfuerzos en solidaridad que tampoco gozaban del menor favor popular. Asistimos entonces al nacimiento de insólitas disputas entre los países del norte y del sur: unos eran acusados de insolidarios y otros de despilfarradores, unos de trabajadores y otros de vagos, unos cigarras y otros hormigas. Unos creían erróneamente que estaban sufragando el proyecto europeo por encima de lo razonable y otros creían que era Europa la causa de sus problemas y padecimientos, cuando estos tenían su origen en sus propios desequilibrios internos.

Ninguno de estos tópicos era fácil de rebatir en un ambiente de creciente hartazgo en todas partes. Los políticos, presionados por nuestras respectivas opiniones públicas, también cometimos errores con declaraciones poco adecuadas o con estrategias cortoplacistas para ganar cierta comodidad en el debate nacional aun a costa de debilitar el proyecto común europeo.

Así se planteó, por ejemplo, un intenso debate sobre el futuro del euro que trajo a la palestra la vieja idea de la Europa de dos velocidades, que es tanto como crear una liga con dos divisiones: una para los países más aplicados y otra para los rezagados, a quienes además se nos aplicó un acrónimo ofensivo por su tufillo supremacista. Éramos los «PIGS» (acrónimo inglés de Portugal, Italia, Grecia y España). En aquella escalada hubo incluso quien planteó la conveniencia de expulsar de la moneda única a los incumplidores.

Puedo reconocer ahora que aquella fue una época verdaderamente difícil, con enfrentamientos entre los países de la Unión, entre los gobiernos y sus opiniones públicas, entre las instituciones y organismos internacionales y entre los distintos partidos políticos. Se contestaba todo y por todos. Nada parecía estar bien y, lo que es peor, no parecía que pudiera estarlo nunca. No se atinaba a encontrar una solución que permitiera encarar el futuro con cierta esperanza.

Recuerdo una situación que vivimos en España y que refleja de manera palmaria el ambiente de la época. En los primeros meses del año 2012 presentamos en el Congreso de los Diputados el proyecto de Presupuestos Generales del Estado. Para un sector muy importante de la opinión pública española, era aquel un presupuesto que afectaba al bienestar de todos. «Austericidio» era la expresión que se usaba entonces. Sin embargo, para muchos destacados dirigentes europeos los presupuestos eran insuficientes para controlar el gasto, reducir el déficit público y, en consecuencia, generar la confianza necesaria para superar la dramática situación económica por la que atravesábamos. Esta «pinza» entre dos percepciones tan distintas, la de dentro y la de fuera, se repetía cada vez que cualquier país, ya fuera del norte o del sur, tomaba una decisión. Si la Canciller Merkel apoyaba una medida de alivio financiero a los países con problemas —ayuda que siempre iba a ser considerada escasa y raquítica por las opiniones públicas de estos—, sabía positivamente que se iba a enfrentar a una batalla política doméstica que acabaría ante el Tribunal Constitucional de su país. Ese era el ambiente en que vivía el conjunto de la Unión Europea. Entre la dureza de las circunstancias y el profundo malestar de los ciudadanos apenas quedaba espacio para hacer política.

En aquellos instantes llegué a tener la sensación de que estábamos todos contra todos: Alemania contra Grecia, los países nórdicos contra los del sur de Europa, la mayoría contra el Banco Central Europeo, las opiniones públicas contra sus Gobiernos, la Comisión entre dos fuegos. Parecía que nadie estaba por ceder ni un ápice. Los Consejos Europeos acababan siempre de madrugada con líderes ojerosos e insatisfechos que tampoco podíamos dar ninguna noticia positiva a nuestros ciudadanos. Las dificultades eran muchas, el ambiente muy malo y las expectativas muy negativas. Aquello parecía no tener solución. Demasiados frentes abiertos.

Creo que no exagero al considerar que de aquellos polvos, de aquellos discursos de insolidaridad, de aquella manera de buscar culpables en los otros, han devenido algunos lodos que embarran el panorama político europeo en la actualidad. Fue entonces cuando a la crisis se unió la fuerte presión de la inmigración que ha llegado a convertirse en el primer problema para los europeos, cuando comenzaron a aparecer en el escenario político toda suerte de partidos extremistas, antieuropeos, euroescépticos, populistas y nacionalistas que nada bueno aportan, que ponen en tela de juicio todos los logros conseguidos y culpan siempre de sus problemas —sean cuales sean estos— a Bruselas y a sus políticas.

La apuesta por la Unión

Sin embargo, los europeos fuimos capaces de afrontar aquello con inteligencia y, en muchos casos, con grandeza y altura de miras. Hoy nadie discute que lo peor ha quedado atrás, por más que subsistan muchas dificultades. El proyecto europeo continúa avanzando, la situación de la economía ha mejorado sustancialmente, el paro se ha reducido, y tanto la Unión Europea como los gobiernos de los países que la conforman están más dedicados a resolver los problemas reales de la gente, como se ha visto con los avances para poner en marcha una política de inmigración más adecuada. Pienso sinceramente que, a pesar de que aún quedan secuelas, aquella etapa se ha salvado y debe servirnos como ejemplo para afrontar nuevas crisis que puedan venir.

Son muchos los factores que han ayudado a la mejora de la situación. Sin duda, el más importante fue la voluntad política. La mayoría de los líderes europeos que entonces ocupábamos las sillas del Consejo Europeo teníamos la determinación de defender nuestros intereses nacionales tanto como la supervivencia del proyecto europeo. Teníamos problemas económicos, problemas de gobernanza, problemas con nues-

tras opiniones públicas, muchas veces nos sentimos desbordados por enfrentarnos a circunstancias desconocidas en su
intensidad y sus consecuencias, pero siempre tuvimos la firme voluntad de mantener nuestra unión. Discrepamos en
innumerables ocasiones, algunas de forma vehemente, pero
nunca pusimos en cuestión el proyecto del que fuimos depositarios. Sin esa fe inquebrantable en Europa no hubiera sido
posible sortear aquel momento, porque ese empeño fue el
principio inspirador de muchas de las decisiones que contribuyeron a que las cosas cambiaran.

Para mí fue de gran ayuda durante aquella época la labor
de quien era Secretario de Estado para la Unión Europea y
luego sería Ministro de Educación, Cultura y Deportes, Íñigo
Méndez de Vigo. Su experiencia, sus innumerables contactos, su conocimiento de las instituciones europeas y su soltu-
ra para moverse en ellas me resultaron de enorme utilidad, al
igual que su talante siempre animoso y constructivo. También me ayudó el trabajo concienzudo y eficaz de Alfonso
Dastis, Embajador Representante Permanente de España ante
la Unión Europea, reconocido por todos en Bruselas y a quien
luego nombraría Ministro de Asuntos Exteriores.

A la hora de hacer balance sobre esos años tan complejos
en el seno de las instituciones europeas merece una atención especial la figura de la Canciller alemana Angela Merkel.
Ella ha estado al frente del país más decisivo de Europa durante todo este tiempo y, aunque solo fuera por esa circunstancia, se hace acreedora de reconocimiento. Pero además ha
sabido actuar a la altura de esa responsabilidad utilizando su
indudable capacidad de influencia de forma inteligente y

práctica, propiciando equilibrios entre todos y soluciones de consenso.

Siempre tuve la impresión de que ella, sin tener que hacer frente a los graves problemas internos que teníamos los demás, era, de entre todos nosotros, la que soportaba mayor presión por el protagonismo de su país en cualquier decisión relativa al presente o el futuro de Europa. En su actitud y sus decisiones Merkel siempre parecía atender no solo a las urgencias del presente, que eran muchas, sino también a la herencia del pasado y a la responsabilidad ante el futuro. Consciente del enorme peso de Alemania en la construcción europea, no recuerdo que actuara nunca de manera unilateral ni tratara de imponer su criterio de forma arbitraria. Ha defendido los intereses de su país, como hemos hecho todos, pero siempre buscando alianzas y entendimientos.

Supo combinar el indudable poderío alemán en una Europa cuajada de problemas con una actitud de diálogo permanente. Colaboró estrechamente con David Cameron para ofrecerle unas condiciones que permitieran a los británicos tomar la decisión de seguir en la Unión. Ya sabemos que aquellos esfuerzos no fueron suficientes, porque no existe respuesta racional alguna capaz de satisfacer demandas basadas en la pura emotividad nacionalista; pero de eso hablaremos luego. Lo que quiero señalar en este momento no fue tanto el resultado como la actitud de absoluta colaboración por parte de Angela Merkel.

La imagen que se trasladó de ella, como una persona insensible durante los años más duros de la crisis, es injusta y engañosa. Creo que Merkel es una de las personas con más profundas convicciones sociales que he conocido. Nunca ha escatimado sus apoyos a iniciativas como planes de empleo juvenil o estímulos al crecimiento. También su actitud ante la crisis de los refugiados respondió a una firme convicción moral, a su convencimiento de que los valores europeos nos exigían solidaridad ante aquella situación de emergencia humanitaria. Es una mujer afable y cercana, pero, al mismo tiempo, una persona disciplinada y una política vigorosa. De igual modo que cree en el valor de la solidaridad. También cree en la rectitud de conducta y en el cumplimiento de los compromisos asumidos.

Nadie es reelegido cuatro veces por sus compatriotas sin atesorar enormes virtudes políticas, y ella las ha acreditado sobradamente, dentro y fuera de Alemania. Ha tenido un instinto único para sintonizar con el pulso de su país en cada momento y actuar en consecuencia. Contribuye a ello su actitud ajena a cualquier vanidad y a cualquier dogmatismo. Ha sabido gobernar en solitario con amplísimas mayorías y también gobernar en coalición con sus adversarios, lo que dice mucho de ella y de los socialdemócratas alemanes, que han sido a la vez rivales y socios de gobierno. Tengo para mí que esa admirable capacidad de los políticos germanos para entenderse y forjar grandes acuerdos cuando las circunstancias lo requieren ha hecho de Alemania el gran país que es en la actualidad.

Desde que en 2004, estando ella aún en la oposición, asistiera al Congreso en el que fui elegido Presidente del Partido Popular, he podido desarrollar una gran relación con Angela Merkel siendo como somos personas muy distintas: ella es muy directa y yo no tanto. Recuerdo una conversación en la que me preguntó a bocajarro si era cierto que yo iba a apoyar a un candidato socialista a la Presidencia del Parlamento Europeo, como se había publicado en algún sitio. Me sorprendió la pregunta, porque jamás había entrado en mis planes, así que tiré de sorna y le respondí que sí, que pensaba apoyarle por una razón inapelable: ¡me lo había pedido Rubalcaba! Merkel puso tal gesto de estupor que un colaborador me advirtió: «Presidente, en el norte de Europa no entienden la ironía gallega». El malentendido quedó inmediatamente aclarado.

En estos años hemos tenido una grandísima colaboración que ha ido más allá de las relaciones habituales entre dos mandatarios de países socios y amigos. Yo la invité a conocer Santiago de Compostela y hacer juntos un pequeño tramo del Camino de Santiago. Tuvimos la ocasión de visitar las obras de restauración del Pórtico de la Gloria y de disfrutar de una cena en uno de los restaurantes típicos de la calle del Franco, donde la delegación alemana descubrió los percebes y los pimientos de Padrón. Aquello fue todo un acontecimiento en la ciudad. Poco después ella nos devolvió la invitación y pasamos una jornada con nuestros respectivos equipos en la residencia de Meseberg, también con caminata bordeando un lago precioso y una divertida velada hablando de lo divino y lo humano, principalmente de fútbol, deporte del que Merkel es una gran aficionada. Y yo algo sé de eso también.

En más de una ocasión hemos discrepado, pero siempre nos hemos entendido porque hemos sido absolutamente sinceros el uno con el otro y cumplimos aquello a lo que nos comprometimos. Ella fue sincera cuando me adelantó que no iba a apoyar al candidato español al Consejo del BCE en enero de 2012, pero también cuando seis años después me garantizó el apoyo de Alemania para Luis de Guindos. Fue sincera cuando me recomendó no pedir el rescate o cuando me advirtió de los problemas de credibilidad internacional de la banca española. Por mi parte, yo fui franco con ella cuando la avisé de que la situación en los mercados de deuda estaba a punto de llevarse por delante, no a un país concreto, sino al conjunto de la Unión, cuando le comenté que la cuestión de la inmigración debía manejarse con extremada prudencia si queremos evitar que se convierta en un polvorín o cuando le aseguré que España iba a reducir su déficit público pero a un ritmo creíble, porque era absurdo y contraproducente mantener el espejismo de una senda de corrección irrealizable.

En las innumerables conversaciones que hemos mantenido en estos años Merkel me ha demostrado que es una mujer que escucha con atención, que huye de cualquier posición dictada por la frivolidad o el sectarismo y que tiene la capacidad de ponerse en la posición del antagonista. Además, lo que hace de ella un personaje absolutamente irrepetible es que parece desdeñar todo lo que en otros personajes constituye su principal afán político: ella no necesita ni el foco ni las fotos ni los ditirambos ni mucho menos los asesores de imagen. Las operaciones de mercadotecnia, la ingeniería demoscópica o los gurús de la comunicación que ahora tanto se estilan tampoco tienen cabida a su lado. En su sencillez característica Merkel ha encarnado los mejores valores de la política: el trabajo, la honradez, la solidez, la fiabilidad y la eficacia.

Es una firme defensora de sus convicciones y una persona con grandes dosis de disciplina y perseverancia; en consecuencia, una política correosa y una adversaria muy difícil de vencer. Quienes hemos tenido la suerte de no ser sus rivales podemos reconocer en ella un talento político excepcional camuflado bajo una apariencia de normalidad. Creo que pasarán muchos años hasta que veamos surgir otra figura con un liderazgo tan sólido y a la vez tan tranquilo y reflexivo como el que ella ha encarnado. Europa le debe mucho a Angela Merkel.

Recordaba anteriormente cómo la voluntad política fue el instrumento que nos permitió dejar atrás la crisis europea, una voluntad que se plasmó en tres hechos cruciales. En primer lugar, el cambio que se produjo en la política económica de los países que estábamos en situación de mayor dificultad. Fuera por convicción, como en el caso de España, o por imposición, el hecho cierto es que logramos corregir nuestros desequilibrios. En segundo lugar, fue decisivo el resultado del Consejo Europeo y de la Eurocumbre del mes de junio del año 2012, al que antes me referí y que supuso un sólido mensaje político sobre la decisión de mantener la moneda única. Y, en tercer lugar, la actuación del Banco Central Europeo, haciendo realidad aquel mensaje político y plasmándolo en medidas concretas.

Todos acabamos haciendo lo que era obligado en aquel momento, aunque no resultara fácil para nadie. El último episodio de la crisis del euro fue el caso de Grecia; la situación del país heleno llegó a ser dramática y hubo un momento en que muchos pidieron abierta y públicamente su expulsión de la Eurozona.

A pesar de la ayuda de las instituciones y de los países europeos, Grecia no salía adelante. Fue así a pesar de los esfuerzos del Primer Ministro Samarás, que hizo cuanto estuvo en su mano para enderezar la situación y atender las peticiones de la Troika, que tenía intervenida la política económica griega. Se habían aprobado ya dos programas de rescate y las cosas se complicaron cuando, a principios de 2015, accedió al Gobierno el partido izquierdista Syriza, cuya campaña electoral consistió en arremeter contra Samarás y contra las políticas de Bruselas. Los nuevos gobernantes prometieron a los griegos una política económica distinta que supuestamente resolvería los problemas endémicos del país en poco menos de un cuarto de hora.

Durante varios meses la situación de Grecia fue un debate recurrente en los Consejos Europeos, algo completamente excepcional pues los debates sobre la economía de los países solían tener lugar en las reuniones del Eurogrupo y no en el Consejo. El nuevo Primer Ministro griego, Alexis Tsipras, y su Ministro de Economía, Yanis Varoufakis, se negaban a aceptar una política económica que iba completamente en contra de lo que había sido su discurso político. Pero el hecho innegable era que, o cambiaba la forma de hacer las cosas, controlaba el gasto e iniciaba un proceso de reformas, o todo iría a peor. Lo cierto es que optaron por el enfrentamiento en lugar de intentar el acuerdo con las instituciones europeas. Éramos muchos los que queríamos ayudar a Grecia y preservar la moneda única, pero no nos dieron opción.

El momento de mayor tensión se produjo cuando el Primer Ministro decidió convocar un referéndum y someter a votación las condiciones de un tercer programa de rescate propuestas por la Unión Europea, el Banco Central Europeo y el Fondo Monetario Internacional. Dicho programa exigía a su Gobierno un mayor control del gasto público para reducir el déficit y el insostenible nivel de deuda de Grecia y la puesta en marcha de una serie de reformas estructurales para transformar la economía del país. Las condiciones eran muy duras, pero no había otra alternativa.

Entonces tuve la ocasión de transmitirle a Tsipras mi opinión rotundamente contraria a aquel referéndum. Grecia necesitaba imperiosamente el dinero y no estaba en condiciones de escoger. También le dije que él sí debía «elegir bien a los enemigos» porque era imposible que le pudiera ganar el pulso a la Unión. Ni me hizo caso ni conseguí nada entonces, salvo demostrarme más tarde a mí mismo que yo tenía razón.

Como era de esperar, el referéndum, que tuvo lugar el 5 de julio de 2015, dio como resultado un rotundo rechazo a las condiciones del rescate. Algunos medios de comunicación señalaban entonces que Grecia le había hecho «un soberano corte de mangas a Bruselas» y todos los populistas de extrema izquierda de Europa celebraron aquella votación como un éxito propio. Hubo programas especiales en unas cuantas televisiones desde la plaza Sintagma de Atenas convertida en el foco de una supuesta revolución contra la burocracia comunitaria. Pero aquello no fue más que otro de tantos espejismos con que la izquierda acostumbra a adornar sus fracasos. También en Grecia la realidad ignorada acabó tomándose su revancha. No había pasado un mes desde el referéndum cuando el Gobierno griego tuvo que decretar un corralito para evitar la fuga masiva de depósitos bancarios. Tras el cese del polémico Varoufakis, el Ejecutivo heleno se vio obligado a aceptar unas condiciones para el tercer rescate más duras aún que las que se habían rechazado en el referéndum. No había alternativa, algo por todos sabido. Un mes después, Tsipras anunciaba unas nuevas elecciones para llevar a cabo el programa que se había rechazado en aquella consulta. Este hecho reafirmó mi convicción de que los referendos casi nunca responden a un afán verdaderamente democrático y tienen más que ver con la voluntad de legitimación de los gobernantes con problemas.

A partir de entonces el Gobierno griego fue moderando sus planteamientos, dando pasos en la buena dirección —en la única posible— y, como siempre suele ocurrir en la vida cuando se hace lo debido, su economía y la de los ciudadanos empezaron a mejorar, aunque luego Syriza perdiera las elecciones. Quizá, si hubieran hecho lo mismo desde el principio, si hubieran asumido la realidad en vez de ir contra ella convocando aquel referéndum, hoy seguirían gobernando. Pero, evidentemente, eso es algo que no sabemos y nunca podremos saber.

Tampoco lo tuvieron fácil otros países sometidos a un programa de intervención económica de la Unión Europea, pero sus esfuerzos también dieron resultado. Los casos más paradigmáticos son los de Portugal e Irlanda. Pude comprobar a lo largo de mi etapa como Presidente del Gobierno que los primeros ministros portugueses, tanto Pedro Passos Coelho como Antonio Costa, actuaron con rigor y con seriedad, hicieron las cosas bien y estoy seguro de que hoy ambos pueden contemplar con satisfacción los frutos de su trabajo. Lo mismo ocurrió en el caso de Irlanda, donde su Primer Ministro, Enda Kenny, fue capaz de darle la vuelta a una economía que pasó también por un momento especialmente delicado.

Nosotros no estuvimos sometidos a un programa, como los tres países antes citados, pero la corrección de los desequilibrios y las reformas que pusimos en marcha cambiaron por completo el estado de las cosas. Volvió el crecimiento económico, que llegó a estar por encima del 3 % durante tres años consecutivos, en los que fuimos el país de los grandes que más creció en la Zona Euro, y comenzó a crearse empleo a ritmos desconocidos desde hacía mucho tiempo, más de 500.000 nuevos puestos de trabajo cada año. La recuperación de España, por nuestro tamaño y por nuestra importancia en el seno de la Unión (somos la cuarta economía de la Zona Euro), contribuyó decisivamente a la superación de la crisis en el conjunto de Europa, además de constituir un aval político a una forma de actuar en la que se conjugaron la austeridad y la solidaridad, la disciplina y la flexibilidad.

Sin duda alguna, los esfuerzos de muchos gobiernos europeos fueron un elemento fundamental que ayudó a recuperar la confianza en el proyecto que los padres de la Unión habían iniciado hacía ya muchos años. Nada fue fácil. Fue muy duro para todos, para los ciudadanos, pero también para los gobernantes. Vistas las cosas con la perspectiva que da el transcurso del tiempo, hoy podemos decir que, con los defectos propios de cualquier obra humana, todos hicimos lo que las circunstancias exigían.

Más allá de las políticas llevadas a cabo por los gobiernos

nacionales, también desempeñaron un papel clave las decisiones adoptadas en el seno de la Unión Europea. El Consejo Europeo y la Eurocumbre de finales de junio de 2012, cuyos pormenores relaté en el capítulo anterior, trasladaron un mensaje de confianza, no solo en la continuidad, sino también en la profundización del proyecto europeo.

Es un axioma comúnmente aceptado que las crisis pueden convertirse en oportunidades, y en el caso de Europa supimos convertir los graves desafíos de aquel momento en notables avances para el futuro de la Unión, ahondando en la integración europea y atendiendo con mayor eficacia a las necesidades de los ciudadanos. En alguno de los peores momentos del año 2012 me llegué a quejar públicamente de la desesperante lentitud de los procesos en Europa, pero lo cierto es que desde entonces vieron la luz la reforma del Pacto de Estabilidad y Crecimiento, la creación de un mecanismo de asistencia financiera permanente (MEDE), la Unión Bancaria y otros instrumentos que supusieron un avance en la integración europea y una mejora sustancial en la resolución de los problemas financieros de los países miembros.

Otro cambio que se produjo después del Consejo Europeo de junio fue el esfuerzo que se hizo para atender los problemas reales de la gente. Había que resolver la crisis y cambiar las políticas, pero el proyecto europeo también precisaba trasladar el mensaje de que queríamos ir más allá y ocuparnos con mayor intensidad de las preocupaciones que acuciaban al conjunto de la ciudadanía. En este sentido, la puesta en marcha de la Iniciativa de Empleo Juvenil, que impulsó el Gobierno de España, y que se inició con un despliegue de

6.000 millones de euros y continuará en vigor hasta 2020, o el llamado «Plan Juncker», aprobado en 2014, con especial repercusión en la financiación de infraestructuras y en la atención a la innovación, fueron dos decisiones que significaron una apuesta muy clara por Europa y sus ciudadanos.

Como he afirmado en tantas ocasiones, aquel Consejo Europeo del año 2012 constituyó un hito crucial en la historia de la Unión Europea. Pero hubo un tercer factor que ayudó a que las cosas, poco a poco, volvieran a su cauce. Fue la actuación del Banco Central Europeo, y su compromiso con la estabilidad financiera de la Zona Euro, llegando incluso a desplegar instrumentos no convencionales. Estas medidas y las declaraciones de Mario Draghi contribuyeron a disipar las incertidumbres sobre el euro y a relanzar el crecimiento de las economías europeas. Pero nada de esto habría sido posible y no hubiera tenido un efecto duradero sin las reformas que acometimos en España y la apuesta clara de los gobiernos europeos.

En suma, estos tres factores, unidos al empeño de los líderes de perseverar en el proyecto europeo, fueron decisivos para superar uno de los peores momentos que vivió el proceso puesto en marcha después de la Segunda Guerra Mundial. También hemos podido avanzar en otras áreas, que han permitido fortalecer las bases del proyecto común. Ejemplos muy destacados son los avances en el desarrollo del Mercado Interior de la Energía, el compromiso conjunto contra el cambio climático, plasmado en la Cumbre de París, los acuerdos comerciales o los pasos dados hacia una política común de inmigración.

Es de justicia recordar aquí la figura de Jean-Claude Juncker. Como Presidente de la Comisión hizo una gran labor en momentos de extrema dificultad como los que he descrito en este libro. Siempre se comportó como un gran amigo de España. Tuve la ocasión de acompañarle cuando recibió el Premio Princesa de Asturias en 2017, junto con Donald Tusk y Antonio Tajani. También quise acudir a su Doctorado Honoris Causa por la Universidad de Salamanca, un acto entrañable al que también asistió Alfonso Fernández Mañueco, un buen amigo, entonces alcalde de Salamanca y en la actualidad Presidente de la Junta de Castilla y León. Para mí Juncker está ya en la historia de la Unión Europea, en la parte buena de esa historia.

Así fue como los europeos fuimos capaces de dejar atrás la crisis y apostamos por el futuro de la Unión. Ahora, debemos seguir dando la batalla cada día para mantener viva esa unión y fortalecerla. No ha sido fácil hasta hoy y no lo será en el futuro. Han transcurrido más de sesenta años desde que en Roma seis países —Alemania, Francia, Italia y los tres del Benelux— firmaron el tratado que creaba la Comunidad Económica Europea. A lo largo de todo este tiempo hubo momentos felices y otros en los que parecía que todo se estancaba, pero al final podemos afirmar sin equivocarnos que el balance resulta muy satisfactorio.

Europa es hoy un espacio político de democracia, libertad y derechos humanos sin comparación en el mundo. Aquí circulan libremente las personas, las mercancías, los capitales y los servicios; tenemos una moneda común y un banco central. Europa también es sinónimo de progreso económico y social: siendo apenas el 7 % de la población total del planeta representamos cerca de una cuarta parte del PIB mundial. Disfrutamos de un sistema de bienestar como ninguna otra región del mundo, con unos niveles de atención sanitaria y educativa y un sistema de protección a nuestros mayores que superan en mucho a los del resto de los países.

Yo creo en el futuro de Europa, que es el nuestro, y esa convicción no es puro voluntarismo irracional. Soy perfectamente consciente de que resta aún mucha tarea pendiente, de que tenemos problemas serios de gobernanza y de integración; sé que muchas veces el mundo mira a Europa esperando una respuesta a la altura de nuestra historia y de nuestros valores y no la encuentra. No se me oculta que son numerosos los retos que debemos afrontar y que las dificultades no dejarán de surgir. Eso es lo único que tenemos garantizado. Pero llegar hasta aquí tampoco resultó fácil y fue posible gracias al acierto en las decisiones y a una voluntad política compartida. Así debe seguir siendo en el futuro.

LOS RETOS DEL FUTURO

El proyecto europeo es, sin ninguna duda, la historia de un éxito, pero todavía son muchos los capítulos que nos quedan por escribir. No son pocos los desafíos a los que tendremos que dar respuesta y hacerlo con urgencia. La crisis migratoria y la solución al Brexit son los más perentorios. A ellos voy a prestar mi atención aquí. Tiempo habrá para ocuparme con más detalle de otros. Baste ahora con apuntar alguno de los objetivos que debemos perseguir en el futuro.

El primero es la cuestión del crecimiento económico. Las reformas deben continuar, también la integración de nuestros mercados. Completar la Unión Bancaria y una política fiscal común son elementos imprescindibles para mantener la estabilidad; también es preciso seguir desarrollando la política de tratados de libre comercio que sirve, además de a los intereses puramente económicos, a la expansión de nuestros valores a los países que van a ser nuestros socios comerciales. Piénsese en las exigencias en materia de respeto a los derechos humanos o en las condiciones medioambientales y sociales que Europa incluye en sus acuerdos internacionales. También es obligado incorporar con agilidad y eficacia los avances tecnológicos a nuestras estructuras económicas y apostar firmemente por el futuro digital, así como ayudar a la gente a adaptarse al cambio para que las oportunidades de este nuevo mundo estén al alcance de todos. Estas y otras políticas tienen como objetivo mejorar la vida de las personas, que Europa pueda mantener el modelo de bienestar social más avanzado del mundo y seguir progresando, como hemos hecho en los últimos sesenta años.

En segundo lugar, Europa debe tener también un mayor protagonismo geoestratégico acorde con su liderazgo democrático. No tenemos la vocación hegemónica de otras potencias mundiales, pero sí podemos ejercer un papel moderador y ser un factor de estabilidad mundial. Al mismo tiempo es preciso continuar avanzando en una política en materia de Defensa y Seguridad responsable y creíble. En los últimos años se han dado pasos importantes en esa dirección, como el acuerdo de cooperación estructurada permanente (PESCO), en el que España, con Dolores de Cospedal al frente de su ministerio, tuvo un protagonismo destacado. Cada vez más tendremos que hacernos cargo de nuestro destino y ser capaces de asegurar nuestra propia protección. La OTAN debe seguir siendo un elemento central, pero no podemos ignorar las responsabilidades contraídas a la hora de defender la libertad, los derechos humanos y el modelo de sociedad en el que creemos.

Como europeo, pero al mismo tiempo como español que conoce y defiende el enorme valor de América Latina, creo que la Unión Europea debe mirar con más asiduidad a esa zona del mundo y fortalecer sus lazos con ella. Más de mil millones de seres humanos de sesenta países compartimos una visión del mundo basada en los principios de la democracia, el Estado de derecho, el respeto a las libertades y la defensa de los derechos humanos. No pretendo decir que no haya habido un indudable acercamiento institucional; de hecho, este no ha dejado de crecer. Los intercambios económicos, la liberalización de gran parte del comercio birregional, el fomento de un clima favorable a las inversiones o la facilitación del intercambio humano con medidas como la supresión del visado Schengen con algunos países, que mi Gobierno impulsó de manera muy decidida, han sido factores que han contribuido a unirnos de una manera cada vez más intensa y sólida, pero tenemos un amplio espacio para avanzar.

Por ello no puedo por menos que celebrar el reciente acuerdo de libre comercio entre la Unión Europea y los países de Mercosur, por el que tantos gobiernos de distinto signo han trabajado a lo largo de veinte años. Además de sus beneficios económicos, este acuerdo ha convertido a Europa en el referente mundial del libre comercio en un momento decisivo, cuando más obstáculos se están levantando contra ese principio que creíamos fuera de discusión.

En un mundo global, donde los ejes de influencia se están alterando radicalmente, todos debemos adaptarnos a nuevas pautas estratégicas. Europa debe ser consciente de la importancia de su relación con América Latina y cuidarla como la de un socio privilegiado de la Unión. A veces parecemos ignorar que América Latina constituye hoy una de las áreas más estables y dinámicas del planeta a pesar de la trágica excepción que supone el régimen de Nicolás Maduro en Venezuela. También en ese asunto Europa tiene algo que decir contando con el criterio que España puede aportar en su condición de miembro destacado de la comunidad iberoamericana.

Los demócratas venezolanos han tenido siempre mi apoyo, durante todo el tiempo que dirigí el Partido Popular y también mientras estuve al frente del Gobierno de España. Tan es así que fui el primer jefe de Gobierno del mundo que recibió oficialmente a Lilian Tintori en 2015 y lo hice además de manera pública, para mostrar mi respaldo a la causa de la democracia en Venezuela, un país tan cercano y tan querido por España. Así fue como me convertí en uno de los blancos preferidos de los ataques de Maduro. ¡Gajes del oficio! Lamentablemente, lo peor no son los insultos que me ha dedicado, sino la terrible situación en que ha sumido al pueblo de Venezuela, triste protagonista de una diáspora de refugiados en toda Iberoamérica a la que no se le presta toda la atención que merece.

De todos estos asuntos —economía, inmigración, defensa, geoestrategia— se deberán ocupar los dirigentes europeos en los próximos años. Y también deberán mejorar el proceso de toma de decisiones en el seno de la Unión. Se hace preciso que los procedimientos comunitarios sean más ágiles y terminar con el requisito de la unanimidad para tomar determinadas decisiones, que lleva en muchas ocasiones a una excesiva lentitud en los procedimientos, cuando no a una parálisis de los mismos. Este tipo de limitaciones ha trasladado a los ciudadanos una impresión de incapacidad o impotencia para ofrecer respuestas urgentes a problemas que así lo exigen. Y cada vez más se demanda a las instituciones respuestas inmediatas. Hemos dado algunos pasos en la mejora de la gobernanza, pero necesitamos seguir perseverando.

El desafío global de la inmigración

Antes señalaba que existe un elemento fundamental que deberá ocuparnos a los europeos de manera prioritaria en los próximos años; me refiero a la llegada masiva de cientos de miles de personas que huyen de las guerras, las violaciones de los derechos humanos o que, simplemente, buscan una vida mejor.

En los últimos años la inmigración a Europa se ha convertido según numerosos estudios de opinión, en una de las principales preocupaciones de los ciudadanos europeos, hasta el punto de que esa preocupación está en el origen de algunos de los acontecimientos que recientemente se han producido en nuestro continente, como puede ser el Brexit o el surgimiento de los partidos extremistas.

Europa supo abordar, no sin dificultades, la crisis económica, pero resulta mucho más costoso enfrentarse a la situación que genera la llegada, casi siempre por razones económicas, de cientos de miles de personas cada año y, sobre todo, plantear y llevar a la práctica una solución definitiva de futuro. A esa cuestión también hemos dedicado muchas horas en los Consejos Europeos una vez que se encarriló la crisis que estuvo a punto de llevarse por delante la moneda única en el año 2012.

En un debate parlamentario sobre esos asuntos recordé unas palabras de quien fuera líder de la independencia argelina, Ahmed Ben Bella, que describió el Mediterráneo como un inmenso lago que limita al norte con un campo de golf y al sur con un campo de chabolas. «Se equivocarían los europeos si creyesen que ante una realidad como esta pueden vivir tranquilamente detrás de sus muros ignorando este hecho.»

Pues bien, si alguna vez tuvimos la tentación de hacerlo, ya no es posible mantener esa ignorancia. Si en otro tiempo el factor que mejor explicaba la presión demográfica desde el sur hacia el norte eran las sensibles diferencias económicas y de nivel de vida, como señalaba Ben Bella, hoy a ese factor se añade otro que atañe al más elemental de los derechos humanos como es el derecho a la vida. La desestabilización de los países del norte de África en algunos casos, la falta de instituciones, las guerras o la implantación de grupos terroristas están provocando movimientos masivos de personas que están dispuestas a arriesgar sus vidas para poder contar con un futuro de paz y respeto a sus derechos como personas. Afrontamos por tanto un problema que nos va a acompañar durante mucho tiempo, un problema al que debemos dar una respuesta conjunta porque afecta a principios de la Unión Europea.

No es posible mirar hacia otro lado y pretender que no ocurra nada, sabiendo cuál es la realidad que nos rodea. Antes al contrario, es de todo punto imprescindible actuar y que todos los países de la Unión lo hagamos conjuntamente, porque nadie en solitario podrá nunca dar una solución a un reto que es de carácter global y nos afecta a todos. De todos los desafíos que tienen que abordar los gobiernos europeos, este es probablemente el más complejo y en el que las decisiones que tomar son más complicadas, y sus resultados, más inciertos.

A veces los cambios que se producen en el mundo tienen lugar con una enorme velocidad y no somos capaces de percibirlos en toda su dimensión. Basta un solo dato para que podamos ver con claridad lo que ha sucedido en relación con este fenómeno en España durante los últimos años. A principios de los años noventa, la población extranjera en España representaba poco más del 1 % de los residentes en nuestro país. En 2008 había crecido hasta el 12 % del total, sin incluir a una gran cantidad de inmigrantes hispanoamericanos que cuentan con la doble nacionalidad. Es verdad que después hubo un descenso como consecuencia de la crisis, pero cuando se consolidó el proceso de creación de empleo que experimentó España, nuestro país volvió a convertirse en un destino de oportunidades para muchas personas.

Algo similar ha ocurrido en otros países, y en algunos casos desde hace más tiempo. Este proceso va a continuar en el futuro si Europa, como todos deseamos, sigue siendo una de las regiones con mayor nivel de bienestar del mundo.

Nada de lo anterior es nuevo en la historia, salvo por el número de personas que hoy emigran. España y buena parte de Europa somos actualmente países de acogida, pero antes fuimos lugar de salida de emigrantes hacia todo el mundo. Hoy recibimos aquí a muchos nacionales de otros lugares, particularmente de Iberoamérica, donde en su día recalaron muchos compatriotas nuestros. Hablo con absoluto conocimiento de causa porque es difícil conocer en mi tierra, en Galicia, a una sola familia que no haya tenido emigrantes entre sus miembros: Cuba, Argentina, Venezuela, Inglaterra, Suiza o Alemania han sido durante décadas los destinos de los emigrantes gallegos de los dos últimos siglos.

Con esa experiencia personal se puede entender que mi posición ante el fenómeno de la inmigración dista mucho de ser crítica o negativa. Tengo la firme convicción de que la llegada de personas constituye, en términos generales, un factor de progreso y desarrollo para el emigrante y para la sociedad que le acoge. Así lo hemos visto la mayoría en España; acaso por ello seamos el país con mayores tasas de población extranjera y menores problemas de integración. Pero tampoco se me escapa que la cuestión migratoria es un asunto extremadamente delicado que debemos afrontar conjugando el respeto a la dignidad de todas las personas con la prudencia y la responsabilidad necesarias para proteger la convivencia, garantizar la integración y preservar el respeto a la ley y su cumplimiento.

No hay ninguna duda de que la llegada a Europa de personas procedentes de otros lugares del mundo ha permitido a muchas personas llevar una vida digna, lo que en absoluto era posible en sus países de origen, al tiempo que contribuyen al crecimiento y a la mejora de nuestro país. ¿Quién puede poner en tela de juicio lo que los más de 2.300.000 ciudadanos extranjeros que trabajan en España, según la última EPA, aportan a nuestro país?

Tampoco se pueden cuestionar las políticas de atención a los refugiados que huyen de los conflictos bélicos, que constituyen un pilar básico de nuestro sistema de convivencia. El caso más reciente y dramático fue el que sufrieron cientos de miles de sirios, que se vieron obligados a abandonar su país como consecuencia de una guerra que lo devastó. Atenderlos es una obligación moral irrenunciable que nos distingue como una sociedad con valores y sentimientos.

De igual manera tenemos que ser conscientes de la existencia de mafias que han convertido el tráfico de personas en el negocio criminal más lucrativo de estos tiempos. Mafias que utilizan el natural y lógico afán de millones de personas por tener una vida mejor para someterlas a una suerte de nueva esclavitud. Mafias que no tienen ningún tipo de escrúpulo moral en abandonar a cientos de personas en el mar abocados a una muerte casi segura. Ellos dan por descontado su rescate y esa seguridad en nuestro respeto por las vidas humanas es sobre la que construyen parte de su negocio.

He dedicado mucho tiempo a lo largo de mi vida política a estas cuestiones. Lo hice cumpliendo con mi obligación, primero como Ministro del Interior, más tarde como Presidente del Gobierno, aquí y en las instituciones europeas. Y también porque pienso que estamos ante un fenómeno que puede cambiar nuestras sociedades y conviene que sea para bien. Mi máxima en estos casos siempre ha sido hablar poco e intentar hacer todo lo posible.

Hablar poco en este caso no es una frase hecha, ni una *boutade*. Los políticos debemos hablar poco de inmigración y hacerlo, en todo caso, con mucha responsabilidad porque el trazo grueso o los discursos demagógicos, en un sentido u otro, son muy fácilmente manipulables y absolutamente contraproducentes. Las declaraciones en materia de inmigración suelen ser a menudo demagógicas, cuando no tóxicas para la convivencia. Esta es una cuestión llena de matices que, como todo el mundo sabe, conviene cuidar. No existe nada más letal que la demagogia con la inmigración, en un sentido o en otro. Demagogia contra los inmigrantes o demagogia contra las fronteras.

Es fundamental, como siempre en la vida, tener las ideas claras y actuar en consecuencia. La pretensión de algunos de que en España, o en cualquier otro país de la Unión Europea, puedan entrar todos los que lo pretendan sin control alguno es inaceptable y solamente contribuye a empeorar la situación de los migrantes y a generar tensiones en la sociedad. Esta pretensión es el mejor caldo de cultivo para el surgimiento del extremismo. Es imprescindible que el acceso a la Unión Europea se haga siguiendo los procedimientos legales establecidos en cada país, y de forma ordenada. Hacer lo contrario supone abonar el terreno a las mafias que trafican con personas y poner en peligro, como desgraciadamente tantas veces hemos visto, la vida de mucha gente que se ve obligada a tomar riesgos que no serían necesarios si se actuara con arreglo a las leyes y a los procedimientos que establecen.

Cualquier política de inmigración debe atender a la protección de vidas humanas, la erradicación de las mafias y el respeto a los procedimientos legales y el orden necesario en los flujos migratorios. Esas son las prioridades que debemos tener muy en cuenta, y la mejor manera de conseguirlo es intensificar la cooperación con los países de origen y tránsito de los inmigrantes.

Yo tuve ocasión de transitar las aguas de Senegal en una patrullera de la Guardia Civil con tripulación mixta, compuesta por agentes de la Benemérita y policías locales. Una experiencia que me marcó profundamente, porque no es lo mismo ver el problema que hablar de él sin conocerlo, como tantas veces sucede en el mundo en que vivimos. Desde Senegal la inmigración ilegal hacia España se ha reducido drásticamente. Soy testigo de la eficacia de nuestra Guardia Civil y también de los agentes locales, a quienes pude saludar y agradecer su labor; son quienes mejor conocen las redes de traficantes de la zona y la forma en que operan; en consecuencia, son los únicos que realmente están en condiciones y pueden atajar el problema de la inmigración ilegal antes de que esta se produzca.

Muchos de esos países ni siquiera son el lugar de origen de los inmigrantes o los refugiados, sino solo una zona de tránsito en las redes de los traficantes. Estos pueden cambiar sus itinerarios de forma casi inmediata en función de acontecimientos que puedan favorecer su actividad criminal. Por estos motivos debemos seguir cooperando para mejorar el control de fronteras y articular todos los mecanismos de repatriación y retorno necesarios de quienes entren irregularmente en nuestros países.

Así lo ha hecho España a título individual con algunos países del norte de África con los que hemos cultivado intensas relaciones a lo largo de los últimos años. Esta experiencia es la que he defendido siempre ante las instituciones europeas. He comprobado que Europa, que convivió durante mucho tiempo con esta situación sin ocuparse de ella todo lo que debía, ha comenzado a cambiar la orientación, a abordar el problema y a buscar soluciones. Los pasos que se han dado en los últimos tiempos son dignos de elogio y han contribuido a que todos podamos mirar al futuro con mayor optimismo. Muchas de las propuestas que España, con su experiencia como frontera sur de Europa, ha planteado en las instituciones comunitarias han sido tenidas en cuenta y han propiciado un cambio importante en la atención a una cuestión que ha irrumpido en la agenda europea y seguirá en ella durante mucho tiempo.

Con todo, y siendo necesario perseverar en los objetivos antes citados, lo más importante para el futuro es ir al origen del problema. Conseguir que el Mediterráneo deje de ser ese inmenso lago que según Ben Bella separa a las chabolas de los campos de golf. No es posible evitar la existencia de flujos migratorios entre países fronterizos que tienen una diferencia de renta tan abismal como la que existe entre la Unión Europea y buena parte del continente africano. Por más que mejoremos los controles y actuemos contra las mafias, está fuera de la realidad pensar que podamos evitar que los jóvenes que se ven sin ningún horizonte en su país dejen de buscar una vida mejor fuera, aun a riesgo de perderla en el intento.

El reto, en el que la Unión Europea por fin empieza a trabajar y en el que tanto empeño pusimos algunos, es que nadie se vea en la obligación de abandonar su país porque allí no pueda tener una vida digna. Ese no solo es el enfoque más ético, sino el más práctico. Es lo que nos conviene a todos: a esos países abandonados por los jóvenes que deberían protagonizar su futuro, y a la propia Unión Europea, que tendría un entorno más amable y vería rebajada la presión migratoria, con todo lo que ella lleva consigo.

Esa es la posición que he defendido siempre. En junio del año 2014 escribí en un diario de tirada nacional un artículo en donde sostenía la existencia de dos Áfricas enfrentadas: «Una combate con bombas, fusiles y machetes. La otra con votos, con inversiones y con leyes. A mí no me cabe la menor duda de a cuál de las dos Áfricas pertenece el futuro, pero la batalla no está aún ganada. Debemos hacer todo lo que esté en nuestra mano para apoyar a la nueva África, porque es lo que los africanos desean y porque lo que es bueno para África es bueno para España».

He prestado especial atención al refuerzo del diálogo y la cooperación con los países africanos del Mediterráneo. Muy especialmente con Marruecos, país vecino con el que tantos lazos nos unen. Marruecos ha emprendido un notable proceso reformista de modernización y progreso y es un claro exponente de esa nueva África que todos deseamos.

La mayor plasmación de este nuevo enfoque sobre la inmigración en la Unión Europea, que España impulsó de forma decidida, se produjo en la Cumbre de La Valeta, en noviembre de 2015. Allí se adoptaron medidas que poco antes eran casi impensables, como la creación del Fondo Fiduciario para África dotado con 1.800 millones de euros para favorecer el desarrollo de los países de origen y tránsito de migrantes. También se acordó reducir los costes de las remesas, que en algunos casos suponen el 10 % del PIB de los países de origen, el fomento de los canales legales de inmigración y la extensión de becas para estudiantes e investigadores africanos. Todo en un marco de impulso de la cooperación para promover la lucha contra las mafias, la readmisión de la inmigración irregular o la estabilización de las zonas de conflicto, así como la necesaria promoción de un diálogo regional institucionalizado.

Esa es la línea en la que hay que perseverar en el futuro. Aún es mucho lo que resta por hacer, pero hay cuestiones que ya no admiten más demoras: acabar con la pobreza extrema, ayudar a estos países a conformar un marco institucional estable, así como garantizar la seguridad, el orden público y los derechos individuales deben ser nuestros objetivos prioritarios. Lo demás vendrá después, tras lo urgente.

El laberinto del Brexit

No es posible abordar el futuro de Europa sin hacer una referencia al Brexit. Al margen de la evolución que puedan tener los acontecimientos en el futuro y desde el respeto, aunque no la coincidencia, con la voluntad expresada por los británicos, la cuestión del Brexit merece una reflexión pausada porque en sí misma condensa algunas lecciones prácticas sobre gobernanza que conviene tener siempre presentes. Igualmente ha venido a confirmar que la construcción europea nació para prevenir a los ciudadanos de los riesgos del nacionalismo y que cuando estos resurgen, esa unión que nos ha convertido en los europeos que mejor hemos vivido en toda nuestra historia corre un serio peligro.

Nunca tuve una mala opinión de David Cameron, aunque no compartí con él algunas de sus decisiones, como su voto en contra a la elección de Jean-Claude Juncker como Presidente de la Comisión. Yo apoyé a Juncker en la elección interna del Partido Popular Europeo y, después, en el Consejo Europeo. Era un europeísta acreditado, había sido durante dieciocho años Primer Ministro de Luxemburgo y también Presidente del Eurogrupo. Su preparación y su currículum eran incuestionables.

Cameron fue uno de los primeros en dar la batalla para que la Unión Europea empezara a tomar conciencia de la importancia de la cuestión de la inmigración como uno de los ejes donde se jugaba su propia razón de ser ante los ciudadanos. En ese asunto siempre percibí apoyo y reconocimiento hacia las aportaciones que hacíamos desde España; especialmente, nuestra experiencia de cooperación con los países de origen y tránsito de inmigrantes.

El contencioso histórico de nuestros países sobre la cuestión de Gibraltar tampoco impidió que mantuviéramos una colaboración satisfactoria en muchos otros aspectos. Algo a lo que ambos estábamos obligados porque España y Reino Unido han construido unas profundas relaciones económicas y humanas.

Sin embargo, no me parece que estuviera acertado en la convocatoria de los referendos de Escocia y del Brexit, y así se lo pude decir en más de una ocasión. La consulta sobre Escocia estuvo a punto de provocar la ruptura del Reino Unido y sentó un precedente al que muchos se acogen ya para pedir una nueva votación. Para el Gobierno español supuso además una pésima influencia en nuestro debate particular sobre la cuestión de Cataluña. Por más que ambos casos fueran muy distintos desde el punto de vista constitucional y por más que en uno se respetara escrupulosamente la ley mientras que en el otro era desobedecida de forma abierta, algunas personas —unas por interés y otras por simple ignorancia— consideraron entonces que nosotros debíamos hacer lo mismo que David Cameron y autorizar una votación similar.

El referéndum de Escocia acabó en un desenlace feliz para el Reino Unido, que siguió unido, pero fue cualquier cosa menos una campaña fácil, y el riesgo de derrota fue creciendo a lo largo de los días. Desde Bruselas y desde el resto de las capitales europeas se recordó a los escoceses que salir del Reino Unido supondría también la salida de la Unión, y creo que este elemento constituyó un argumento de peso en el resultado definitivo del referéndum. Hasta el último momento la campaña se vivió con una gran incertidumbre y con profundo desasosiego, aunque nos brindara grandes momentos políticos como el espléndido y apasionado discurso de Gordon Brown en favor de la unión. El político laborista, tan maltratado por los medios durante su última etapa al frente del Gobierno británico por su supuesta falta de carisma, ha demostrado fuera del primer plano de la política algunos méritos que se le negaron cuando estaba en ella. Fue el mejor aliado de Cameron durante el referéndum de Escocia, y sus llamamientos a la sensatez y la cordura durante toda la peripecia política del Brexit no por ignorados resultaron menos certeros.

Superar el referéndum escocés supuso un suspiro de alivio para los británicos y para el resto de los europeos, quienes no encontrábamos nada atractiva la hipótesis de la ruptura de uno de los más importantes países de la Unión. Con esa victoria en su haber, Cameron decidió entonces someter a votación la permanencia del Reino Unido en la Unión Europea. También con este motivo tuve la oportunidad de darle a conocer mi opinión contraria a tal decisión. Recuerdo perfectamente su respuesta: «Te prometo, Mariano, que no voy a convocar ningún otro referéndum». Lamentablemente, tuvo razón. El referéndum del Brexit acabó con su brillante carrera política.

Es cierto que la cuestión europea siempre ha provocado división y tensiones en el seno de los conservadores británicos y que el *premier* británico había prometido en campaña convocar el referéndum para aquietar a los críticos de su partido. Cameron solía comentar que a veces sentía tal presión que era como si el bolso de Margaret Thatcher siguiera sobre la mesa de los Consejos Europeos vigilando su conducta. Además, existía un precedente: los británicos ya habían votado una vez sobre su adhesión a la Unión Europea, pero el referéndum anterior se había celebrado en 1975. Por entonces no existían las redes sociales, ni las *fake news*, ni todos los elementos de intoxicación política que han acompañado a la disrupción tecnológica. La minoría contraria a Europa no tenía entonces a su disposición toda la panoplia de recursos para la manipulación política como sí tuvo en 2016.

Sea como fuere, Cameron probablemente creyó que ganaría con facilidad el referéndum. Tenía de su parte la pura racionalidad; resultaba inconcebible que se pudieran ignorar las gravísimas consecuencias que implicaría para el Reino Unido la salida de Europa. También pudo presentarse ante los británicos con un nuevo acuerdo con la Unión en el que se mejoraban algunos aspectos de gobernanza y al que todos los dirigentes europeos colaboramos. Todas las encuestas anunciaban una victoria de los partidarios de la permanencia y supongo que ese esperado desenlace le permitía contemplar la posibilidad de abrir una nueva etapa en su partido dejando definitivamente atrás las históricas tensiones sobre la cuestión europea.

Ahí radica una parte sustancial de mi crítica a este tipo de consultas: no sirven para dirimir discrepancias de esta naturaleza. A veces es mejor convivir con esas discrepancias, por incómodo que resulte, que buscar soluciones definitivas a problemas que no las tienen. Cuando se convoca un referéndum sin un consenso nacional previo, el resultado suele ser una fractura social mucho mayor. En esos casos votar, aunque sea legal y democrático, no es la mejor solución política ya que implica renunciar al pacto y a la negociación como mecanismos para construir un acuerdo aceptable para la gran mayoría. Dirimir diferencias políticas de tanta trascendencia por la vía del referéndum es la mejor manera de sembrar la polarización en la sociedad durante décadas. Si vemos lo ocurrido con el Brexit podemos llegar fácilmente a la conclusión de que la división sobre la cuestión europea, que el Partido Conservador británico sobrellevó de forma interna durante décadas, ha acabado por contagiarse al conjunto de la sociedad británica y pasará mucho tiempo antes de que esa polarización pueda superarse.

Ese es mi principal argumento para mantener que los referendos solo son aconsejables cuando vienen precedidos de un consenso nacional muy amplio, tal y como sucedió en España en 1978 y como está previsto en nuestro actual texto constitucional para la reforma de aquellos preceptos más importantes. Se garantiza ese consenso exigiendo una mayoría de dos tercios de cada Cámara y una segunda mayoría igual de sólida después de unas nuevas elecciones. Solo cuando ha quedado definitivamente acreditado ese indudable acuerdo político previo, se contempla que la cuestión pase a ser refrendada por los ciudadanos. Creo que esa fórmula ha permitido que después de tantos años la Constitución siga siendo la de todos los españoles y no la de una parte contra la otra, como lamentablemente ha ocurrido tantas veces en nuestra historia.

Además de ese riesgo de polarización, también considero que este tipo de consultas constituyen una manera poco recomendable de minar las bases de la democracia representativa sobre la que se ha construido nuestro modelo político occidental, sin que se encuentren por ninguna parte los engañosos beneficios de una democracia directa. A mi juicio, suponen una traslación de la responsabilidad del gobernante a los gobernados y los aboca, en la mayoría de los casos, a adoptar decisiones cuyo posterior desarrollo práctico resulta de una extrema dificultad, cuando no imposible; véase, por ejemplo, el referéndum griego que recordaba poco antes.

La labor de gobernar no es fácil, es laboriosa y a menudo ingrata, pero un gobernante responsable no debe renunciar nunca a ella. Lo que resulta imprudente y frívolo es devolver a los ciudadanos una responsabilidad que ellos nos encomendaron cuando dieron sus votos. No vale decir: «Esto es muy difícil, decídelo tú». Los ciudadanos ya decidieron cuando nos votaron, y esa responsabilidad no es de quita y pon. Desde mi perspectiva es así como deben funcionar las cosas, y es más fiable aquel gobernante capaz de reconocer que no puede o no debe hacer algo que prometió en campaña que aquel que mantiene su palabra por encima del interés general de su país.

Por si faltara algún argumento más para rebatir el entusiasmo, a mi juicio injustificado, que despiertan este tipo de consultas, diría que los referendos son unos instrumentos de decisión política absolutamente vulnerables a las maniobras del populismo. Uno se puede presentar ante los electores esgrimiendo razones, ofreciendo posiciones moderadas o argumentando con solidez. Es lo que hicieron David Cameron y luego Theresa May. Sin embargo, puede ser barrido de plano en las urnas por consignas falaces, por mentiras obscenas o por el extremismo más zafio. A diferencia de las elecciones parlamentarias, donde hay matices entre las distintas opciones políticas, un referéndum es una consulta binaria. O sí o no. Y ante ese tipo de disyuntivas radicales los populis-

mos, concretamente el peor de todos, el populismo nacionalista, se mueven con absoluta comodidad para desgracia de la
convivencia ordenada y tranquila.

Cuando George Orwell escribió *Notas sobre el nacionalismo*
en 1945, trataba de explicar el mecanismo de funcionamiento
de una enfermedad social que en buena medida era responsable de una guerra que dejó Europa reducida a escombros.
Él lo llama «nacionalismo», pero el fenómeno realmente es
más amplio y hoy podríamos definirlo con más precisión
como fanatismo identitario o extremismo populista. Según
sus palabras, se caracterizaba por el hábito de definir a masas
de millones de personas como «buenas» o «malas» y la costumbre de identificarse con una idea o una nación por encima de cualquier otra consideración y de cualquier restricción moral.

Del mismo modo que en los debates entre Ortega y Azaña
sobre Cataluña encontramos los mismos argumentos que
hemos visto reproducidos casi un siglo después sin apenas
variación alguna, ese pequeño ensayo de Orwell nos describe
todos esos comportamientos que hoy denominamos como
populismos nacionalistas y que empiezan a proliferar peligrosamente: el afán de poder, la tendencia supremacista y el
absoluto desprecio hacia la realidad o a cualquier compromiso adquirido previamente. Cuando ese tipo de movimientos
se producen en el seno de la Unión Europea, las instituciones
comunitarias se convierten en el objeto preferido de sus diatribas.

Los ingleses votaron Brexit porque les convencieron de
que el Reino Unido era mucho mejor que unos decadentes

europeos empeñados en imponerles normas que limitaban su soberanía. Les dijeron que recuperarían el control sobre su país, que los problemas relacionados con la inmigración desaparecerían, que salir de Europa sería rápido y sencillo, que se ahorrarían millones de libras esterlinas y que se conseguiría un acuerdo satisfactorio sin ningún tipo de problema. Cualquier cosa menos aceptar las limitaciones de la realidad. El pensamiento genuinamente nacionalista se basa en la magia y en la voluntad: las cosas sucederán por arte de magia solo porque yo las deseo y la realidad se acomodará a mis deseos por la sencilla razón de que yo estoy en el lado correcto de la historia. Las normas, las leyes, las posiciones ajenas e incluso la lógica se convierten en molestos estorbos para sus planes. Esas borracheras de la autoestima nacional suelen terminar en duros despertares. Pero las consecuencias casi nunca las tienen que lidiar sus causantes.

Tal vez la crisis económica y los problemas de gobernanza de la Unión han favorecido el resurgir de este tipo de movimientos. Quizá los gobernantes hemos dado la impresión de ser ajenos a los sentimientos de la gente o nos hemos apresurado a dar por superados los nacionalismos sin entender que existe un afán de búsqueda de identidad arraigado en cada uno de nosotros. Tal vez hemos primado la racionalidad de la política y la eficacia de los resultados olvidando la parte emotiva que anida en cada ser humano. Pero eso no quiere decir que la pura emotividad pueda ser un saludable argumento político.

Delimitar en qué punto el sano patriotismo deriva en un nacionalismo excluyente o agresivo constituye probablemente uno de los arcanos políticos más difíciles de solventar. Nuestro premio Nobel Camilo José Cela lo definió así: «El nacionalista cree que el lugar donde nació es el mejor lugar del mundo; y eso no es cierto. El patriota cree que el lugar donde nació se merece todo el amor del mundo; y eso sí es cierto». Yo mismo he explicado en este libro lo que me gusta España: sus gentes, sus costumbres, sus paisajes e incluso su historia, con sus luces y sus sombras. Me he pasado media vida animando a la gente a hablar bien de España y a poner en valor todas sus fortalezas como país. Pero no necesito sentirme superior a ningún otro sitio para disfrutar del mío. Entiendo además que, siendo un gran país, España, incluso Europa, no deja de ser un pequeño lugar en el mundo si nos comparamos con grandísimas potencias como Estados Unidos, China o con el gigantesco continente africano.

La vocación de pertenencia a una comunidad, sea esta un país, una religión, una creencia política o incluso un equipo de fútbol, forma parte del carácter de cada uno de nosotros. Está en nuestra naturaleza y no podemos librarnos de ella. Lo que sí podemos hacer es el «esfuerzo moral» —de nuevo Orwell— de someterla a la aceptación de la realidad: no somos mejores que nuestros vecinos, existen otras ideas tan respetables como las nuestras y podemos perder un partido sencillamente porque hemos jugado mal y no porque el árbitro nos haya perjudicado. Aceptar la realidad supone admitir que nuestra voluntad y nuestros sentimientos no pueden ser las únicas guías de nuestra conducta, por encima de cualquier otra consideración.

La competitividad a que nos obliga la globalización, la

transformación de nuestras sociedades por el efecto de la inmigración, el miedo a un futuro menos próspero o las normas
que hemos asumido en el marco de nuestra integración europea... cualquier excusa es buena para los nostálgicos que
quieren volver a un pasado que ya es imposible o para los
populistas que azuzan esos demonios internos que todos nos
esforzamos en domesticar con el único objetivo de llegar al
poder y ponerlo a su servicio.

Si aceptamos la definición que Albert Einstein dejó del
nacionalismo como una enfermedad infantil, «el sarampión
de la humanidad», podríamos convenir que la Unión Europea es el resultado de la madurez, del afán por superar nuestros propios errores y nuestra historia. Europa es mucho más
que un mercado común o un mero sindicato de intereses
compartidos, es, por encima de todo, una construcción moral, un proyecto hecho para la paz. Europa no nació para
anular nuestras identidades sino para someterlas a un principio superior que es el de la concordia y el respeto a los derechos de la persona. A mi entender sigue valiendo la pena
apoyar esa idea frente a quienes no ofrecen más que resentimiento y promesas vanas. Y hacer pedagogía sobre la bondad
del proyecto europeo, lo que ha significado para nuestras
vidas y lo que una Europa unida, fuerte y abierta al mundo
nos puede ofrecer en el futuro.

6

Queda para la historia

El primer relevo en la Jefatura del Estado que se realiza bajo la vigencia de esta Constitución tiene, además de su trascendencia intrínseca, el significado profundo de dar cuenta de que el gran acuerdo nacional que la Constitución plasmó continúa dando frutos. Actos como el de hoy y mayorías como las que van a respaldar esta ley lo prueban.

Nunca en la historia de los dos últimos siglos se ha producido la sucesión en la Jefatura del Estado con la normalidad con que se produce esta.

Muchas personas tal vez lamentan la abdicación del Rey, otras la aplauden; pero a ningún español le intranquiliza, porque nadie considera que se haya producido un vacío en el poder, ni que se haya abierto una etapa de incertidumbres. España permanece tranquila, porque se apoya en la estabilidad de su sistema político y la solidez de sus instituciones constitucionales.

11 de junio de 2014
(Congreso de los Diputados)

La sucesión en la Corona

El 2 de junio de 2014 el coche me estaba esperando a la puerta de la residencia a las 8.40. Le había encargado a Ketty, mi secretaria, que lo pidiera para esa hora. Ni ella ni los servicios de seguridad sabían cuál era el destino, y no lo supieron hasta que ya estuve dentro del vehículo. Muy pocas personas sabían en ese momento que aquel sería un día señalado para siempre en la historia de España.

La jornada había amanecido como otro lunes cualquiera, sin especial trascendencia. Los medios de comunicación abrían la semana entretenidos con las consecuencias de las recientes elecciones europeas, principalmente la sucesión de Alfredo Pérez Rubalcaba —que desgraciadamente hoy ya no está con nosotros— al frente del PSOE, después del anuncio de su dimisión. Los periódicos daban cuenta de la renuncia de la también malograda Carme Chacón a pelear en aquella carrera. La desesperante guerra de Siria ocupaba las páginas de internacional y en las de economía figuraban los datos que venían a confirmar que estábamos iniciando con claridad la senda de la recuperación.

En Madrid se celebraba el típico desayuno en el que se congregaba la flor y nata del mundo empresarial y político, entre ellos unos cuantos ministros de mi Gobierno. Treinta minutos después de que este hubiera empezado, la mayoría de los asistentes recibió en sus teléfonos un aviso urgente: «La Secretaría de Estado de Comunicación convoca a los medios a una declaración institucional del Presidente del Gobierno». Nadie sabía la razón de aquella extemporánea convocatoria, lo que disparó todo tipo de cábalas y suposiciones. La más extendida de ellas apostaba por el anuncio de una inmediata remodelación del Ejecutivo. Como nadie sabía nada de lo que iba a ocurrir, tampoco se podían desmentir aquella hipótesis.

A esa hora yo emprendía el camino de vuelta a mi despacho después de haber sido recibido en el Palacio de la Zarzuela, sede de la Jefatura del Estado, por Su Majestad el Rey, quien me comunicó de manera oficial su decisión de abdicar la Corona de España en su heredero, el hoy Rey Felipe VI, y me pidió que pusiera en marcha el procedimiento establecido en la Constitución para llevar a buen término la sucesión. Fue esta una reunión formal en la que Su Majestad me hizo entrega de un escrito que me dirigía en mi condición de Presidente del Gobierno en el que, con una sobriedad y concisión admirables, decía: «A los efectos constitucionales procedentes, adjunto el escrito que leo, firmo y entrego al Señor Presidente del Gobierno en este acto, mediante el cual le comunico mi decisión de abdicar la Corona de España».

No hacían falta más palabras ni más circunloquios para expresar una decisión histórica y poner en marcha un proceso constitucional hasta entonces inédito. Era tal la importancia de lo que estaba ocurriendo que cualquier intento de calificarlo o ilustrarlo con adjetivos estaba de más.

A lo largo de nuestra historia otros reyes habían abdicado la Corona, pero era la primera vez que eso sucedía bajo las previsiones establecidas en nuestra Constitución del 78. El Rey estuvo como siempre amable, cordial y muy cercano. Se le veía muy seguro de su decisión, transmitía la firme convicción de que estaba haciendo lo que creía que era lo mejor en aquel momento y mostró una confianza ilimitada en las cualidades del entonces Príncipe de Asturias para asumir con plenas garantías la Jefatura del Estado. Yo intenté, como siempre, mantener la templanza, pero en mi fuero interno estaba muy conmovido por la trascendencia histórica del momento. Sentía además una gran empatía hacia Don Juan Carlos, al que tenía y tengo sincero aprecio y quien, a mi juicio, estaba viviendo un momento muy emotivo también desde el punto de vista personal. Pensaba y pienso que a nadie le puede resultar fácil poner punto final a lo que han sido treinta y nueve años de su vida.

Tras despedirme de Su Majestad me dirigí al Palacio de la Moncloa, para comparecer ante los medios de comunicación. Mi declaración también fue bastante concisa: el objetivo principal era mostrar la gratitud y el reconocimiento hacia la figura del Rey y a la vez transmitir serenidad a los españoles ante el proceso que se avecinaba. Informé de la decisión del monarca y adelanté que esa misma mañana Don Juan Carlos ofrecería un discurso televisado para comunicar personalmente las razones que le habían llevado a adoptarla. También anuncié la convocatoria de un Consejo de Ministros extraordinario para el día siguiente con el objetivo de cumplir las previsiones constitucionales en esta materia y garanticé que el proceso se iba a desarrollar con «plena normalidad en un contexto de estabilidad institucional y como una expresión más de la madurez de nuestra democracia». Y así, efectivamente, sucedió. Diecisiete días después culminaría el proceso sucesorio.

A primera hora de la tarde, Su Majestad el Rey Don Juan Carlos I se dirigió a la nación en un emotivo discurso. En él explicó la razón fundamental de su decisión: «Hoy merece pasar a la primera línea una generación más joven, con nuevas energías, decidida a emprender con determinación las transformaciones y reformas que la coyuntura actual está demandando y a afrontar con renovada intensidad y dedicación los desafíos del mañana». También señaló que hacía ya varios meses que había decidido abdicar en Don Felipe, de quien dijo «tiene la madurez, la preparación y el sentido de la responsabilidad necesarios para asumir con plenas garantías la Jefatura del Estado y abrir una nueva etapa de esperanza en la que se combinen la experiencia adquirida y el impulso de una nueva generación». No se equivocaba.

Se iniciaba este día 2 de junio el proceso de sucesión en la Corona propiciado por el Rey Juan Carlos I y al tiempo se ponía fin a otro tipo de proceso distinto, el que culminó con la decisión de la abdicación. Nadie había podido anticipar la noticia y aquello me resultó reconfortante. Pude comprobar con satisfacción que todavía quedaban en España personas con la responsabilidad suficiente para mantener la reserva necesaria en ciertos asuntos. En este caso, la cuestión era especialmente importante y los pocos que estaban en el secreto de lo que iba a pasar supieron actuar con altura.

Siempre he pensado que las instituciones del Estado atesoran cierta liturgia que debe ser preservada porque contribuye a conformar su prestigio y su ascendiente ante la sociedad. No creo que sea esta una cuestión menor; los ritos y las tradiciones nos hacen sentirnos herederos y depositarios de un decantado histórico que también otorga a las instituciones su valor simbólico.

Esta es una de las razones por las que siempre he cuidado con especial esmero mis intervenciones parlamentarias. Lo hice por respeto a la Cámara que representa la soberanía nacional y a la historia que allí se escribe en el Diario de Sesiones, donde queda registrada para el futuro. No parece que esta convicción personal sea compartida por muchas de sus nuevas Señorías, pero no descarto que con el tiempo descubran que no se trata de una rancia cuestión de protocolo sino de un símbolo de respeto democrático a la institución y lo que encarna.

Esa misma convicción me llevó además a poner un empeño especial en evitar que se filtraran a la prensa los nombres de mis ministros sin que antes los conociera el Rey. No se trata únicamente de una cuestión de cortesía, aunque también lo sea. Responde sobre todo al compromiso de seguir el dictado de la Constitución, que en su artículo 62 establece que una de las funciones del Rey es «nombrar y separar a los miembros del Gobierno, a propuesta de su Presidente». Adelantar los nombres de los ministros por Twitter, con filtraciones a periodistas amigos o de cualquier otra manera significa, desde mi punto de vista, una forma muy poco elegante de restar solemnidad no solo a la institución monárquica, sino también a los procedimientos establecidos en nuestro texto constitucional.

Ese mismo razonamiento nos llevó a decidir conjuntamente que, en mi condición de Presidente del Gobierno, fuera yo quien comunicara la noticia a los españoles. Si la nuestra es una monarquía parlamentaria, en la que todos los actos del Rey son refrendados por el Gobierno, lo lógico es que una decisión de tanta trascendencia como el relevo en la Jefatura del Estado fuera comunicado al conjunto de la ciudadanía por el Presidente. Estos detalles tienen su valor simbólico y es bueno cuidarlo. Creo que todos los que participamos en aquel proceso lo hicimos al mantener la discreción debida.

Fue a finales de 2012 cuando el Rey Juan Carlos comenzó a plantearse la posibilidad de la abdicación con un horizonte temporal que permitiese prepararla con tranquilidad y abordar todas las cuestiones que un acontecimiento de estas características trae consigo. A ello se aplicó, siguiendo sus instrucciones, el entonces Jefe de la Casa del Rey, Rafael Spottorno, que contó con la colaboración de sus antecesores en el cargo, Fernando de Almansa y Alberto Aza, así como el asesoramiento en asuntos puntuales y en diversas fases de los trabajos de algunas otras personas.

Sin embargo, no fue hasta principios del año 2014 cuando el Rey tomó la decisión de renunciar al trono y abrir el proceso sucesorio. A mí me lo comunicó de manera formal el 31 de marzo. No podría olvidar la fecha porque nuestra conversación se produjo justo después de la celebración en la Catedral de la Almudena del funeral de Estado por el Presidente Adolfo Suárez, que había fallecido unos días antes. En aquel momento el Rey me explicó las razones de su marcha. No le escuché entonces nada distinto a lo que me había comentado en algunas conversaciones informales que habíamos mantenido durante aquellos años, ni a lo que transmitió al conjunto de los españoles cuando más tarde hizo pública su decisión, que justificó porque «se había despertado en nosotros un impulso de renovación, de superación, de corregir errores y abrir camino a un futuro decididamente mejor» y que «en la forja de ese futuro, una nueva generación reclama con justa causa el papel protagonista. El mismo que correspondió en una coyuntura crucial de nuestra historia a la generación a la que yo pertenezco».

Confieso que nada me cogió de sorpresa aquel 31 de marzo, pero cuando me despedí del Rey después de aquel despacho, el más extraordinario que haya vivido nunca, y mientras me dirigía hacia La Moncloa pensé en la persona que durante treinta y nueve años había encarnado el punto de encuentro de todos los españoles y el mejor símbolo de nuestra convivencia en paz y en libertad. No es habitual tener la certeza absoluta de que uno está viviendo un momento realmente histórico, pero durante aquel breve trayecto percibí en toda su rotundidad el peso de la historia y pensé en el papel, sin duda agradecido, que le reservaba ya al Rey Juan Carlos I. Su figura está tan estrechamente vinculada a la democracia española que no se puede entender la una sin la otra. Fue el principal impulsor de la misma tan pronto accedió al trono que en aquel momento decidía abandonar. Supo ser su baluarte cuando la vio amenazada. Fue el mejor portavoz y la mejor imagen del Reino de España por todos los rincones del mundo y un defensor infatigable de todo aquello que pudiera contribuir a mejorar el bienestar de los españoles.

Al día siguiente de que el Rey me transmitiera de manera formal su voluntad de abdicar la Corona convoqué en mi despacho a la Vicepresidenta del Gobierno, Soraya Sáenz de Santamaría; era el día 1 de abril de 2014. Le hice el encargo de preparar todo el proceso sucesorio, tanto en sus aspectos legislativos como en los demás: seguridad, temas protocolarios u otros puramente materiales. El objetivo era que todo estuviera decidido y en disposición de ponerse en marcha el día en que el Rey comunicase a la nación su decisión.

Esa misma tarde, la Vicepresidenta y el Jefe de la Casa del Rey, asistidos por sus reducidos equipos, iniciaron los trabajos para que la sucesión se llevara a buen término y de una manera ordenada y exitosa. No era fácil; la previsión de la abdicación estaba en el texto constitucional, pero nadie había considerado necesario diseñar su desarrollo. Nos tocaba afrontar una vez más una situación inédita. Lamentablemente no sería la última vez que tuviéramos que hacerlo.

Hubo que tomar muchas e importantes decisiones; dos de ellas resultaron especialmente complejas: el texto de la ley orgánica para «resolver» la abdicación a la Corona y las reformas que eran precisas para otorgar el debido estatus a Don Juan Carlos I.

El artículo 57.5 de nuestro texto constitucional dispone que «las abdicaciones y renuncias y cualquier duda de hecho o de derecho que ocurra en el orden de sucesión a la Corona se resolverán por una ley orgánica». Como este precepto nunca se había aplicado antes, surgieron dudas sobre la manera más adecuada de llevarlo a la práctica y profundas discusiones jurídicas sobre el contenido y extensión de esta ley. Se estudiaron muchos documentos, incluido un proyecto de ley de varias decenas de artículos que también estuvo sobre la mesa, aunque al final se optó, con la inestimable colaboración del Secretario General del PSOE, por una ley muy corta, comprensible y, lo que es más importante, útil para alcanzar el objetivo pretendido sin generar problemas adicionales. Se impuso la máxima de Gracián: «Lo bueno, si breve, dos veces bueno».

La ley tiene un solo artículo. En su apartado primero señala que «Su Majestad el Rey Don Juan Carlos I de Borbón abdica la Corona de España» y en su segundo apartado que «La abdicación será efectiva en el momento de la entrada en vigor de la presente ley orgánica», mientras que la disposición final establece la entrada en vigor de la ley el día de su publicación en el Boletín Oficial del Estado. Esa fue la fórmula que al final decidimos utilizar. Sin duda, la más sencilla y la más eficaz.

No resultó tan fácil, particularmente desde el punto de vista político, decidir sobre el estatus de Don Juan Carlos una vez fuera efectiva la abdicación. Se pudieron resolver fácilmente las cuestiones sobre los títulos, tratamientos y honores de la Familia Real mediante un real decreto, ya que estábamos ante una competencia del Gobierno que, por otra parte, no generó polémica alguna. Sin embargo, la regulación del fuero tras la abdicación demandaba un cambio legal. Rubalcaba, que siempre actuó con una lealtad encomiable, nos previno sobre las dificultades que iba a encontrar para que su partido diera apoyo a dicha modificación. Eso nos obligaba a nosotros a asumir la responsabilidad en solitario. No nos dolieron prendas; el Partido Popular pondría su sólida mayoría al servicio de la estabilidad de las instituciones en cuanto se hiciera efectiva la abdicación. Pero antes había que diseñar la fórmula para lograrlo.

Nos planteamos diferentes opciones, incluyendo la de presentar un proyecto de ley *ad hoc*, con todos los trámites que ello implica. Pero finalmente, motivados entre otras cosas por la conveniencia de regular cuanto antes el aforamiento del monarca, decidimos actuar del mismo modo en que habíamos gestionado todo el proceso de abdicación: con agilidad y con sencillez. Así se estableció un procedimiento en virtud del cual el día siguiente a la proclamación del Rey Felipe VI se registrarían enmiendas a una ley que estaba ya en tramitación y que modificaba la Ley Orgánica del Poder Judicial. De esta forma, la norma estuvo aprobada en apenas veinte días y el 13 de julio estaba en vigor.

Evidentemente hubo discusiones, protestas y quejas sobre la procedencia de esta fórmula de tramitación. Hay gente que, ya se sabe, se opone por sistema. También las hubo por el hecho de que esta reforma fuese apoyada únicamente por el Partido Popular y sin el concurso del PSOE. Pero lo fundamental es que logramos resolver toda la arquitectura normativa que acompañó a la sucesión al trono en poco más de un mes.

Y esto también era una cuestión a tener en cuenta porque no se puede olvidar el contexto en el que nos encontrábamos. Aunque estábamos empezando a salir de la crisis, el malestar y las protestas, «las cicatrices en el tejido social» que citó el Rey Juan Carlos en su despedida, habían enrarecido notablemente el ambiente político. No solo se trataba de movilizaciones en la calle; nuevos partidos estaban a punto de irrumpir en el panorama institucional español, fenómeno que se produciría en las elecciones europeas de mayo de 2014. En aquella jornada PP y PSOE sufrimos un notable retroceso, mientras que el bloque de la extrema izquierda se acercaba al 20 % de los votos, de los que el 10 % correspondía a Izquierda Unida y el 8 % a un nuevo partido con nula implantación territorial, pero cuyo líder, Pablo Iglesias, tenía una masiva presencia en los platós de televisión y ejercía una sorprendente fascinación en el mundo mediático. Ese partido se llamaba Podemos.

En aquellos días la resaca de la crisis y los casos de corrupción habían generado un ambiente de pesimismo y fin de régimen al que no solo se abonaban los grupos antisistema. Había una corriente de opinión entre analistas e intelectuales que también consideraba liquidada la España surgida de la Transición. No es nada nuevo; desde Joaquín Costa hasta hoy no han sido pocos los que han clamado por una regeneración eternamente pendiente. El profesor de filosofía Gregorio Luri ha ilustrado esta tendencia tan castiza con una cita de Ramón y Cajal: «Nuestros artistas no han hecho más que desacreditar a su patria fomentando la odiosa leyenda de una España yerma y trágica donde solo florecen como cardos en estepa inquisidores, toreros, bandidos, chulos y danzarinas». Pienso que no es para tanto. Conviene recordar, para poner las cosas en sus justos términos, que don Santiago no era muy amigo de los matices.

Pero sin llegar a esos extremos, la autoestima nacional en aquella primavera de 2014 estaba por los suelos y el clima de la opinión política no tendía precisamente a la estabilidad. Baste recordar que el día que se comunicó la abdicación del Rey, los grupos de extrema izquierda organizaron decenas de manifestaciones en toda España para pedir que se convocara un referéndum sobre el modelo de Estado.

Nuestra responsabilidad durante aquel proceso era actuar con eficacia, tener previstos todos los pasos que se iban a dar y no dejar ni un solo resquicio a la improvisación o el error.

Las semanas que transcurrieron desde que el 31 de marzo Su Majestad el Rey me comunicó formalmente su determinación de abdicar la Corona hasta que el 2 de junio firmó el escrito para hacerla efectiva fueron intensas; se dio respuesta a cuestiones muy complejas desde el punto de vista legal e institucional, pero también fueron momentos ilusionantes por la importancia histórica de la abdicación y muy reconfortantes para esas personas que tuvieron un papel decisivo en todo el procedimiento. Me refiero al personal de la Casa del Rey, pero también a la Vicepresidenta Soraya Sáenz de Santamaría y al Subsecretario Jaime Pérez Renovales, que dieron siempre lo mejor de sí mismos, demostraron su sólida formación jurídica, su discreción y estuvieron a la altura de las circunstancias en todo momento.

Don Juan Carlos siempre estuvo muy pendiente del desarrollo de todos los acontecimientos que se iban produciendo; aunque estaba perfectamente informado por el Jefe de su Casa, me llamaba con bastante frecuencia para interesarse por el avance de los preparativos. Recuerdo que también lo hizo en plena Semana Santa. No solo quería conversar conmigo, quería que la Vicepresidenta le explicara en profundidad algún detalle concreto. Soraya estaba pasando un par de días en Roma cuando le comenté el deseo del Rey. Pocos minutos después de nuestra conversación recibía la llamada telefónica de Don Juan

Carlos. Desde las escalinatas de la plaza de España y bajo una monumental tormenta, satisfizo las dudas del monarca.

Como es lógico y obligado, yo también estuve muy pendiente de la evolución de todo. Hablaba a menudo con el Rey, despachaba a diario con Soraya y mantenía un contacto fluido y fácil con Alfredo Pérez Rubalcaba, que era una de las escasas personas que estaban al tanto de lo que se preparaba y que contribuyó a que llegara a buen fin.

Todo marchaba normalmente cuando el 25 de mayo se celebraron las elecciones europeas. Como he recordado, PP y PSOE sufrimos un severo castigo, pero nosotros habíamos ganado, de hecho fuimos junto con el gobierno alemán casi el único que ganó aquellas elecciones europeas. La caída del PSOE había sido muy similar, pero en la oposición las cosas siempre son más difíciles y el liderazgo de Rubalcaba había quedado muy debilitado. A la mañana siguiente recibí en mi teléfono uno de esos mensajes de texto que me mantenían perfectamente informado de lo que ocurría: «Rumores de que dimite Rubalcaba». En un principio pensé que serían eso, rumores. Pero le llamé y me confirmó la noticia. Le pedí que no lo hiciera; estábamos llevando a cabo una misión muy delicada en un momento muy difícil y no era aconsejable añadir más inestabilidad a la que ya había en el país. Él me dijo que no podía aguantar en esas circunstancias al frente del partido, pero demoró su salida hasta un Congreso extraordinario del PSOE que se anunció los días 19 y 20 de julio. Esa misma tarde tuve uno de mis últimos despachos con el Rey Juan Carlos como Presidente del Gobierno, donde analizamos la nueva situación y convinimos que había que actuar ya.

Cuatro días después, el 29 de mayo, el Rey nos convocó en su despacho en el Palacio de la Zarzuela al entonces Secretario General del Partido Socialista, a la Vicepresidenta del Gobierno, al Jefe de la Casa y a mí. A la reunión asistió también el Príncipe Felipe. Ese día se fijó para el lunes siguiente, 2 de junio, la fecha del anuncio de la abdicación. Para entonces todo estaba ya preparado. Los equipos habían hecho bien su trabajo y estábamos en disposición de iniciar el proceso sucesorio de acuerdo con las previsiones y el mandato constitucional. El mismo día 2 convoqué un Consejo de Ministros extraordinario para el día siguiente, 3 de junio. Allí aprobamos el «anteproyecto de Ley Orgánica por el que se hace efectiva la abdicación de Su Majestad el Rey Juan Carlos I de Borbón» y acordamos solicitar la tramitación parlamentaria por el procedimiento de urgencia, tal y como yo había acordado con el Secretario General del Partido Socialista.

De esta forma, la ley se sometió a votación en el Congreso de los Diputados en apenas una semana, el 11 de junio. La trascendencia del debate que tuvo lugar entonces iba incluso más allá del momento histórico que estábamos viviendo, inédito en democracia, como tantas otras cosas que tuve que gestionar desde la Presidencia del Gobierno, en la que me encontré con la obligación de afrontar muchas —quizá demasiadas— primeras ocasiones. Esa trascendencia, hay que decirlo, se derivaba también de la relevancia política de plantear en el Parlamento una votación que afectaba directamente a la monarquía. Y en este punto es preciso reconocer el papel que desempeñó el principal partido de la oposición, no sin algunas dificultades a nivel interno, y el equilibrio que aportó

Alfredo Pérez Rubalcaba, perfectamente expresado en una sola frase que él mismo pronunció en aquel debate: «Los socialistas seguimos sin ocultar nuestra preferencia republicana, pero nos seguimos sintiendo compatibles con la Monarquía Parlamentaria».

No todo el mundo actuó así: no faltaron las enmiendas a la totalidad, ni faltó tampoco quien no supo entender el sentido de la norma, hasta el punto de que un rechazo no era otra cosa que obligar al Rey a continuar al frente de la Jefatura del Estado en contra de su voluntad. Pero, como entonces dije, no formaba parte del orden del día del pleno de aquel 11 de junio ningún debate sobre el modelo de Estado, ni sobre una sucesión que ya estaba perfectamente prevista en la norma fundamental, sino que lo que se sometía a votación era una ley al tiempo referencia y consecuencia de la normalidad institucional y la solidez de la Constitución española; en definitiva, «un cambio de página para seguir escribiendo el libro de nuestra convivencia».

Lo más importante es que la Ley Orgánica de Abdicación salió adelante con el apoyo de más del 85 % de la Cámara. Unos días después, el 17 de junio, recibió también un amplio apoyo en el Senado.

Sin embargo, la aprobación definitiva de la ley orgánica, con su votación en el Senado, no significaba su vigencia inmediata porque, como todas las leyes, necesitaba la sanción y promulgación por parte del mismo Rey para su correspondiente publicación. Tampoco suponía la finalización del papel de las Cámaras en el trámite sucesorio, ya que en una monarquía parlamentaria como la española, el Rey debe ser proclamado ante las Cortes Generales, donde presta juramento a la Constitución.

Ambos hechos concentraron dos jornadas históricas en España, que deberían permanecer en nuestra memoria colectiva como un motivo de orgullo por cuanto vinieron a reflejar con toda claridad el vigor de nuestras instituciones y la madurez de nuestra democracia.

El día 18 de junio, a las 18.00 horas, tuvo lugar la ceremonia en la que el Rey Juan Carlos I firmaba la ley que hacía efectiva su abdicación. Lo hizo en el Salón de Columnas del Palacio Real, reservado a las ocasiones solemnes, y en la misma Mesa de las Esfinges en la que veintinueve años antes se había rubricado el Tratado de Adhesión a las Comunidades Europeas, en presencia del mismo Rey Juan Carlos.

Fue un acto breve, que se limitó a la lectura de la norma por parte del Subsecretario de la Presidencia y a la firma del Jefe del Estado, con mi propio refrendo como Presidente del Gobierno. Pero fue una ocasión de extraordinaria trascendencia en la que, en apenas veinte minutos, pasaron por el pensamiento de los asistentes —al menos por el mío— retazos de cuarenta años de historia, de nuestra mejor historia, que irremediablemente conducían a un sentimiento de profunda gratitud con el Rey, que trabajó por que España fuese una democracia y con el hombre que dejaba de ser Jefe del Estado.

No hubo aquella tarde ningún discurso; las últimas palabras oficiales de Don Juan Carlos como Rey fueron aquellas que dirigió a los españoles para explicarles su decisión de abdicar la Corona. Pero sí hablaron los gestos, la emoción y las imágenes históricas que desde el Palacio de Oriente llegaron a toda España, y a todo el mundo. Lo primero que hizo Don Juan Carlos, tras firmar por última vez como monarca y visiblemente emocionado, fue estrecharme la mano con el mismo afecto de siempre pero más sentimiento que nunca y, a continuación, dirigirse a abrazar con cariño a su hijo y cederle el asiento que hasta entonces él había ocupado. Y lo que hicimos todos los presentes fue entregarnos a un sentido y prolongado aplauso, que Don Juan Carlos agradeció con gestos contenidos. Esa medianoche, con la publicación del BOE extraordinario, dejaba de ser Rey.

Al día siguiente, decidió no acudir a la ceremonia de proclamación ante las Cortes Generales para ceder todo el protagonismo a su hijo y nuevo Rey. Inició sin embargo los actos de la jornada, en la Sala de Audiencias del Palacio de la Zarzuela, con la imposición del fajín de capitán general de las Fuerzas Armadas a su sucesor. El Boletín Oficial del Ministerio de Defensa recogía también ese día una orden del ministro estableciendo el pase a situación de Segunda Reserva de Don Juan Carlos, con la entrada en vigor de la Ley Orgánica de Abdicación.

Es una máxima política que las instituciones están por encima de las personas que las dirigen, y sin duda es así. Pero las personas y su carácter tienen una importancia decisiva en el desarrollo de los acontecimientos y en el prestigio de las instituciones que encarnan. No tengo la menor duda de que el reinado de Juan Carlos I ha sido uno de los mejores de la historia de España. Recogió una dictadura y entregó una democracia plena, asumió la Jefatura de un Estado aislado del mundo y ha legado una nación moderna, desarrollada e integrada en Europa.

Ese gran proceso de transformación fue producto de la decisión de la sociedad española, de la dirección que supieron incorporar los sucesivos gobiernos de España y, sin la menor duda, también el fruto del impulso y el liderazgo catalizadores del cambio que Don Juan Carlos imprimió a su reinado desde el momento mismo de su proclamación. Como dije durante el debate de la Ley de Abdicación en el Congreso de los Diputados, «de ninguna manera puede su contribución, la del Rey Juan Carlos, calificarse de ordinaria. A Don Juan Carlos le tocó un papel de excepción y lo desempeñó excepcionalmente. Más tarde, ahormadas constitucionalmente las funciones de Jefe del Estado, el Rey ha sabido servirlas con mesura y discreción. Por lo uno y por lo otro es acreedor de la gratitud de los españoles, de quienes formamos parte de las generaciones que han vivido su reinado y de quienes la seguirán».

Don Juan Carlos tiene un extraordinario don de gentes y una simpatía natural; eso lo sabe todo el mundo. Pero tiene además otras cualidades que no son tan reconocidas y que yo he llegado a descubrir y admirar a raíz de nuestros despachos semanales. Entre ellas, su carácter y su férrea disciplina, y también una notable sabiduría política que sabe disimular bajo el manto del sentido del humor, las bromas y la campechanía. Hablando en términos castizos, a Don Juan Carlos no se le escapa una.

A lo largo de los dos años y medio que coincidimos él como Jefe del Estado y yo como Presidente del Gobierno siempre encontré en él apoyo y aliento, nunca faltó una llamada suya en los momentos más difíciles y en todas sus consideraciones primaba siempre y por encima de todo el interés de España. Conservo con especial cariño una foto de nuestro último despacho en la que figura esta dedicatoria: «A Mariano Rajoy, con todo mi afecto y agradecimiento por tu lealtad a la Corona durante tantos años. ¡¡Último despacho!!».

Para mí fue un honor poder ayudarle a concluir con éxito su último servicio a España.

La mañana de la proclamación del Rey Felipe VI amaneció soleada y luminosa. El monarca fue recibido con honores de los tres Ejércitos en la Carrera de San Jerónimo, donde el Gobierno en pleno esperábamos para dar inicio al acto junto con otras autoridades. Dentro del hemiciclo todo estaba dispuesto. La corona y el cetro real que se han usado en las proclamaciones reales desde el reinado de Isabel II descansaban en una pequeña tarima durante la ceremonia en el Congreso. Creo que ninguno de los asistentes a aquella sesión se resistió a inmortalizar la imagen en sus teléfonos móviles.

Entramos en el hemiciclo por la Puerta de los Leones. El Rey Felipe VI, la Reina Letizia, la Princesa de Asturias, Doña Leonor, y la Infanta Doña Sofía ocuparon sus lugares en el estrado que se había dispuesto; desde allí no dejaba de resultar emocionante contemplar un hemiciclo rebosante de solemnidad, con la presencia de las principales autoridades del Estado, incluidos todos los presidentes autonómicos, y las Cortes Generales reunidas en pleno respeto. Y esto era aún más impactante si cabe cuando uno se paraba a pensar que el lugar sobre el que se había ubicado ese estrado presidencial, plasmando la vigencia de los consensos constitucionales, era el mismo en el que habitualmente se ponen de manifiesto las más abiertas discrepancias. Aquel día, el Parlamento dejó de ser el habitual escenario de los debates, las polémicas y la refriega política para convertirse en el lugar donde la nación española daba la bienvenida al nuevo Rey que a partir de ese momento la iba a encarnar. La solemnidad de aquella sesión brilló muy por encima de los episodios de efectismo que por desgracia son cada vez más comunes en el Parlamento. Aquella mañana no hubo espectáculo y sí un momento de gran valor simbólico y constitucional.

El Rey juró su cargo siguiendo la formulación prevista en la Carta Magna: «Juro desempeñar fielmente mis funciones, guardar y hacer guardar la Constitución y las leyes y respetar los derechos de los ciudadanos y de las Comunidades Autónomas». A continuación, Jesús Posada, el veterano y buen político al que le tocó vivir ese momento histórico en su condición de Presidente del Congreso de los Diputados, anunció ante todo el hemiciclo la proclamación de «Don Felipe de Borbón y Grecia, que reinará con el nombre de Felipe VI».

Se había completado felizmente un proceso laborioso y delicado, llevado a cabo con discreción y eficacia. No hubo en ningún momento riesgo alguno de inestabilidad, ni hueco para que se pudiera generar. Los poderes del Estado supieron arropar a la institución monárquica en un momento tan decisivo de su historia.

Era turno para que el nuevo Rey de España dirigiese sus primeras palabras a la nación. De todos era conocida su indudable preparación, su gran capacidad y su firme compromiso con sus obligaciones, que había demostrado como Príncipe desde que tenía nueve años. Realizó un discurso inspirado, de templanza y concordia, donde anunció una «monarquía renovada para un tiempo nuevo», comprometiéndose a buscar la cercanía de los ciudadanos para «ganarse continuamente su aprecio, su respeto y su confianza» y animando a todos los españoles a «seguir construyendo juntos» el futuro de nuestro país, porque «en esa España unida y diversa, basada en la igualdad de los españoles, en la solidaridad entre sus pueblos y en el respeto a la ley, cabemos todos, caben todos los sentimientos y sensibilidades». Suscribí entonces, y quiero volver a hacerlo en estas líneas, el acierto de sus palabras.

Desde mi posición en el estrado me fijé un momento en la cara de orgullo y emoción de la Reina Sofía; pensé que para ella no solo era el Rey quien hablaba, también estaba asistiendo al momento más importante en la vida de su hijo. Aquellas primeras palabras de Felipe VI como Rey de todos los españoles recibieron un prolongado aplauso, casi dos minutos de ovación únicamente interrumpidos, creo recordar, por la euforia de Juan Manuel Albendea, uno de los diputados más veteranos del Partido Popular, que no pudo reprimir un vibrante «¡Viva el Rey!».

Así tuvo lugar el primer relevo en la Jefatura del Estado que se ha realizado bajo la vigencia de la Constitución del año 1978, un acto de indudable trascendencia simbólica y constitucional que además tuvo el significado profundo de acreditar que el gran acuerdo nacional que la Constitución plasmó continuaba dando sus frutos. Creo que todos los españoles podemos estar satisfechos del proceso. Nunca en la historia de los dos últimos siglos se ha producido la sucesión en la Jefatura del Estado con la normalidad con que se produjo esta. Y todo en diecisiete días, los que transcurrieron desde el anuncio de abdicación del Rey Juan Carlos, el 2 de junio, hasta el día de la proclamación de Don Felipe VI, el 19 del mismo mes. Contó con el apoyo de la inmensa mayoría de los diputados, senadores y el conjunto del pueblo español. Concluyó sin ninguna incidencia digna que destacar y sin que nadie pensara que se iba a producir un vacío de poder, o abrir una etapa de incertidumbre. España permaneció tranquila desde el primer momento.

Desde entonces los españoles hemos tenido muestras sobradas de lo acertado que resultó el cambio en la Jefatura del Estado. En aquel debate de la abdicación afirmé que en Don Felipe concurrían las condiciones y cualidades necesarias para ejercer las funciones constitucionales atribuidas al Rey: «Responsabilidad, serenidad, carácter, preparación, competencia y madurez». He tenido la oportunidad de comprobar el acierto de mis palabras en todas las ocasiones en que he podido despachar con él. Don Felipe es un hombre de su tiempo que conoce en profundidad su país y lo que pasa en el mundo. Encarna la mejor imagen de la España del siglo XXI, al igual que su padre fue capaz de encarnar a la España que salía de la dictadura y aspiraba a convertirse en lo que hoy somos.

El Rey Felipe VI es una persona serena y rigurosa, con un marcado sentido del deber y una sincera curiosidad intelectual. Recuerdo que le gustaba conocer al detalle todos los pormenores de las cuestiones que despachábamos y que habitualmente ya se había estudiado.

Ha logrado imprimir a la institución un sesgo de modernidad, de cercanía a la gente y de sensibilidad hacia sus problemas y esperanzas, al tiempo que ha fijado una estricta exigencia de ejemplaridad. En el momento más difícil que le tocó
vivir a España en sus primeros años de reinado, Don Felipe
supo conectar con el ánimo de los ciudadanos, confortarles
y dar la cara en defensa de nuestro país y de nuestra Constitución. Aunque de eso hablaremos más adelante.

Son infinidad los estudiosos que han reflexionado sobre
el significado de la institución monárquica y cómo ha conseguido aunar tradición y modernidad para dar estabilidad a las
sociedades donde está presente. Las monarquías parlamentarias como la nuestra se han consagrado en todo el mundo
como una garantía de democracia y libertad. A mi manera de
ver, a los españoles la monarquía constitucional nos ha aportado la fortaleza de la unidad, la tradición y la estabilidad que
han permitido nuestro espectacular desarrollo como país durante estos años.

La monarquía es el símbolo de la mejor España de su historia. Una nación moderna, creativa, solidaria y con una incuestionable fe democrática. Alguien podría pensar que ese
progreso es solo un progreso material, que también lo es:
durante este periodo nuestro nivel de vida se ha multiplicado
por quince, un caso de éxito difícil de igualar. Pero también
ha mejorado nuestra calidad política hasta colocarnos entre
los países más democráticos y pacíficos del mundo. Hemos
crecido en bienestar y hemos sabido superarnos como sociedad para dejar atrás los recurrentes males de nuestra historia.
Entre ellos, probablemente el más aciago ha sido el terroris-

mo etarra. Esa es, entre otras, la razón por la que la disolución definitiva de la banda, anunciada en 2018, también merece quedar para la historia de los años de mi etapa de gobierno. El mérito de esta gran victoria democrática es del conjunto de la sociedad española, corresponde en justicia a todos los demócratas. A mí me cupo únicamente la responsabilidad de que esa disolución fuera incondicional, sin que ETA obtuviera ningún tipo de contrapartida.

EL FIN DE ETA: LA POLÍTICA FRENTE AL TERROR

El día 3 de mayo de 2018, ETA anunció su desaparición definitiva a través de un comunicado en el que anunciaba «el desmantelamiento total del conjunto de sus estructuras» y «el final de su trayectoria y su actividad política». Atrás quedaban 853 personas asesinadas en cincuenta años, 6.389 heridas y muchas más privadas de sus derechos y sus libertades. Muchas familias rotas y muchísimas víctimas inocentes.

El final definitivo de ETA es el sueño que la democracia española llevaba esperando que se hiciera realidad desde el lejano año de 1977. Es lo que han deseado todos los españoles de bien durante casi medio siglo y para lo que han trabajado sin descanso miles de servidores públicos durante todo ese tiempo. Era y es una noticia que quedará para siempre en nuestra historia.

El indudable valor de esta noticia no se correspondió, sin embargo, con su impacto mediático por una sencilla razón:

hacía siete años que ETA ya había cesado toda su actividad, de tal forma que sus crímenes afortunadamente habían pasado a ser un recuerdo cada vez más lejano. Cuando los terroristas anunciaron su desaparición muchísimos españoles tuvimos que explicarles a nuestros hijos más pequeños qué era ETA y qué había significado en nuestras vidas. Felizmente para ellos era una historia completamente inimaginable. Cuando les contabas que en España hubo un tiempo no tan lejano en que la gente era asesinada por la calle a sangre fría o que estallaban coches bomba en las plazas del País Vasco, de Madrid o de cualquier otra ciudad provocando víctimas indiscriminadas, como sucede en los países en guerra, su expresión era una mezcla de incredulidad y miedo.

Supongo que se trata de una sensación muy similar a la que puedan tener aquellos lectores de la novela *Patria* que no estuvieran al tanto de lo dramático que resultó esa larga etapa de nuestra historia. Fernando Aramburu, al que tuve ocasión de hacerle entrega del Premio Francisco Umbral en 2017, ha tenido la sensibilidad de contar aquella realidad en una novela magnífica. Es un aforismo aceptado sin discusión que la realidad siempre supera la ficción. En este caso solo una ficción tan bien narrada como *Patria* ha sido capaz de describir en toda su intensidad la realidad del dolor, el miedo, la injusticia y la desesperanza que el terrorismo sembró en la sociedad vasca. Como dije entonces: «Es una ficción, pero es real».

Evidentemente, cuando ETA anunció su disolución yo estaba informado de lo que iba a suceder ya que los servicios de inteligencia conocían a la perfección el debate interno que se había producido en el seno de la banda terrorista y cuál era su resultado. No fue una sorpresa; tal y como podía observar, era solo cuestión de tiempo que la banda, o lo que quedaba de ella, certificara su propia defunción. ETA había sido derrotada hacía mucho y únicamente comunicaba su disolución para intentar obtener algún rédito de la misma, principalmente a través de medidas para sus presos.

Esas consideraciones me llevaron en un primer momento a dejar pasar la noticia sin darle especial importancia. Cuanto más valor le concediera, más argumentos tendrían aquellos partidarios de pedir alguna contrapartida al Estado; el famoso «algo habrá que darles» cuyo principal adalid era el Lehendakari Íñigo Urkullu. Tampoco quería que se me acusara de patrimonializar una victoria que era del conjunto de la sociedad española. Había visto esa conducta en algunos dirigentes socialistas en el pasado y me producía un profundo rechazo. La victoria contra ETA era una victoria de toda la sociedad y nadie tenía ni tiene el derecho de apuntarse políticamente ese hecho. Quería ser prudente y evitar la ocasión de generar una polémica con un asunto tan trascendente.

Sin embargo, mi Jefe de Gabinete, José Luis Ayllón, apoyado por la Secretaria de Estado de Comunicación, Carmen Martínez Castro, me insistió en que debía comparecer, aunque solo fuera para rendir un homenaje a las víctimas y a todos los servidores del Estado que habían dado la batalla de tantos años contra el terrorismo. El día del fin de ETA los protagonistas de la noticia no podían ser los terroristas sino sus víctimas. Inmediatamente me di cuenta de que tenían razón; el homenaje que merecían justificaba sobradamente la comparecencia, así que preparé una declaración para ser leída a la mañana siguiente. Compartí su contenido con los miembros de mi Gobierno en el Consejo de Ministros y luego comparecí.

Mis primeras palabras fueron para las víctimas, pero también quise acordarme esa mañana de las fuerzas de seguridad, jueces y fiscales; de todos los presidentes de Gobierno que me habían precedido y de la Corona. No era el logro de ningún gobierno sino del conjunto del Estado. Garanticé que ETA no obtendría ninguna contrapartida por su disolución y advertí de que no era un día para pasar página sino para seguir comprometidos en la lucha contra lo que ETA significó y para que nadie intentara reescribir ese pasaje de nuestra historia. Esa sigue siendo mi convicción.

Ese mismo día encargué a mi Gabinete que citara a las asociaciones de víctimas para transmitirles personalmente el compromiso que acababa de adquirir en público. La reunión se celebró el 10 de mayo y asistieron a ella representantes de veinticinco asociaciones, casi todas las que había entonces. Prácticamente todos ellos tomaron la palabra para expresar su preocupación por que la disolución de ETA pudiera significar una suerte de impunidad para sus crímenes, muchos de los cuales —más de trescientos— aún no han sido esclarecidos. Temían también que, enfrascados como estábamos en la negociación de los presupuestos con el PNV, la política penitenciaria se pudiera convertir en un objeto de mercadeo político; entiendo que tenían sus razones para la alarma porque los gobiernos vasco y navarro, así como un sector del PSOE,

Cualquier política de inmigración debe cuidar la cooperación con los países de África. La imagen se tomó en Dakar, Senegal, con el Ministro de Defensa Pedro Morenés y miembros de una patrullera tripulada conjuntamente por la Guardia Civil y la policía senegalesa.

En la Gran Muralla, con los periodistas que habitualmente cubrían la información del Gobierno. He tenido con ellos una buena relación. Del mismo modo que he respetado su independencia, he procurado defender la mía.

Con Xi Jinping, el Presidente de la República Popular China, y nuestras respectivas esposas, con ocasión de una cumbre internacional celebrada en Pekín en mayo de 2017.

Fui el primer Presidente de Gobierno del mundo que recibió a Lilian Tintori, la mujer del líder opositor venezolano, Leopoldo López, para mostrar mi apoyo a la causa de la democracia en Venezuela. Su coraje es admirable.

David Cameron visitó España en abril de 2013. Almorzando en La Moncloa recibimos la noticia del fallecimiento de Margaret Thatcher. Tuve con él una buena relación a pesar de que discrepé abiertamente de su afición por convocar referendos.

Con Theresa May en el número 10 de Downing Street. Asumió el Gobierno británico en un momento de extrema complejidad e hizo una gestión responsable y prudente. Estoy convencido de que el tiempo le hará justicia.

2 de junio de 2014. El Rey Don Juan Carlos me hace entrega del escrito de abdicación a la Corona de España. Un momento para la historia.

Siempre pude entenderme con Alfredo Pérez Rubalcaba en los asuntos de Estado. Aquí, en La Moncloa, rodeados de periodistas. Nos vimos muchas más veces, aunque sin tanta compañía.

El 19 de junio de 2014, en la sesión solemne de proclamación del Rey Felipe VI, en el Congreso de los Diputados. Un momento de gran valor simbólico y constitucional.

Tras jurar su cargo según la formulación prevista en la Constitución, el Rey Felipe VI anunció una «Monarquía renovada para un tiempo nuevo». Tenemos mucha suerte de contar con su preparación y su templanza.

Con la familia de Miguel Ángel Blanco, que fue brutalmente asesinado por ETA. Su hermana, Marimar, se ha convertido en un referente moral de la lucha de la sociedad española contra el terrorismo.

Desaparecida la banda terrorista ETA, los demócratas debemos seguir unidos para evitar que pueda reescribir su historia de injusticia y terror. Con ese objetivo nació el Centro Memorial de las Víctimas del Terrorismo, que inauguré en Vitoria en marzo de 2015.

Con Fernando Aramburu, que en su novela *Patria* ha sabido plasmar el dolor, el miedo y la desesperanza que el terrorismo etarra sembró en la sociedad vasca. El libro es una ficción, pero lo que cuenta fue muy real.

Aunque ETA ha desaparecido, la lucha contra el terrorismo no ha terminado. El yihadismo es ahora una de las mayores amenazas para nuestra convivencia, como comprobamos de forma dramática con los atentados de Cataluña en el verano de 2017.

Europa debe tener un mayor protagonismo geoestratégico y avanzar hacia una política responsable y creíble de Seguridad y Defensa. España, con María Dolores de Cospedal al frente del Ministerio de Defensa, apostó de forma clara por el acuerdo de cooperación permanente (PESCO), que supuso un gran avance en esa área.

En Marín (Pontevedra), durante una entrega de despachos en la Escuela Naval. Era la primera vez que asistía un Presidente del Gobierno de España. Para mí tampoco fue un acto más.

El Senado, donde el Partido Popular contó con una holgada mayoría absoluta, tuvo un papel determinante en algunos momentos de mi etapa de Gobierno. En la imagen, durante una reunión del grupo con María Dolores de Cospedal, Javier Arenas y José Manuel Barreiro.

Paseando por los jardines de La Moncloa con Rita Barberá, quien transformó la ciudad de Valencia durante los 24 años que fue su alcaldesa. Fue una gran amiga y una de las personas más nobles que he conocido en política.

Con Juan, mi hijo pequeño, durante la retransmisión de un partido de fútbol en *Tiempo de juego*, de la COPE. Él pidió cancha y se la dieron. Al día siguiente las redes sociales ardían: «Rajoy, dimisión. Juan, Presidente».

En mi despacho de Génova, siguiendo el recuento electoral de las generales de 2016 con mi hijo Mariano. A pesar de la fragmentación política, aquella nueva victoria, con 14 escaños más, reforzó el liderazgo del Partido Popular.

Con la Vicepresidenta Soraya Sáenz de Santamaría, en una Conferencia de Presidentes Autonómicos. Soraya y su equipo diseñaron una formulación del artículo 155 de la Constitución que fue plenamente avalada por el Tribunal Constitucional.

Noviembre de 2015. En el Ayuntamiento de Béjar (Salamanca), revisando el texto por el que iniciamos los trámites para recurrir al Constitucional una de las primeras resoluciones ilegales del Parlament de Cataluña. Luego vendrían muchas más y todas fueron anuladas.

Durante los peores momentos de la crisis provocada por el independentismo catalán nunca nos faltó el apoyo internacional. Aquí en los jardines del Elíseo, con el Presidente francés Macron, que fue uno de los más contundentes en su defensa de la democracia española.

También las autoridades comunitarias se significaron en su apoyo. Los máximos representantes de la Comisión, el Consejo y el Parlamento europeos, Juncker, Tusk y Tajani, lo expresaron con rotundidad cuando recibieron en Oviedo el Premio Princesa de Asturias de la Concordia en octubre de 2017.

Los dos Presidentes de Estados Unidos con los que tuve la ocasión de coincidir tampoco dudaron en su apoyo a España. En la imagen, con Obama y Viri durante la visita del Presidente estadounidense a La Moncloa.

Durante la conferencia de prensa en el Rose Garden de la Casa Blanca, con Donald Trump. Al igual que el resto de los mandatarios internacionales, Trump no podía entender la contumacia de los secesionistas en incumplir las leyes democráticas.

Cuando Puigdemont accedió a la presidencia de la Generalitat era un desconocido para la mayoría de los españoles, pero no para mí, que había coincidido con él en la inauguración del AVE a Girona, de donde era alcalde. Su comportamiento de aquel día, estrafalario y descortés, no anunciaba nada bueno.

El 27 de octubre de 2017, en el Pleno del Senado que autorizó la aplicación del artículo 155 de la Constitución, por el que cesé a Puigdemont y a todo su Gobierno. Se demostró entonces que la Constitución cuenta con medios para defender la unidad de la nación y la soberanía popular.

Mi último día en La Moncloa organicé una despedida para toda la gente que había trabajado conmigo durante esos casi siete años. Carmen Martínez Castro y sus colaboradores de la Secretaría de Estado de Comunicación me dieron una sorpresa al aparecer uniformados con unas camisetas para la ocasión.

Sin comentarios.

Después de los viajes, los actos públicos y las recepciones, Viri y yo hemos vuelto a nuestra casa y a nuestra vida de siempre. La política ocupó mi vida durante muchos años, pero ya forma parte de un pasado que puedo mirar sin nostalgia y con una razonable satisfacción: la España que dejé es mucho mejor.

estaban haciendo una campaña intensa a favor del acercamiento de presos, pero esa no era mi opinión.

Escuché a todos con atención y respeto porque siempre he pensado que todas las víctimas deben tener siempre el derecho a ser atendidas. En esa labor me ha resultado de extraordinaria ayuda la serenidad y el compromiso de Marimar Blanco, la hermana de Miguel Ángel Blanco; aquella tarde, también. Después de haberles oído les reiteré mi posición que algunos habían criticado por «impasible». Para mí ese adjetivo no tiene tal carga peyorativa y menos en esta cuestión del terrorismo, donde ser impasible significa no ceder ante las continuas presiones para avanzar hacia un sitio donde nunca he querido ir.

Mi comportamiento como compañero de tantos militantes del Partido Popular asesinados, como Ministro del Interior, como líder de la oposición y como Presidente del Gobierno ha sido siempre el mismo: no ceder nunca ante el chantaje de los terroristas.

ETA tenía un objetivo muy claro: la independencia del País Vasco y la creación de un nuevo país del que también formarían parte Navarra y las tres provincias de Iparralde. El medio para alcanzar el fin por ellos deseado fue la implantación de un clima de terror —dado que por vías democráticas no podían lograrlo—, para así forzar luego al Estado a negociar, o sea, a acceder a sus pretensiones a cambio de dejar de matar. Estábamos lisa y llanamente ante un chantaje, y los chantajes, los hagan quienes los hagan, no se pueden aceptar. En consecuencia, ETA tenía que dejar de matar y disolverse; mientras eso no fuera así no cabía ninguna concesión, y después, tampoco.

No es admisible pagar un precio político, porque significa tanto como reconocer que matar es un procedimiento eficaz para conseguir objetivos políticos. No se puede negociar con los criminales, porque eso implica legitimar el terrorismo como una manera de hacer política. El único diálogo posible con ETA, como reiteramos hasta la saciedad cuando en 1999 el Gobierno del que yo formaba parte se reunió con ETA, era «para constatar su voluntad de dejar las armas y disolverse». Para nada más, y mucho menos para hablar de España, Navarra o el País Vasco, que es algo que solo le concierne a la soberanía nacional.

Esa fue la razón de una de mis más agrias discrepancias con el Presidente Rodríguez Zapatero, que comenzó en mayo de 2005 cuando el Partido Socialista presentó en el Debate del Estado de la Nación una propuesta que autorizaba al Gobierno a negociar con ETA si la organización terrorista dejaba las armas. El 22 de marzo del año 2006, ETA anunció un alto el fuego permanente, por enésima vez. Ese mismo día fijé mi posición, que fue la misma que transmití días más tarde, el 28 de marzo, al presidente del Gobierno en el Palacio de la Moncloa: no se puede aceptar ninguna negociación política, el Estado de derecho debe seguir funcionando y no cabe ningún diálogo con la organización terrorista. El único contacto posible era para constatar que la decisión de ETA de dejar su actividad criminal era irreversible. Para eso le ofrecí mi apoyo, para lo mismo que el Gobierno del PP lo había recibido del resto de los grupos en el año 1999.

Sin embargo, Rodríguez Zapatero no tuvo en cuenta mis palabras y decidió avalar una reunión entre el Partido Socialista del País Vasco y Batasuna, lo que significaba que el partido del Gobierno de España daba carta de naturaleza como interlocutor político a una organización que los tribunales de justicia y la Unión Europea habían afirmado que era lo mismo que ETA. Este fue el motivo por el que el día 6 de junio, en el Congreso de los Diputados, afirmé rotundamente que el Partido Popular no se sentía representado ni concernido en este proceso y que, en consecuencia, los compromisos que se pudieran alcanzar no nos vinculaban.

A pesar del anuncio del alto el fuego y de la respuesta del Gobierno aceptando abrir un proceso de diálogo, continuaron el terrorismo callejero, el chantaje a empresarios, las amenazas de muerte, el robo de pistolas y las exigencias de autodeterminación. Y el día 30 de diciembre de 2006, una furgoneta bomba aparcada en dependencias del aeropuerto de Barajas acababa con la vida de dos personas después de que el día anterior el Presidente del Gobierno hubiera anunciado a la nación que estábamos mucho mejor que hacía un año en la lucha contra ETA.

Pocos días después, Rodríguez Zapatero compareció ante el Parlamento para dar por concluido aquel «proceso de paz» y expresó su máxima firmeza en combatir y perseguir la violencia y el terror. A pesar de las diferencias que habíamos mantenido, le ofrecí el apoyo del Partido Popular en el marco del Pacto por las Libertades y contra el Terrorismo; también le pedí que revocara la resolución de 2005 que avaló el diálogo con ETA porque, a mi juicio, había sido un grave error en la lucha contra el terrorismo. Terminé recordándole la importancia del consenso con unas palabras que me salieron del alma: «No olvide que llegada la hora de la verdad, y si las cosas se ponen feas, yo seré su único aliado fiable».

La negociación del Gobierno con ETA no sirvió para que la banda desapareciera, pero vino a dar al traste con una larga y fructífera historia de colaboración de los dos grandes partidos en la lucha contra el terror. Desde los Pactos de Ajuria Enea del año 1987 hasta el Acuerdo por las Libertades y contra el Terrorismo del año 2000, el consenso en la lucha antiterrorista deparó grandes avances que dejaron la banda al borde de la asfixia en términos políticos, financieros, judiciales e incluso a la hora de privarle del apoyo internacional. A ello nos ayudó también el cambio de sensibilidad hacia la actividad terrorista que se produjo después de los terribles atentados de las Torres Gemelas. Yo fui el primer Ministro del Interior que visitó Washington después de los ataques terroristas. Me acompañaba Pedro Morenés, una persona de una integridad moral y de un patriotismo admirables, que entonces era Secretario de Estado de Seguridad y al que volví a llamar a mi lado cuando llegué al Gobierno para encomendarle la cartera de Defensa y luego la embajada en Estados Unidos. Aquella visita en 2001 nos ayudó a dar un notable impulso a la colaboración internacional contra la banda.

De aquella época data también la euroorden que perseguía acabar con los «santuarios» de ETA en el extranjero. Esa cooperación policial y judicial era lo lógico entre países democráticos y miembros de una misma comunidad política. Se trata de dar vía a las peticiones judiciales de los distintos países sin interferir en ellas y evitar que los delincuentes puedan utilizar las diferencias entre los distintos sistemas judiciales como un burladero para escapar de sus responsabilidades. Como Ministro del Interior trabajé muy intensamente con mis colegas de Justicia e Interior de la Unión Europea para que la euroorden saliera adelante, algo que sucedió el 13 de junio de 2002. La labor que desarrollaron Ángel Acebes y José M.ª Michavila, por aquel entonces Ministro y Secretario de Estado de Justicia, respectivamente, resultó decisiva para conseguir aquel objetivo que al principio parecía inalcanzable. La Orden Europea de Detención y Entrega, que es su nombre completo, supuso un gran avance en la lucha contra el terror, aunque todos tenemos en la mente casos recientes en los que no ha funcionado correctamente. Este hecho no debe llevarnos a descalificar sin más o considerar obsoleto este instrumento legal que tanta utilidad ha tenido, sino que debe animarnos a perseverar en su mejora para garantizar su funcionamiento óptimo.

Dos meses antes de nuestra llegada al Gobierno en diciembre de 2011, ETA había comunicado la decisión de renunciar definitivamente a su actividad criminal. No estábamos ante otro anuncio más de tregua o alto el fuego temporal, sino ante un hecho de mucha más relevancia: ETA anunciaba que dejaba de matar. Por eso lo celebré sinceramente y ese mismo día hice una declaración ante el conjunto de la nación en la que expresé mi satisfacción; tuve un recuerdo para las víctimas y agradecí su trabajo a las Fuerzas y Cuerpos de Seguridad del Estado, a los jueces, a los fiscales y al conjunto de la sociedad española.

También afirmé que estábamos ante un paso muy importante, pero que «la tranquilidad de los españoles solo será completa cuando se produzca la disolución irreversible de ETA y su completo desmantelamiento». Eso todavía estaba pendiente y no podía ocurrir a cambio de ninguna concesión. Ni política ni de ningún otro tipo.

Dos meses después de esta declaración, tras haber obtenido la mayoría en las elecciones generales del 20 de noviembre, a la hora de pedir el apoyo del Congreso en la sesión de investidura arranqué mi discurso renovando el homenaje y el compromiso con las víctimas del terrorismo. Lo hice de corazón y porque me parecía obligado después de lo que la sociedad española había tenido que vivir durante cincuenta años. También porque tenía muy claro que mi política en la lucha contra el terrorismo iba a ser la misma de siempre: con ETA no se dialoga, de ETA solo se espera un comunicado anunciando su disolución y el Estado de derecho sigue funcionando. Y así se hizo.

De hecho, nunca hubo ninguna suerte de contacto con ETA y menos aún ningún tipo de negociación. A pesar de las continuas peticiones de la organización terrorista y de la llamada «Comisión Internacional de Verificación» afirmando que ETA estaba preparada para dialogar, mi Gobierno jamás reconoció la legitimidad, ni de ETA ni de dicha Comisión.

El caso más palmario de esa determinación por nuestra parte se produjo al poco de llegar a La Moncloa, cuando fuimos informados de que tres importantes dirigentes de ETA estaban en Noruega con el conocimiento de las autoridades de ese país. Su pretensión era reunirse con los representantes del Gobierno español «para afrontar juntos una solución definitiva y acordada al conflicto político». A través de diferentes vías, el Gobierno de Noruega pretendió que hubiera una reunión, a lo que siempre me negué. Según nos dijeron, su postura se sustentaba en una solicitud del anterior Ejecutivo socialista para que actuaran como mediadores en sus contactos con la banda terrorista. Les expuse con toda claridad mi posición radicalmente contraria a ese plan: yo no estaba dispuesto a dialogar políticamente con ETA bajo ningún supuesto.

En febrero de 2013, los tres negociadores de ETA fueron expulsados del país escandinavo, donde llevaban esperando al menos ocho meses para iniciar una negociación que nunca existió. Más aún, cuando desde Oslo se solicitó el plácet como embajador para un diplomático cuya tarjeta de visita había sido hallada en poder de uno de los terroristas, esta petición quedó sin respuesta durante varios meses, algo muy excepcional entre países amigos.

Puedo decir con absoluta certeza que el Gobierno que yo presidí jamás se reunió con nadie de la organización terrorista ETA, ni con ningún intermediario. Ni pactamos, ni dialogamos, ni nos reunimos, ni nos tomamos la temperatura ni ningún otro tipo de eufemismo equivalente. Fue así por convicción política y por experiencia: ya había presenciado suficientes desengaños de la supuesta buena fe de la banda. Sabía lo que había que hacer para no equivocarse. La única alternativa a la situación era que ETA se disolviera. No había atajos. Y ETA solo desaparecería cuando hubiera perdido toda esperanza de arrancarle alguna concesión a la democracia.

Las Fuerzas y Cuerpos de Seguridad del Estado continuaron persiguiendo a los terroristas. Durante mi etapa de Gobierno practicaron más de ciento cincuenta detenciones que quizá merecieron menos atención por parte de la opinión pública, puesto que ETA había anunciado el cese de su actividad armada. A pesar de ello, el Estado de derecho nunca dejó de perseguir a los terroristas, hasta el punto de que la cúpula de ETA fue desarticulada en dos ocasiones, el 22 de septiembre de 2015 y el 5 de noviembre de 2016. Y el 12 de octubre de 2016 fue localizado en Francia un arsenal de ETA, el mayor desde 2004.

Mientras actuábamos con firmeza frente a los terroristas continuábamos ampliando las medidas de respaldo a las víctimas, por ejemplo, con la creación del Centro Memorial de Víctimas, en Vitoria. Un proyecto en el que el Ministro del Interior, Jorge Fernández Díaz, durante muchos años cercano colaborador mío, puso todo su empeño. Como señalé en su inauguración, aquel centro nació con el objetivo de preservar y difundir los valores democráticos y éticos de las víctimas. Dije también que desde allí se ofrecería siempre un relato de justicia para conocer de primera mano qué ocurrió con el terrorismo de ETA: «Debemos dejar claro lo que una inmensa mayoría de los ciudadanos ya saben: de qué lado ha estado el sufrimiento, de qué lado ha estado la razón y de qué lado han estado la democracia y la libertad».

También tuvimos algunos reveses. Sin duda el mayor de ellos fue la anulación de la Doctrina Parot por parte del Tribunal Europeo de Derechos Humanos. Siempre he pensado que esa polémica sentencia tiene su inspirador principal en Luis López Guerra, de conocida afiliación socialista, que llegó al Tribunal de Estrasburgo durante la negociación con ETA y que desde allí se ha caracterizado por votar en contra de la justicia española en casos tan relevantes como este. Dimos la batalla, pero habíamos llegado con el partido empezado y no pudimos ganar.

Tampoco acepté nunca cambiar la política penitenciaria por más que me llegaran todo tipo de peticiones en esa dirección. Patxi López fue el primero en plantearlo cuando ETA anunció su disolución y el Lehendakari Urkullu me insistió en innumerables ocasiones con la misma demanda. Para él formaba parte del proceso de normalización de la sociedad vasca después de la violencia, sin embargo yo no veía ninguna necesidad de favorecer a asesinos que no habían mostrado ningún tipo de arrepentimiento ni colaboración con la justicia. Nunca nos pusimos de acuerdo. Curiosamente, apenas veinte días después de que el PNV participara en la moción de censura que acabó con mi Gobierno, Pedro Sánchez recibió en La Moncloa a Íñigo Urkullu y ambos acordaron poner en marcha una comisión de estudio para el acercamiento de presos y otra sobre el traspaso al País Vasco de nuevas competencias.

Pese a todo, no vale la pena detenerse en cuestiones pequeñas cuando se trata de recordar el gran triunfo que la sociedad española logró con la disolución incondicional de ETA, y eso lo saben especialmente las personas que pueden pasear por las calles del País Vasco sin escoltas y sin miedo. Sé que hay alguna gente que considera que «el proyecto de ETA» sigue vivo porque sigue habiendo simpatizantes de la banda y se convocan actos de homenaje a los presos cuando estos salen de las cárceles después de cumplir sus largas condenas. Entiendo la repulsa moral que este tipo de conductas pueden provocar, pero no creo que eso sea suficiente para negar el gran triunfo de la democracia española sobre ETA.

Como dije el día de su fin, creo que los españoles tenemos razones más que sobradas para celebrar y felicitarnos como país y como sociedad, por nuestra perseverancia y nuestro coraje en una lucha que resultó tan larga, «para reconocernos como una gran nación que fue capaz de superar momentos de extraordinaria dificultad y para sentirnos miembros activos de una sociedad que sabe hacer frente a quienes de una u otra manera pretenden romper nuestra convivencia en paz». Pienso que podemos sentirnos legítimamente orgullosos de haber acabado con ETA sin ceder a ninguno de sus chantajes y sin abonar ninguna suerte de precio político. Nada se llevó con ella.

Esa misma determinación que nos condujo a derrotar a ETA debemos mantenerla para que nadie reescriba su historia de injusticia y crueldad, para mantener desnudo de adornos y propaganda su carácter criminal y totalitario. ETA debe seguir siendo para siempre algo detestable, un proyecto político corrompido por la violencia.

Hoy ETA ya no existe, pero otro tipo de amenazas terroristas siguen poniendo en riesgo nuestra convivencia y nuestra seguridad. Bien lo sabemos los españoles que hemos padecido dos graves atentados del terrorismo islámico en nuestra historia reciente, los últimos en Cataluña en el verano de 2017. No voy a entrar en la manipulación política que el independentismo pretendió hacer del duelo por aquel atentado, pero sí quiero consignar que fue uno de los episodios más lamentables a los que he podido asistir, porque fue directamente en contra de todo lo que ha sido la tradición de la política española en la lucha contra el terror.

La colaboración entre instituciones y entre países es una máxima que ha inspirado toda la acción contra el terrorismo y debe seguir inspirando la política frente al yihadismo. Ese es un principio que yo siempre he priorizado. Por ello, después de los terribles atentados que tuvieron lugar en Francia en el año 2015 propuse al principal partido de la oposición la firma del acuerdo para afianzar la unidad en defensa de las libertades y en la lucha contra el terrorismo, más conocido como Pacto contra el Yihadismo. Lo firmamos en La Moncloa de forma solemne y luego se abrió al resto de los grupos políticos. En el texto, además de renovar el compromiso político frente al terror, se incorporaban nuevos elementos que abordar, como el fenómeno de los «lobos solitarios», la utilización de las redes e internet o los nuevos modos de financiación de las actividades terroristas. En virtud de este acuerdo se ha ido reuniendo la Comisión de Seguimiento para tratar los niveles de alerta y las acciones precisas en cada momento. También se ha mantenido un consenso básico esencial a pesar de momentos tan poco edificantes como aquella manifestación de Barcelona.

7

Nuevos tiempos, nuevas políticas

Estamos en una legislatura muy diferente a todas las legislaturas que ha habido hasta ahora desde el año 1977. Desde ese año uno de los grandes partidos siempre tenía una mayoría de escaños que le permitía, o bien gobernar en solitario, o bien llegar a algún pacto con alguna fuerza política y también gobernar. Ha habido un mensaje muy nítido y muy claro por parte de los españoles, que ya han hablado y que nos han dicho: «Tienen ustedes ahora que entenderse y tienen que compartir para afrontar los graves retos que tiene España». En esta situación, la posición del Partido Popular es que creemos que es importante que haya un acuerdo entre el Partido Popular, que debe asumir la responsabilidad de gobernar, y el Partido Socialista y Ciudadanos. [...] Un acuerdo de estas características sería bien visto, generaría seguridad y certidumbre.

13 de enero de 2016
(Congreso de los Diputados)

¿Adiós al bipartidismo?

Toda mi vida política me he declarado un firme defensor del bipartidismo. Es posible rastrear en las hemerotecas sin mucho esfuerzo multitud de declaraciones mías en ese sentido. Cada vez que me preguntaban por los nuevos partidos y por los cambios en nuestro sistema político, mi respuesta era la misma. Siempre he creído que los países más estables y los que más habían prosperado en la historia eran los que contaban con unos sistemas políticos sólidos basados en ese modelo de alternancia en el gobierno de dos grandes bloques, el conservador-liberal y el socialdemócrata, apoyados acaso por un tercer partido que ejercía como bisagra. Cuando muchos analistas jaleaban entusiasmados el fin del odioso y aburrido bipartidismo, yo seguía apostando por él. ¡Cosas de ser un conservador! Hoy sigo pensando igual, aunque muchos de los entusiastas de entonces ahora lamentan la parálisis y se quejan de los problemas de gobernabilidad que ha traído la nueva situación.

Que yo me haya declarado toda la vida a favor del bipartidismo no quiere decir que considere la fragmentación política actual como algo intrínsecamente malo. Después de todo, la pluralidad es saludable y enriquecedora cuando se sabe gestionar con la finura necesaria. La fragmentación solo es mala si los diferentes actores se empeñan en hacer imposible el acuerdo aunque eso vaya en contra de lo que esperan los ciudadanos. Cuando estos reparten sus apoyos entre varias formaciones es para obligarlas a negociar y a dialogar, no para crear un laberinto de líneas rojas. En cualquier caso, parece que la fragmentación ha llegado para quedarse, al menos una temporada —o no—, y no tiene mucho sentido volvernos nostálgicos de aquello que se fue, sino adaptarse a los nuevos tiempos con humildad y, si es posible, con inteligencia; algo siempre recomendable.

Decenas de politólogos en todo el mundo han estudiado las razones de la actual fragmentación política y del descenso de los grandes partidos conservadores y socialdemócratas que han liderado el orden político occidental después de la Segunda Guerra Mundial. Las causas son muy diversas, depende de los países y las circunstancias, pero parece innegable la presencia constante de dos elementos: la creciente polarización, que ha tensionado la vida política y ha acabado por fracturar los grandes bloques del moderantismo, y la disrupción tecnológica, que ha transformado la política, al igual que el resto de las facetas de la vida. Los grandes partidos clásicos están perdiendo el monopolio de la representación política del mismo modo que los grandes medios de comunicación ya no son el vehículo exclusivo de información al ser superados por los medios digitales o por las redes sociales, con todos los riesgos que esto entraña en materia de desinformación. Lo mismo podríamos decir de la publicidad, del comercio o de la distribución. Las palabras clave en estos tiempos son «volatilidad», «segmentación» o «desintermediación». Todo se está fracturando porque la tecnología nos ofrece a los consumidores y ciudadanos cada vez más opciones y mayor capacidad para crear un mundo a nuestra medida. Escogemos qué queremos ver, qué queremos leer y sobre qué cosas queremos estar informados en función de nuestros gustos e

intereses más personales. Las grandes audiencias están desa-
pareciendo atomizadas en multitud de pequeños grupúsculos
que se definen por elementos muy característicos y habitualmente excluyentes. La publicidad ha dejado de buscar las
grandes bolsas de consumidores potenciales para dirigirse de
manera precisa a cada consumidor concreto en función del
rastro que este ha ido dejando sobre sus preferencias a través
de la red. La política no podía ser ajena a este fenómeno de
segmentación generalizado; además, las nuevas formaciones
políticas ya no necesitan la plataforma del Parlamento para
influir en la sociedad o generar asuntos de discusión. Existe un
debate ruidoso y tendente a la radicalidad fuera del Parlamento, aunque la auténtica política, la que se plasma en decisiones
y gobernanza, se siga desarrollando dentro de sus muros.

Sea por esta razón o por cualquier otra, el hecho cierto es
que los grandes partidos clásicos han visto aparecer multitud
de formaciones que los desafían o incluso llegan a disputarles
su liderazgo de antaño. Se lo permite la tecnología y lo ali-
menta una sensación generalizada de hartazgo y malestar.
Hemos sido castigados como los responsables de todos los
males actuales, los reales y los que no lo son tanto, sin obtener ningún reconocimiento por las cosas que hemos hecho
bien, que alguna habrá. Otras formaciones han logrado un
apoyo creciente de los votantes al prometer una nueva manera de hacer política, sin más crédito ni más mérito que su
falta de experiencia. No han gobernado y, en consecuencia,
no han podido equivocarse. Eso, que toda la vida conocimos
como el beneficio de la duda, ha devenido, sorprendentemente, en la principal virtud de esas nuevas formaciones.

Con el paso del tiempo, sin embargo, hemos llegado a descubrir algunos comportamientos no tan virtuosos en los nuevos partidos y en la nueva política. Me refiero, por ejemplo, al cesarismo, esa forma de dirigir los partidos como si fueran sectas con absoluto desprecio al diálogo y en el que a los discrepantes solo se les deja el camino del exilio o el menosprecio. También rechazo esa obsesión por la táctica, el relato y la imagen como únicos elementos de la actividad política convertida en pura teatralidad, sin reflejo alguno en la gobernanza del país. Hablo de la intransigencia, de esa necesidad imperiosa de marcar un territorio electoral que hace casi imposible los acuerdos; del deterioro institucional que se observa en las sesiones parlamentarias o de la instrumentalización de los recursos públicos a beneficio de parte.

He oído hablar mucho de regeneración a los líderes de la nueva política y he recibido muchas críticas por no conducirme como ellos. Pero en apenas un par de años esos nuevos partidos han perdido el lustre de las cosas recién estrenadas y han demostrado ser en muchas cosas peores que aquellos a quienes venían a enseñar el camino de la virtud.

A pesar de todo, resulta evidente que estamos ante un fenómeno generalizado. Se está produciendo en todas partes y no siempre por idénticas causas. Francia, Alemania, Reino Unido o Italia, entre otros muchos países, son ejemplos reconocibles de cuanto afirmo. En unos casos el detonante ha sido la crisis económica, en otros los efectos de una mala gestión del fenómeno migratorio, pero también tenemos casos de nacionalismo extremo o de fuerzas antisistema de la más variada naturaleza. Si miramos lo ocurrido en España encontramos un factor más que se ha sumado a los anteriores y que al Partido Popular le ha supuesto un enorme desgaste. Me refiero, como es fácil adivinar, a los casos de corrupción.

EL FACTOR DE LA CORRUPCIÓN

Todas las formaciones políticas que han gobernado tienen casos de corrupción y algunos muy graves, tanto por su magnitud como por la importancia de las personas implicadas, pero el Partido Popular ha sido castigado con mucha más dureza que el resto de los partidos en circunstancias similares. La corrupción ha sido nuestro talón de Aquiles, el único instrumento de nuestros adversarios políticos. Hemos pagado un altísimo precio por los escándalos que nos persiguieron durante nuestro mandato aunque la mayoría arrancaban de épocas bastante lejanas en el tiempo. Lo pagamos muy severamente en términos de reputación y opinión pública, y ahí están las encuestas para comprobarlo. Solo en el mes de octubre de 2014, a raíz de la aparición de dos escándalos consecutivos, el PP cayó 10 puntos en intención de voto: del 30,2 % al 20,7 %, según datos de Metroscopia. Lo pagamos en deterioro electoral y aun así logramos imponernos con mucha diferencia a nuestros adversarios, y lo pagamos en el ámbito institucional: las dos mociones de censura que se plantearon contra mi Gobierno se justificaron por la corrupción, aunque en sus siete años de gestión no se produjo en ese Ejecutivo ni un solo episodio de enriquecimiento ilícito o prácticas sospechosas.

A la hora de exigir responsabilidades se olvidó que la mayoría de los hechos se referían a etapas muy lejanas en el tiempo o en los que mi Gobierno no había tenido responsabilidad alguna y se ignoró deliberadamente todo lo que nos exculpaba; por ejemplo, el hecho de que los implicados en el caso Gürtel hubieran reconocido que había sido yo personalmente quien había puesto fin a sus relaciones con el Partido Popular... ¡en 2004!, muchos años antes de que se iniciara cualquier proceso judicial. También era indiferente que hubiéramos aprobado un paquete de medidas contra la corrupción sin parangón en España. Nada era suficiente. Y nadie estaba dispuesto a juzgar sus conductas con el mismo rasero que nos aplicaban a nosotros. La corrupción fue nuestra pesadilla, nuestro lastre electoral y, finalmente, la excusa, que no la razón, para que todos nuestros adversarios políticos se unieran para derribar al Gobierno.

Recuerdo haber leído hace poco en un periódico nacional las reflexiones de John Etchemendy, un filósofo de ascendencia española, que durante años dirigió la Universidad de Stanford en Estados Unidos. Se despidió de su cargo advirtiendo sobre la ola de intolerancia cultural que a su juicio está invadiendo el mundo universitario y señaló que se había sentido muy presionado para adoptar determinadas posiciones políticas: «[...] cada vez que nos negamos a hacerlo se nos acusa de falta de coraje. [...] hoy, lo más fácil es sucumbir a esa presión. Lo que realmente requiere coraje es resistirla». Me sentí muy identificado con esas palabras. Hay quienes te presionan para que se condene a una persona sea o no culpable, y si no lo logran, te condenan a ti. De esos hay muchos.

A mí se me acusó de falta de coraje en la lucha contra la corrupción, cuando lo que defendí con coraje fue el principio de presunción de inocencia.

A diferencia de otros, nunca tuve la tentación de erigirme en juez ni en fiscal y nunca he pretendido asumir una responsabilidad que no me correspondía. Soy hijo de juez y me eduqué asistiendo a la serenidad con la que mi padre ejercía su importante tarea. Esa imagen ha forjado mi ideal de la Justicia al que no pienso renunciar por más que algún comportamiento personal invite a ello. Siempre he confiado en la institución porque prevalece sobre conductas personales y además es capaz de reparar los errores en que pueda incurrir. Esa confianza exige, en mi opinión, aceptar sus tiempos y sus procedimientos sin precipitarlos ni condicionarlos.

De igual manera, siempre he respetado el principio de presunción de inocencia por más que en ocasiones resultara profundamente impopular. La corrupción hace mucho daño a las instituciones, pero puede ser perseguida y sancionada. Sin embargo, nadie denuncia el daño que hacen los juicios paralelos a las personas y a la propia Administración de Justicia. Las causas judiciales se basan en el principio de contradicción: un tribunal es un ámbito ajeno a presiones donde se escuchan los argumentos de acusaciones y defensas, se valoran las pruebas y, ateniéndose a la ley, se dicta una sentencia que es posible recurrir. Todas esas garantías quedan liquidadas en los juicios paralelos: solo se escucha a una parte, las pruebas se presentan parcialmente y sin ser refutadas, la presunción de inocencia salta por los aires y la sentencia no tiene recurso posible. En un régimen de opinión pública como el nuestro, esos juicios paralelos constituyen además una perversa manera de intentar condicionar el criterio de los jueces y, en consecuencia, menoscabar su independencia. En definitiva, malo para los afectados y malo para la institución de la Justicia, cuyo necesario equilibrio también debe protegerse del populismo y la demagogia.

No se trata únicamente de mi opinión, sino que es una valoración compartida por las más altas instancias, como el Consejo General del Poder Judicial, que ha emitido algunos pronunciamientos sobre el equilibrio entre el derecho a la información y el secreto de determinados procedimientos judiciales, de la misma manera en que lo ha hecho el Tribunal Constitucional o el Tribunal Europeo de Derechos Humanos, que ha advertido del riesgo de «asistir a una falta de respeto de las vías legales y a una usurpación de las funciones de los Tribunales», porque «si se agitan con antelación los puntos en una forma tal que el público se forma sus propias conclusiones, se corre el riesgo de perder el respeto y la confianza en los Tribunales». Es una lástima que quienes habitualmente se erigen en jueces ignoren de forma tan grosera las advertencias de los propios tribunales.

No fue fácil gestionar la lacra de la corrupción sin renunciar a los dos principios que acabo de explicar: dejar trabajar a la justicia con serenidad y respetar la presunción de inocencia de todas las personas. Nunca he estado dispuesto a sumarme al carro de los inquisidores, ni a tirar a la gente por la ventana sin más fundamento que un titular de prensa o las urgencias del momento. Si un magistrado puede dedicar años a instruir una causa judicial, ¿cómo es posible pensar que en cuestión de horas alguien ajeno a los hechos pueda adoptar una decisión razonable y fundamentada sobre estos? Pero al mismo tiempo también era consciente de que mi responsabilidad como Presidente del Partido Popular me obligaba a exigir ejemplaridad en la vida pública y a adoptar medidas para intentar restaurar la dañada reputación de mi partido.

Moverse en ese equilibrio no ha sido fácil y admito que puedo no haber acertado siempre. En primer lugar, estamos hablando de personas que tienen derechos; personas que merecen ser juzgadas y poder defenderse ante un juez, que es quien dispone de toda la información necesaria para ello. No era yo quien debía juzgarles; mi obligación como máximo responsable del Partido Popular era valorar las consecuencias políticas de su situación, el daño que podía causar a nuestra formación y tratar de actuar de la mejor manera posible para todos.

También es obligado tener presente que las denuncias ante los tribunales se han convertido en un recurso fácil y habitual en el enfrentamiento político. Entiendo que a mucha gente esto no le supone la menor inquietud, pero para mí siempre ha sido un elemento a considerar. Recuerdo que llegamos a elaborar un estudio muy detallado, comunidad por comunidad, de todos los casos en que esas denuncias de nuestros rivales políticos se habían archivado. Ha sido muy ilustrativa, en este sentido, la reciente sentencia que absolvió al Partido Popular en el «caso de los ordenadores», después de seis años de investigaciones y juicios paralelos. Nadie va a rectificarlos, aunque la Justicia les haya quitado la razón. Pero el daño ya está hecho.

La principal dificultad que a mí personalmente me planteó el lastre de la corrupción no fueron las críticas de la oposición, aunque tuviera que dar todo tipo de explicaciones por hechos a los que fui ajeno. Tampoco me incomodaban las preguntas de los medios de comunicación. Soy consciente de que para ellos no era fácil entender mi postura; ni compartimos la misma preocupación por la presunción de inocencia ni tienen las responsabilidades que yo tenía para con mis compañeros y para con mi partido.

Nunca he tenido problemas con los medios de comunicación, pero he sido plenamente consciente, en ese asunto y en algunos otros, de que sus prioridades y sus tiempos eran completamente distintos a los míos. Ellos se rigen por el principio de inmediatez y por la servidumbre del titular: exigen respuestas instantáneas a fenómenos que en ocasiones no las tienen o que, sencillamente, se desconocen. Por el contrario, la gestión de los asuntos públicos exige, a mi juicio, bastante reflexión y, las más de las veces, prudencia. Esa es la auténtica tensión entre la política y el periodismo. No es que los políticos queramos ocultar una realidad. A veces se trata sencillamente de que carecemos de respuestas o, si las tenemos, no es prudente darlas a conocer.

Pero en términos generales, y en contra de ciertos tópicos que han circulado por ahí, mis relaciones con los medios de comunicación han sido correctas. O al menos así las he percibido yo. Nunca me he sentido maltratado por los profesionales que han cubierto la información del Gobierno y he tenido con ellos buena relación. Nunca he llamado a nadie exigiendo nada y nunca me he querellado contra nadie, aunque no me hayan faltado motivos. Ni he mangoneado ni he compadreado, porque la experiencia me ha enseñado que, a la larga, ambas conductas resultan inútiles. No he subordinado ni mi estrategia ni mis decisiones al dictado de los medios de comunicación, pero tampoco les he engañado ni les he intentado intoxicar. Siempre entendí que la política y el periodismo operan en ámbitos muy distintos y que sus relaciones deben regirse por la independencia y el respeto.

Una de mis mayores dificultades a la hora de afrontar el descrédito provocado por la corrupción fue actuar sin sumarme al coro de los inquisidores, sin renegar del pasado del partido o recurrir a la siempre socorrida herencia recibida. Nunca caí en la tentación de buscar otros responsables o culpar a mis predecesores: yo era el líder de mi partido para lo bueno y para lo malo, para presumir de gestión económica y para dar explicaciones ante los comportamientos inadecuados; para dirigir nuestras estrategias en el presente y para asumir los errores que se hubieran podido cometer tiempo atrás. Nunca me avergoncé del pasado del Partido Popular porque en él se hubieran hecho cosas censurables. Siempre consideré que los aciertos superaban con mucho los errores. Y soy lo suficientemente adulto para saber que no existe la perfección en la vida: ni en el pasado ni en el presente y a buen seguro que tampoco en el futuro. La perfección solo existe en los cuentos infantiles. Luego uno se topa con la realidad.

Lo difícil fue intentar respetar los derechos de las personas y al mismo tiempo defender a la institución, es decir, a mi partido y con él a todos los miles de militantes perjudicados por las conductas de unos pocos. Nunca consideré que la mejor manera de defender la imagen del Partido Popular fuera liquidar sin más a cualquier persona implicada en algún escándalo, por respeto hacia esa persona y por responsabilidad con la propia organización. No obstante, soy muy consciente de que la acumulación de casos de corrupción tuvo un efecto indeseable al minar la confianza de los militantes del Partido Popular en sus propios compañeros y en la decencia de sus siglas. Tantas veces salimos a defender a gente que no lo merecía, tantas decepciones personales se fueron acumulando a lo largo del tiempo, que cualquier compañero envuelto en algún nuevo escándalo aparentemente había perdido el derecho a ser apoyado por la organización. Las conductas reprobables de algunos cargos públicos constituyeron una mancha innegable que ha afectado y mucho a la reputación de toda la organización, pero no creí, y sigo sin creerlo, que la cosa fuera a mejorar por liquidar el principio de presunción de inocencia también dentro de nuestra propia casa.

Intenté ofrecer una respuesta equilibrada y, desde luego, no hacer tabla rasa con asuntos tan delicados, por más que se me instara a ello: no es lo mismo un error administrativo que un enriquecimiento ilícito, ni son lo mismo unos sólidos indicios de delito que otros muchos más evanescentes; tampoco se puede considerar de igual manera una actuación judicial fruto de una investigación independiente que si surge de la denuncia de un enemigo político, como ha ocurrido en tantas ocasiones. Para fijar un criterio objetivo que pudiera adecuarse a todas esas circunstancias aprobamos un código ético que exigía el apartamiento de los cargos públicos y militantes implicados en escándalos si finalmente llegaba a dictarse contra ellos auto de procesamiento. Era una fórmula que buscaba preservar al partido de la peripecia judicial de cualquiera de sus militantes.

Muchas de esas personas, a las que les pedimos en su día que dejaran el partido a causa de sus problemas judiciales, consideraban, no sin parte de razón, que les habíamos abandonado ante las dificultades y que ese abandono se convertía en un indicio de culpabilidad que en nada les favorecía a la hora de defenderse ante un tribunal. Muchos descubrieron, sin embargo, que al perder la atención de los medios de comunicación sobre sus personas, desapareció el morbo político, se rebajó la presión mediática sobre los jueces y pudieron solventar su proceso judicial de forma más objetiva y con mejores resultados.

Recuerdo un almuerzo después de una mañana de campaña con un grupo de dirigentes locales. Siempre que me era posible, mantenía este tipo de encuentros con los compañeros del partido en las distintas provincias. Era una forma de agradecerles su dedicación, de escuchar cómo veían ellos las cosas y también de explicarles lo que se hacía desde el Gobierno y por qué no se hacía lo que no se podía hacer. En aquel almuerzo, de apenas ocho personas, casi todos tenían un cargo público, el más afortunado era alcalde y el resto concejales, todos en pueblos bastante pequeños. En la sobremesa, después de las preguntas habituales sobre cómo era Merkel, qué se iba a hacer con los presupuestos, cómo iba a terminar lo de Cataluña, etc., salió, como no podía ser de otra manera, el asunto de la corrupción.

Empezaron muy tímidos, preguntándome qué opinaba del

asunto y cómo debía ser la respuesta que teníamos que dar. Yo les trasladé la misma opinión que acabo de expresar. Creía que no todo era corrupción y no se podía tratar de corruptos a gente imputada por asuntos que evidentemente no eran corrupción. En eso, uno de los comensales levantó el dedo y dijo: «Es que yo también estoy imputado». Era concejal de Urbanismo. En una zona del paseo marítimo de su localidad había puesto unas vallas advirtiendo del riesgo de que se produjera algún desprendimiento de tierras. De ahí vino su imputación: no era suficiente con advertir del peligro, tendría que haber cortado el paseo. Resultado: denuncia e imputación.

Cuando todos convinimos que era una situación injusta y absurda, otra comensal levantó el dedo: «Yo también estoy imputada». En su caso era por haber firmado unas horas extra a los trabajadores de un servicio municipal. A partir de ese momento aquello parecía una reunión de Imputados Anónimos. Cada cual contó su experiencia, todas ellas relacionadas con cuestiones administrativas que yo me resisto a considerar casos de corrupción. Y hasta donde yo sé, ninguna de esas imputaciones ha acabado en procesamiento y menos aún en condena.

La anécdota, rigurosamente cierta, no pretende frivolizar un hecho tan grave como la corrupción; intenta simplemente señalar los matices que presenta y las situaciones tan complicadas que tuvimos que vivir. Nada más lejos de mi intención que quitar hierro o gravedad a este problema que, repito, ha hecho un daño terrible a mi partido y al conjunto de la política española. Pero me gusta poner el foco en los políticos inocentes porque son la mayoría y porque son los grandes damnificados de las conductas de quienes no lo son. Sobre estos últimos, sean de mi partido o de otras formaciones, no soy yo quien debe hablar, sino la Justicia.

Lamento que la corrupción haya convertido a todos los políticos en sospechosos, aunque algunos piensen que están a salvo del descrédito general; lamento que haya minado las bases de confianza sobre las que se sustenta nuestro sistema democrático en el momento que este se encontraba más necesitado de generar confianza y esperanza en el futuro. Los errores de los demócratas han sido siempre la excusa perfecta de aquellos que quieren alentar gobiernos personalistas y cambios de régimen hacia posiciones autoritarias. Y aquellos que utilizan este argumento para descalificar a los sistemas democráticos olvidan que es la libertad consagrada en esos regímenes la que permite conocer y sacar a la luz los escándalos, del mismo modo que es una Justicia independiente la que permite sancionarlos, como ocurre en España cada día.

No existe nada que haga más daño a la necesaria lucha contra la corrupción que su utilización partidista como arma arrojadiza, porque no estamos ante el problema de un partido político u otro, es problema de las personas y de su capacidad para actuar rectamente en aras del interés general. Y desde ese punto de vista, desde la capacidad para actuar con rectitud en aras del interés general, me siento muy tranquilo y satisfecho de mi trayectoria: después de tantos años de vida pública, tanto en la dirección de mi partido como de los ministerios que me tocó gestionar y en los que se aprobaron adjudicaciones por millones de euros, y finalmente en la Presidencia del Gobierno cuando tuve el honor de desempeñarla, no hay un solo hecho del que me tenga que avergonzar. Mi historial puede tener errores, que soy capaz de asumir, pero nada más que eso, errores.

Me han calumniado, sí. Mucho y muy dolorosamente porque es muy difícil defenderse de acusaciones falsas. ¿Me han perseguido? También. Hubo quien se recorrió unos cuantos registros de la propiedad en toda España para ver si me encontraba un patrimonio oculto y fraudulento. He declarado como testigo para dar satisfacción a abogados pagados por partidos rivales y que han demostrado un auténtico magisterio en el uso alternativo del Derecho; es decir, no como un instrumento para hacer justicia, sino para lograr objetivos políticos. Su mayor éxito fue brindar a sus clientes una sentencia, algunos de cuyos párrafos fueron utilizados como argumento para justificar la censura a un Gobierno que nada tenía que ver con los hechos juzgados.

Sé que han intentado por todos los medios hacer escarnio de mi persona, y sé lo mucho que han sufrido por ello las personas que más quiero, pero con toda la humildad he de señalar que siempre me he sentido muy por encima de toda esa clase de gente. Entré en política teniendo profesión y volví a ella cuando abandoné la política. Por el camino he dejado una vida más cómoda, pero me han compensado con creces las personas que he llegado a conocer y las cosas que he podido hacer por mi país.

Comprendo que en algún caso me equivoqué defendiendo a personas que sinceramente creía inocentes, y lamento no haber podido ayudar más a otras que sí lo eran y que pasaron un auténtico calvario hasta que resultaron exoneradas de las acusaciones. Otras, como mi querida Rita Barberá, no llegaron a disfrutar de ese momento. Me he podido equivocar en la gestión de estos asuntos, pero lo que nunca hice fue ayudar a un presunto culpable, ni entorpecer la acción de la Justicia, ni consentir o animar ningún tipo de ilegalidad.

Tampoco acepté nunca la campaña de descrédito general que se quiso hacer contra mi partido. De hecho, a pesar de esos casos de corrupción que tanto daño nos hicieron, el Partido Popular siguió ganando elecciones para desesperación de todos los inquisidores a beneficio de parte. Mi impresión es que los españoles supieron hacer una valoración mucho más ecuánime del fenómeno por mucho ruido ambiental que este pudiera generar. Nos castigaron retirándonos parte de su confianza, pero supieron reconocer también que el Partido Popular significaba muchas más cosas además de la corrupción; que en nuestras filas había miles y miles de personas dedicadas y honorables que no tenían nada que ver con algunos personajes que protagonizaban telediarios y tertulias, entrando y saliendo de las cárceles y de los juzgados. Los españoles supieron ver que no éramos un grupo perfecto, pero en nuestras imperfecciones y con nuestros fallos éramos el mejor instrumento para mejorar sus vidas, crear empleo y lograr el progreso de su país. Por eso seguimos ganando elecciones.

A veces me pregunto si hubiera podido hacer algo más. Habría podido ser más expeditivo, más ejemplar, más proactivo, más contundente, más intransigente, más implacable. Podría haber sido todo eso y presumir ante todos de la vitola de justiciero. Sin duda habría sido jaleado por algunos y hubiera gozado de mucha mejor prensa. Pero todo habría sido a costa de un principio para mí sagrado como es el de la presunción de inocencia, o a costa de la imagen y la reputación de compañeros en una situación más débil que la mía, que les impedía defenderse como podría hacer cualquier ciudadano que no asumiera responsabilidades políticas. Pude haberlo hecho, pero no quise. Fue mi elección y no me arrepiento de ella.

La era de la inestabilidad

La fragmentación política que veíamos en gran parte de Europa se instaló en España de manera «oficial» en las elecciones generales del día 20 de diciembre del año 2015. El Partido Popular fue la primera fuerza política, con 123 escaños en el Parlamento; los socialistas quedaron en segundo lugar, con 90 diputados; Podemos, sus confluencias e IU sumaron 71 escaños, mientras que Ciudadanos obtuvo 40. El resto de los diputados de la Cámara pertenecían a los partidos nacionalistas y a otros que habían obtenido una representación menor. El resultado electoral ofreció un panorama fragmentado con la importante irrupción de dos nuevas fuerzas políticas, pero la victoria del Partido Popular era inapelable. Le sacábamos 33 escaños al segundo partido de la Cámara. Habíamos perdido la mayoría absoluta, pero habíamos ganado las elecciones con claridad, aun a pesar de la fragmentación, de las políticas impopulares que tuvimos que llevar a cabo para sacar a España de la crisis y de la utilización política de la corrupción, cierta o no.

Con aquel reparto de escaños era evidente que nadie tenía la posibilidad de gobernar sin apoyos y que era preciso trabajar y dialogar mucho para conseguir un entendimiento que permitiera la formación de un Ejecutivo en condiciones de gobernar. También parecía razonable que fuera el líder de la primera formación política quien tomara la iniciativa e hiciera una propuesta al resto de los partidos para garantizar la gobernabilidad del país. Fue exactamente lo que hice al día siguiente de las elecciones, el 21 de diciembre de ese año 2015. Tras la reunión del Comité Ejecutivo de mi partido, comparecí ante los medios de comunicación para explicar lo que yo creía que era la mejor solución a la situación. Después del escenario surgido tras las elecciones no había tiempo que perder. Era necesario actuar y hacerlo con rapidez.

Yo estaba convencido de que aquel era un momento clave en el que España necesitaba estabilidad. Nos estábamos jugando la consolidación de la senda de recuperación y creación de empleo que habíamos logrado iniciar, todavía vivíamos una tesitura difícil en Europa y en Cataluña hacía tiempo que los nacionalistas moderados y pactistas habían desaparecido para dar paso a todo tipo de extremistas y radicales. En esas condiciones era necesario —al menos así lo entendía yo— que España pudiera contar con un Gobierno fuerte y con apoyos parlamentarios suficientes para afrontar los retos que teníamos por delante. En consecuencia, propuse una solución clara: la gran coalición. Fue un ofrecimiento leal. No me entretuve en juegos tácticos ni en maniobras de intoxicación. Nada más celebrarse las elecciones hice la oferta. Cumplí así con mi responsabilidad como líder de la primera fuerza política de España.

El destinatario principal era el líder socialista. Sabía que no sería fácil convencerle y que la propuesta encontraría dificultades. Para empezar, la falta de cultura política en esa materia. Sencillamente, era la primera vez que se planteaba este tipo de coalición de gobierno en nuestra historia reciente. Tenía en mi contra la falta de costumbre, pero a favor la tozuda realidad de las cifras: era la única fórmula de gobierno posible con aquellos resultados electorales. Pensé que se nos presentaba la mejor ocasión de hacer realidad el famoso aforismo: hacer de la necesidad virtud.

En mi opinión, la suma de las fuerzas de PP, PSOE y Ciudadanos era la que con mayor fidelidad podía representar en aquellos momentos los objetivos en los que coincidían la mayoría de los españoles: la defensa de la unidad de la nación, la igualdad entre todos los españoles, el compromiso con la Unión Europea, el crecimiento económico y la creación de empleo. Podíamos discrepar en las medidas que adoptar, pero no en las metas que perseguir. Era además evidente que con esta opción se lograba una amplia mayoría por encima de los 250 diputados y respaldo absoluto en el Senado, que nos permitiría acometer reformas todavía pendientes en el país y en las que podíamos coincidir las tres fuerzas políticas, por lo que irían acompañadas de un amplio concurso y de la suficiente coherencia. Además, ese acuerdo de los tres partidos era el que con mayor seguridad podía transmitir un mensaje de estabilidad y certidumbre al conjunto de España y al resto de los países de nuestro entorno, en muchos de los cuales, al igual que en las instituciones europeas, existen coaliciones idénticas o muy similares a la que entonces yo planteaba.

Después de todas estas reflexiones hice ese ofrecimiento con la mayor humildad y generosidad posible, siendo consciente de que era el candidato de la fuerza más votada, pero también de que necesitaba apoyos para liderar el Gobierno de la Nación. No puse ninguna condición previa. Señalé que la coalición podía ser de gobierno, parlamentaria o incluso en exclusiva para los grandes temas nacionales.

Pocos días después del 21 de diciembre, inicié una ronda de contactos con los distintos líderes políticos y a todos ellos les presenté la propuesta de coalición, con toda claridad. El problema fue que la conversación con el líder del Partido Socialista, Pedro Sánchez, duró poco porque no estaba dispuesto a nada. Me dijo que él en ningún caso iba a apoyar o propiciar ningún tipo de acuerdo con el Partido Popular. Su rechazo fue inmediato. No hubo opción a nada. Ni siquiera me explicó los porqués de su posición.

Todavía hoy me llama la atención aquella actitud, aquella insólita y rotunda negativa, ya no a pactar, sino sencillamente a escuchar mi propuesta. Yo he tenido enormes discrepancias con otros dirigentes políticos a lo largo de mi vida, pero nunca rechacé el diálogo con ellos. El diálogo es una pieza indispensable de la política; diría más: es un gesto de civilización. Dialogar no te obliga a aceptar lo que te ofrecen o lo que te piden, ni a asumir las posturas del interlocutor, pero sí te obliga a explicar tu posición, a argumentarla y a escuchar las razones de la otra parte. El diálogo con el oponente reta a tu inteligencia, a tus principios y a tus certidumbres. Tal vez por eso se ejercita tan poco en estos tiempos de fragmentación cuando, en teoría, debería ser más necesario que nunca.

Cuando se dialoga de manera leal se crean lazos de entendimiento y de confianza, se sientan las bases para que la discrepancia de hoy pueda convertirse en un acuerdo fructífero mañana. Yo he dialogado muchísimo en mi vida política, tal vez por eso haya sido tan larga. En mi trayectoria he descubierto que los mejores acuerdos son los que surgen después de horas y horas de intercambio de argumentos, por eso nunca he sido cicatero con el tiempo que le dedicaba a esas negociaciones.

No voy a hacer juicios de intenciones sobre las razones de aquella actitud, pero era evidente que la negativa de Sánchez a considerar cualquier posibilidad de una gran coalición hacía imposible gobernar el país. Aquella mañana en vísperas de Navidad de 2015, la gobernabilidad de España había embarrancado definitivamente.

El día 18 de enero de 2016, el Rey Felipe VI abrió la ronda de consultas para señalar un candidato a la investidura como Presidente del Gobierno. Al finalizar la ronda, cuatro días después, el día 22 de ese mes, Su Majestad me ofreció presentarme a la sesión de investidura como candidato. En aquel momento me vi obligado a declinar su ofrecimiento porque no estaba en condiciones de asumirlo.

Era evidente que yo no contaba con los apoyos necesarios para ser elegido Presidente del Gobierno. Es más, lo único que tenía asegurado era una mayoría absoluta en contra. En esas circunstancias no tenía el más mínimo sentido acudir a la investidura. No hacía falta que me lo indicase la pantalla luminosa que ilustra las votaciones en el Congreso de los Diputados.

Algunos se hicieron los ofendidos por mi negativa, de forma especial aquellos partidos políticos que en ningún caso iban a apoyar esa investidura. Por lo visto, su único objetivo era que yo me presentara contra la lógica y contra la aritmética para darse el gusto de votar en contra, no sin antes haberme obsequiado con unos cuantos vituperios durante el debate. Sentí no haber podido atenderles en lo que para ellos suponía una inconmensurable satisfacción. Espero que me lo hayan perdonado.

A día de hoy sigo pensando que hice lo debido. El objeto de un debate de investidura es que el candidato logre la confianza de la Cámara y pueda conformar un Gobierno estable, o lo más estable posible. Tiene sentido intentar la investidura, aunque no se tenga la seguridad absoluta de que se va a conseguir, cuando se puede presentar una mayoría de gobierno creíble, como sucedió unos meses después cuando negociamos un pacto de gobierno con Ciudadanos; pero lo que no es de recibo es la pretensión de que se presente como candidato alguien que no tiene ninguna posibilidad de ser elegido, solo para que empiecen a contar los plazos señalados en la Constitución para la repetición automática de elecciones. Como es sabido, el texto constitucional establece que si en el transcurso de dos meses desde la primera votación nadie es investido presidente, las elecciones se convocarán de forma automática.

Así es como yo veo las cosas: la investidura es para elegir a un Presidente de Gobierno que se presenta ante la Cámara con un programa y con unos apoyos. Es posible que haya quien se presente sin programa y sin apoyos, para hacerse valer, para operaciones de imagen, para presionar a los adversarios o para poner en marcha los famosos plazos. Todo es posible; pero lo posible no es necesariamente lo deseable. Además, la victoria que había obtenido el PP en las elecciones significaba para mí un mandato democrático que merecía un respeto. Entiendo que hubiera quien, a pesar de haber sido informado de mi posición antes de la reunión con el Rey, se molestara y desdeñara estas reflexiones. Pero yo, que era el candidato a quien habían votado más de siete millones de españoles, tenía alguna responsabilidad en defender la dignidad de aquellos votantes. Y eso fue lo que hice.

En estas circunstancias, el líder del Partido Socialista, con 90 escaños frente a los 123 del Partido Popular, fue a buscar sus propios «síes». En poco más de una semana era ya candidato a la investidura y comenzó sus particulares contactos. Consiguió un pacto de gobierno con Ciudadanos, sellado el 24 de febrero y conocido ya popularmente como «pacto del abrazo» por la forma en que se escenificó en el Congreso de los Diputados ante el famoso cuadro de Genovés, que se había colgado allí apenas un par de meses antes. Visto como han transcurrido las cosas desde entonces y lo difícil que resulta a algunos líderes llegar a entenderse con sus adversarios, tal vez habría que pensar en la posibilidad de que el cuadro cambie de lugar a otro más adecuado.

Asistimos desde entonces a un curioso ejercicio de alta política hasta entonces inédito que consistía en que el Partido Socialista tenía el encargo de convencer a Podemos para que votara a favor de ese acuerdo. Al tiempo, Ciudadanos y algún que otro entendido se afanaban en convencer —cuando no en exigir— al Partido Popular el apoyo a ese mismo Gobierno. Por lo visto, para los promotores de tan original operación política cualquier fórmula valía: o el apoyo del Partido Popular o el de Podemos, lo que demostraba el relajadísimo concepto de la gobernabilidad del que hacían gala los firmantes del acuerdo de gobierno. Como era natural, la cosa no pasó de ser una ocurrencia más de las que han jalonado esta época.

El día 4 de marzo fracasó la investidura de Pedro Sánchez. Y luego, en los meses de marzo y abril de 2016, hubo un sinfín de pruebas, ensayos y hasta experimentos de posibles fórmulas de pacto, sin que los socialistas encontrasen ninguna opción. Yo mantuve la misma propuesta que había planteado desde el día siguiente a las elecciones: la gran coalición.

Entonces empezó a circular otra ingeniosidad realmente extraordinaria: yo tenía que dimitir. El problema para la gobernabilidad no era que el líder socialista vetara cualquier opción de gobernabilidad; el problema era Mariano Rajoy. Si yo me apartaba, se despejarían por ensalmo los nubarrones que tenían atenazada la estabilidad política en España y se abriría un horizonte de renovación y progreso. Si en un gesto de patriotismo, de generosidad o de cualquier otra virtud homologable yo me iba, todo cambiaría a mejor. No se sabe por qué, ni en qué, pero sí se sabía que esa era la solución. Yo era el problema, tal vez por haber ganado las elecciones o acaso por haber hecho una oferta de gran coalición. Yo era el tapón y debía ser reemplazado. Curiosamente, si la memoria no me traiciona, escuché muy pocas veces esa petición desde las filas socialistas y sí desde sectores del ámbito político de la derecha.

Al día siguiente de las elecciones, cuando en la dirección del partido estábamos ocupados en lo prioritario, que era intentar la formación de gobierno, el expresidente José M.ª Aznar se presentó ante el Comité Ejecutivo del partido, algo que había hecho en escasísimas ocasiones, para solicitar un Congreso abierto del PP. En los meses posteriores insistieron en la misma idea algunos grupos muy ideologizados, muy críticos hacia mi persona, aunque de implantación escasa, cuando no inexistente, en el Partido Popular. Esas propuestas nunca encontraron eco en la organización. Afortunadamente, mientras estuve al frente del Partido Popular gocé de un apoyo y una lealtad admirables por parte de la mayoría de mis compañeros en el partido y de los ministros de mi Gabinete. A cuatro de ellos se les planteó la posibilidad de sustituirme como Jefe del Ejecutivo. A mi juicio, hay que tener tanta osadía como ignorancia para ir ofreciendo alegremente la Presidencia del Gobierno de España por los restaurantes de Madrid. Por mucho poder que se tenga o muy bien situado que se esté, tal comportamiento no resulta admisible en una democracia consolidada. Tres de las personas tentadas me lo vinieron a contar inmediatamente. El cuarto, supongo que porque no le dio la menor importancia, no consideró necesario hacerlo. Y no lo hizo.

Así fue aquella etapa. En todas las entrevistas me preguntaban por mi dimisión y todos los días llegaban a mi despacho nuevas columnas de sesudos analistas para que saliera de allí y permitiera que se instalara en él algún otro dirigente del

PP o «un candidato técnico», según se llegó a denominar, aunque tal candidato no se hubiera presentado a las elecciones. Mejor no dar nombres. Como en el Congreso de Valencia, no había un candidato alternativo. Solo una campaña para que yo me fuera y luego ya se vería a quién poner en mi lugar. No deja de sorprenderme que este tipo de ocurrencias solo se hayan planteado contra mi persona y no con otros políticos que luego han estado en la misma situación, aunque hicieran gala de un comportamiento a mi juicio mucho más irresponsable.

La cosa terminó definitivamente en las nuevas elecciones celebradas en 2016. Seguía la fragmentación, pero los españoles habían señalado claramente su valoración de la gestión que habíamos hecho unos y otros. Nosotros sumamos en aquellos comicios catorce escaños más, alcanzando los 137, mientras que el Partido Socialista perdía cinco (85), Ciudadanos ocho (32) y Unidos Podemos, con sus confluencias, se mantenía con los mismos (69) diputados. En estas circunstancias, un acuerdo con Ciudadanos nos dejaba con 169 escaños muy cerca de la mayoría precisa para la investidura, y conociendo la actitud que el líder del Partido Socialista había mantenido hasta entonces, lo que hicimos fue afanarnos en lograr un acuerdo que asegurase, al menos, este amplio bloque de apoyos.

Alcanzar un pacto con Ciudadanos nos exigió mucho trabajo, largas negociaciones y bastante tiempo. Necesitamos dos meses de conversaciones, cuando antes Ciudadanos había firmado un acuerdo con el Partido Socialista en apenas veinte días. No hay que realizar interpretaciones muy interesadas para advertir con quién había más coincidencia o dónde había más conveniencia. Sea como fuere, Partido Popular y

Ciudadanos firmamos un acuerdo de gobierno, titulado *150 compromisos para mejorar España*, el 28 de agosto de 2016. Era un buen acuerdo, porque los equipos negociadores de ambas formaciones —encabezado el del Partido Popular por el Vicesecretario de Organización, el siempre eficaz Fernando Martínez-Maíllo— habían cruzado los programas electorales, las cuestiones necesarias y las reformas previstas, conformando un verdadero guion de tareas para el Gobierno de España que estaba bien planteado y podía tener buenos resultados. Y he de señalar que no hubo tanto grandes desencuentros como una gran prolijidad, hasta el punto de que el pacto iba acompañado de una memoria económica en la que anualmente se iban detallando los incrementos de gasto o las disminuciones de ingresos asociados a las principales medidas.

El acuerdo con Ciudadanos no garantizaba la investidura, pero sí permitía ofrecer un gran bloque de gobernabilidad: un programa y unos apoyos sólidos. Esa fue la razón por la que acepté entonces presentar mi candidatura. El día 29 de octubre fui elegido nuevamente Presidente del Gobierno, en segunda votación y con la abstención de la mayoría de los diputados socialistas, después de los avatares que tuvieron lugar en ese partido en aquellos días, en cuyos detalles no voy a entrar por no haber estado presente en el PSOE, y que terminaron con Pedro Sánchez fuera de la dirección del partido.

Comenzó así una legislatura muy diferente a la que vivimos entre los años 2011 y 2015. Entonces disponíamos de una cómoda mayoría, tanto en el Congreso como en el Senado, que nos permitió tomar las decisiones que España necesitaba en aquel momento y además hacerlo con agilidad y rapidez, algo que en lo tocante a la economía fue un factor decisivo para dejar atrás la crisis.

La situación en 2016, a pesar de que habíamos superado con éxito la sesión de investidura, era de una complejidad mucho mayor. Habíamos conseguido un acuerdo de legislatura. El Gobierno contaba con un respaldo, sin duda muy elevado, de 169 diputados, pero que no alcanzaba la mayoría en la Cámara, que exige 176. En esta tesitura era imprescindible sumar más apoyos. Y no era fácil, dado que con los partidos de izquierda, incluido el PSOE —salvo en algunos casos muy excepcionales—, y los partidos independentistas catalanes, entre todos prácticamente la mitad de la Cámara, no era posible construir nada. A esa circunstancia se añadía el hecho de que nuestros socios de Ciudadanos nos brindaban unos apoyos más bien cicateros. No manifestaron ningún interés en entrar en el Ejecutivo y nunca tuvimos la sensación de contar con un socio con el que afrontar de manera sólida las dificultades. Parecían estar mucho más cómodos ejerciendo como oposición, poniendo condiciones y marcando su propio territorio que compartiendo una gestión. Esa era, al parecer, la forma en que entendían los acuerdos políticos. Fue su elección y la respeto. Tampoco lo critico porque, a pesar de todas esas limitaciones en sus apoyos, supieron tener un gesto de responsabilidad al respaldar al único Gobierno razonable en aquellos momentos.

Pero esa distancia se agravó aún más a raíz de su victoria electoral en las autonómicas convocadas en Cataluña en aplicación del artículo 155 de la Constitución. Por desgracia, aquel indudable éxito de C's no fue suficiente para desalojar a los independentistas del poder, que era el objetivo de todos. Sorprendentemente, después de aquella victoria C's renunció a liderar de forma inclusiva al constitucionalismo en Cataluña y fijó como objetivo primordial superar al PP en toda España. Eso sí lo critico: aquel triunfo que le dieron los catalanes lo utilizaron para seguir dando la batalla no contra el independentismo, sino contra el Partido Popular, al que creyeron poder sustituir.

Uno de los casos más paradigmáticos de esta actitud lo vivimos cuando amenazaron con no apoyar los presupuestos del año 2018 si no expulsábamos del partido a una senadora por Murcia, Pilar Barreiro —excelente Alcaldesa de Cartagena durante muchos años—, a la que el Tribunal Supremo estaba investigando por un asunto más que dudoso al que acabó dando carpetazo, algo que todos intuíamos. No sirvieron de nada ni los razonamientos ni las explicaciones ni las llamadas a la cordura. Pilar se tuvo que dar de baja en nuestro partido y abandonar el Grupo Parlamentario Popular del Senado para que Ciudadanos votara afirmativamente a los presupuestos, algo que me dolió mucho por lo injusto que era. Al cabo de un tiempo, cuando las investigaciones se archivaron, pudo volver al partido sin que ninguno de los inquisidores se disculpara por el atropello contra ella cometido.

A pesar de las dificultades fuimos capaces de gobernar durante el periodo de casi dos años al que puso fin la moción de censura de finales de mayo del año 2018, algo que no se puede decir de quienes nos sustituyeron, ya que fueron incapaces de aprobar unos presupuestos propios y ni una sola reforma estructural de las que todavía le hacen falta a la economía espa-

ñola. Cierto es que esa circunstancia ha tenido, paradójicamente, algunos efectos positivos, como el hecho de que en
el momento en que escribo estas líneas todavía están en vigor
los presupuestos aprobados por el Partido Popular y las reformas que nosotros llevamos a cabo y que han permitido a
nuestra economía española mantener unos niveles razonables de crecimiento y creación de empleo.

Logramos sacar adelante dos presupuestos con el apoyo
de 134 diputados del Partido Popular, uno de Foro Asturias y
dos de Unión del Pueblo Navarro —partidos que habíamos
comparecido juntos a las elecciones—, a los que se sumaron
los 32 diputados de Ciudadanos, cinco del PNV, uno de Coalición Canaria y uno de Nueva Canarias. No fue fácil. De hecho fue extraordinariamente laborioso. Tuvimos que esfor-
zarnos mucho, pero al final lo conseguimos. Los responsables
del Ministerio de Hacienda, liderados por el Ministro Montoro, con el inestimable apoyo del Secretario de Estado de Presupuestos, Alberto Nadal, llevaron a cabo un gran trabajo. Yo
también me impliqué a fondo en las negociaciones. En compañía de la Vicepresidenta, Soraya Sáenz de Santamaría, al-
morcé en varias ocasiones en La Moncloa con el Presidente
del PNV, Andoni Ortuzar, y el Portavoz en el Congreso, Aitor
Esteban. Asimismo lo hice con el Presidente de Nueva Canarias, Román Rodríguez, y su Portavoz parlamentario, Pedro
Quevedo, y estuve en contacto continuo con los líderes de
Coalición Canaria, Fernando Clavijo y Ana Oramas, y de Unión
del Pueblo Navarro, Javier Esparza. Llegué incluso a despla-
zarme a Canarias, donde estuve acompañado por el Presidente del Partido Popular canario, Asier Antona —muy activo y

eficaz en todo este proceso—, para firmar el acuerdo con los dos partidos de las islas; eso sí, por separado. Aquella cuestión protocolaria me parecía muy menor frente a la importancia del acuerdo conseguido. En aquel momento, fue un hecho histórico que Coalición Canaria y Nueva Canarias estamparan su firma en un proyecto común.

Gracias a aquel esfuerzo por parte de todos, España ha contado con un instrumento que permitió atender a las necesidades fundamentales de los ciudadanos y a la vez mantener la política de control del gasto y reducción del déficit que tanto ha beneficiado a nuestro país en los últimos años. Esas son las ventajas a las que antes me refería cuando comentaba la necesidad de no renunciar nunca al diálogo. Todos los que participamos en la elaboración de aquellos presupuestos supimos actuar con responsabilidad y superar con finura las dificultades de la fragmentación política. Pienso que hicimos una buena labor, la gente fue discreta, el resultado fue muy positivo para todos, nos permitió mantener la política de consolidación fiscal y, a la vez, después de un tiempo de penurias obligadas por la crisis, darle un poco más de «alegría» al gasto público y al bolsillo de los ciudadanos, que vieron cómo seguimos avanzando en la reducción de impuestos que ya habíamos iniciado en 2015. Ahora sí era posible hacerlo.

La primera parte de esa legislatura, hasta la moción de censura, no fue una etapa en barbecho. Valió la pena haber tenido aquellos dos años de gobierno del Partido Popular en los que se produjeron noticias positivas para nuestro país. La economía crecía a unas tasas superiores al 3 %, el número de afiliados a la Seguridad Social aumentó en más de 1.100.000 personas en un año y siete meses, y la senda de la recuperación económica llevaba un ritmo incuestionable. Los problemas de los años pasados quedaron atrás, ETA se disolvió a cambio de nada, y solo los acontecimientos de Cataluña, a los que me referiré en las últimas páginas de este libro, provocados por el fanatismo de unos dirigentes irresponsables, enturbiaron lo que era un momento de indudable mejora en la situación de nuestro país.

LA MOCIÓN DE CENSURA

A nuestra presencia en el Gobierno puso fin la moción de censura que en el mes de mayo del año 2018 presentó en el Congreso de los Diputados el Partido Socialista. La moción se justificó en una sentencia de la Audiencia Nacional que, según los firmantes de la iniciativa, «condena a diferentes cargos públicos y orgánicos del Partido Popular, así como a la propia organización política como responsable a título lucrativo». La realidad es que la responsabilidad a título lucrativo solamente tiene lugar cuando aquel al que se le exige se beneficia de la actuación de alguien sin ser conocedor de la misma. Es decir, el requisito imprescindible es que se desconozca la comisión del delito. En este caso, el Partido Popular se habría beneficiado de las irregularidades cometidas en dos ayuntamientos. Habríamos obtenido un beneficio económico por unos hechos que nunca conocimos y por ello lo único que se nos exigía era pagar una multa. Por otra parte, la sentencia no condenaba penalmente a ningún cargo público ni orgánico del Partido Popular —como torticeramente afirmaba el Partido Socialista—, entre otros motivos, porque las personas condenadas por la sentencia hacía años que habían dejado de ser militantes del Partido Popular.

A mayor abundamiento, la sentencia no condenaba penalmente al Partido Popular, porque al Partido Popular no se le juzgaba. De hecho, el voto particular que presentó a la sentencia el Presidente del Tribunal señalaba que «parece colocarse al Partido Popular en una dinámica de corrupción institucional, cuando a dicho partido no se le ha enjuiciado por actividad delictiva alguna». Esta afirmación venía a rebatir algunos juicios de valor recogidos por el ponente del texto y que no se plasmaban en ninguna consecuencia penal. Precisamente alguno de esos comentarios motivaron que la Sala Penal de la Audiencia Nacional admitiera la recusación del ponente para otra causa posterior porque «el posicionamiento explícito del magistrado en estas materias le priva objetivamente de las condiciones de imparcialidad exigibles». La sentencia fue recurrida con argumentos por todos conocidos y ese proceso seguirá su curso sin que yo vaya a hacer más comentarios al respecto.

No obstante, sí voy a hacer una valoración política de todo lo que ocurrió después. La moción de censura se presentó contra un Gobierno cuyos miembros no solo no fueron condenados, sino que ni siquiera fueron juzgados, tampoco investigados. Ni uno solo de ellos. Nadie. El hecho indudable es que en aquel momento nos encontramos ante la repetición de la moción de censura que un año antes había presentado

Podemos con los mismos argumentos. El Partido Socialista entonces no la votó, ¡y eso que decían que el problema era yo! Acaso porque el candidato a la Presidencia del Gobierno no era su Secretario General, sino el líder de Podemos.

Tal vez por esa razón, porque veníamos de una experiencia similar que acabó en fracaso, muchas personas, incluidos bastantes colaboradores, pensaron que el desenlace de esta nueva moción sería el mismo que el que había tenido la presentada por Pablo Iglesias. Yo veía que en aquellas primeras horas la gente estaba muy tranquila: calculaban que iban a asistir a un debate parlamentario de alto voltaje pero, como tantos otros, sin consecuencias prácticas. Acabábamos de sacar adelante los presupuestos, habíamos conseguido armar una mayoría parlamentaria para ello y parecía algo extemporáneo que se dejara caer al Gobierno, que había superado con éxito la votación más importante de un Parlamento como es la de las cuentas públicas.

Sin embargo, desde el primer momento fui consciente de la gravedad de la situación. Existía un bloque muy amplio contra mi Gobierno, y nuestros socios parlamentarios de C's, aunque finalmente nos apoyaron, mostraron en los primeros momentos una actitud muy distante. Recuerdo unas declaraciones de Albert Rivera dando por liquidado nuestro pacto de legislatura y ofreciéndose, incluso, a pactar una moción de censura con el PSOE, siempre que Pedro Sánchez no fuera el candidato. En todo momento tuve muy clara la fragilidad de nuestra situación y que el destino político de aquel Gobierno estaba en manos de los nacionalistas vascos. Y sabía también que iban a ser sometidos a una tremenda presión ambiental. Así se lo dije a mi equipo el mismo día en que el PSOE registró la moción: «Dependemos de la personalidad del PNV».

A partir de entonces empezamos a trabajar frenéticamente para intentar superar la moción. A nivel parlamentario, preparando mis dos intervenciones, exactamente igual que había hecho en el caso de la moción de Pablo Iglesias. Como se sabe, la réplica a la moción de censura al Gobierno la puede realizar cualquier ministro, mientras que la réplica al candidato que se somete a examen la puede dar cualquier diputado. Pero ya en el caso precedente, yo había decidido protagonizar una y otra réplica. Me puse de inmediato a preparar los dos discursos, con sus posibles variantes, en función de la evolución de los acontecimientos.

También en aquellos primeros momentos, cuando nadie pensaba que la moción pudiera prosperar y nadie había dicho una palabra al respecto, le encargué a mi equipo de mayor confianza que estudiara las consecuencias de mi dimisión, como fórmula para sortear la moción socialista y mantener el Gobierno. Pero vimos muy pronto que ese recurso no serviría de nada, porque la dimisión del Presidente no detenía el trámite de la moción ni impedía su votación. La razón es que en España, a diferencia de otros países, el objetivo de la moción de censura no es en ningún caso derrocar a un gobierno sino sustituirlo por otro. Exactamente lo mismo ocurre en el ámbito local, en el que «la dimisión sobrevenida del Alcalde no suspenderá la tramitación y votación de la moción de censura», tal y como establece la Ley Orgánica del Régimen Electoral General, en su artículo 197.3. En consecuencia, la dimisión del Presidente del Gobierno censurado no serviría para evitar la votación del candidato alternativo.

Aun en el hipotético caso de que el PSOE —el único que podía hacerlo— retirase la moción de censura a cambio de mi dimisión, lo que llegó a insinuar el candidato socialista, lo único que se lograría sería facilitar todavía más los planes de Pedro Sánchez. Por eso dejó caer esta posibilidad. Esa hipotética renuncia daría lugar obligatoriamente al inicio de un nuevo proceso de investidura de un candidato propuesto por el Rey, después de escuchar, como se hace habitualmente, a las distintas fuerzas políticas de la Cámara. En esa ronda el candidato socialista habría contado con más apoyos que cualquier candidato del PP y, llegado el trámite de la votación, no necesitaría de la mayoría absoluta de la Cámara, como en la moción de censura, ya que podría resultar elegido en segunda votación por mayoría simple, tal y como establece el proceso de investidura.

Todos estos datos estaban ahí y los habíamos estudiado detenidamente mucho antes de que se produjera el debate. De todos modos, mucha gente descubrió en el día de autos que la moción iba a salir adelante y se produjo una jornada de enorme nerviosismo y confusión entre intoxicaciones, informaciones falsas, desmentidos y rumores de todo tipo. Muchas personas, también amigos míos movidos por la mejor intención, se creyeron que mi dimisión podría parar el proceso sin haber comprendido que aquella añagaza no servía absolutamente para nada. El líder socialista iba a ser Presidente porque tenía los votos necesarios para conseguirlo y nosotros no podíamos hacer nada para impedirlo. Había logrado armar la mayoría que su partido le había impedido formar en 2016 porque a los socialistas de entonces les repugnaba llegar al Gobierno de la mano de Bildu, o ERC y Junts per Cat. Ahora el candidato tenía las manos libres para hacer lo que siempre quiso hacer y no iba a permitir que nadie frustrara su acceso a la Presidencia.

Lo cierto es que la verdadera razón de la moción de censura no fue una sentencia judicial, sino la instrumentalización en beneficio propio de la misma. El Partido Socialista, consciente de que el Partido Popular había sido capaz de aprobar en dos ocasiones los Presupuestos Generales del Estado, la última dos días antes de la presentación de la moción, y de la mejora general en la situación del país, decidió utilizar un atajo para acceder al Gobierno en contra de la voluntad mayoritaria de los españoles, que le dieron al Partido Popular casi dos millones y medio de votos y 52 escaños más que al Partido Socialista. Para ello, no les importó contar con el apoyo de los partidos extremistas e independentistas de la Cámara, a los cuales sin duda les resultaba más cómodo un Gobierno socialista que otro presidido por mí. Y aunque en nuestra Constitución la moción de censura ha de tener un carácter constructivo y precisa la elección de un Presidente que tenga una mayoría que le permita gobernar, la realidad es que en este caso la moción fue «destructiva». Su objetivo era derribar a un Gobierno, pero no construir nada, como lo demuestra el hecho de que el Ejecutivo resultante ni fue capaz de aprobar los presupuestos ni pudo gobernar y, por lo tanto, se vio en la obligación de disolver la Cámara cuando no había transcurrido ni siquiera un año desde su nombramiento.

Como todo el mundo sabe, la moción de censura salió adelante con 180 votos, los mismos que habían votado en contra de mi investidura más los del Partido Socialista, que en aquel momento se habían abstenido. El último en manifestar el sentido de su voto fue el PNV. Pero, por más que hubieran escenificado un debate hasta última hora, yo ya sabía que iban a votar en contra. Si hubieran querido rechazar la moción, lo habrían dicho desde el momento en que se anunció, despejando así cualquier duda. Pero no lo hicieron, y eso ya fue un mal augurio.

A pesar de ello intentamos convencerles por todos los medios de que tumbar al Gobierno con el que acababan de sacar adelante unos buenos presupuestos no solo era insólito, también era contraproducente. Como era mi obligación, lo intenté. Y fueron muchas las conversaciones que tuve con Andoni Ortuzar y otros dirigentes —por cierto, ninguno me planteó entonces que tuviera que dimitir para dar paso a otro candidato—. Sin embargo, el PNV decidió sumarse a aquella coalición negativa. Desconozco las razones últimas, aunque sí sé que hubo un intenso debate y criterios enfrentados, pero el resultado fue el conocido. Siempre pensé que en su decisión influyó más la situación política en el País Vasco que el debate sobre la moción de censura. El PNV no quería aparecer como el único socio del Partido Popular frente a la mayoría que significaba en el País Vasco la suma de PSOE, Podemos y Bildu, apoyados en este asunto por todas las organizaciones sindicales, muy críticas con el PNV. El propio Aitor Esteban, que me consta que estaba en contra de la moción, justificó su apoyo a la misma en «una demanda de la sociedad vasca».

No puedo decir que no me decepcionara la actitud del PNV. Yo había trabajado mucho para crear una relación de lealtad y confianza. Es cierto que nunca cedí a las demandas constantes del Lehendakari Urkullu para proceder al acercamiento de presos etarras a las cárceles vascas o traspasar nuevas competencias. En siete años no les traspasé ninguna. Sin embargo, habíamos sabido colaborar en muchos otros aspectos. Nunca he asumido sus planteamientos nacionalistas pero sí contaron con mi respeto. De alguna manera consideraba que ellos podían entender y compartir conmigo un sentido de lo institucional; un concepto de la política como gestión y no solo como agitación y propaganda. Cuando pactábamos algo, las dos partes cumplíamos.

Por eso me costó entender su decisión: no puedes apoyar a un Gobierno una semana y dejarlo caer la semana siguiente. Y más aún, hacerlo para poner en su lugar a otro en el que no crees y no confías. Tal y como yo lo veo, les faltó la personalidad y el coraje necesarios para defender su posición, y prefirieron ceder a la presión del ambiente generado por la izquierda en el País Vasco. Podrán justificarlo como quieran o construir un relato paralelo a la realidad, pero lo cierto es que con esa decisión dejaron de lado valores como el respeto, el compromiso, la capacidad de diálogo y la gestión bien hecha, además de la estabilidad, puesto que el Gobierno que alumbraron con su voto resultó ser mucho más inestable que el anterior, no pudo gobernar y se vio obligado a convocar elecciones.

La mayoría de las formaciones que una semana antes habían aprobado los presupuestos mantuvieron su coherencia en un gesto que les agradezco personalmente. Algunas personas como Ana Oramas fueron contundentes en público y muy afectuosas en privado. Creo que el tiempo les ha dado la razón a todos ellos. El Portavoz del grupo popular, Rafael Hernando, siempre combativo y leal, se ganó el aplauso sincero de todos los compañeros con su intervención.

Suele suceder que cuando se produce un acontecimiento importante —y este sin duda lo era— proliferan opiniones para todos los gustos y se apuntan recetas de todo tipo sobre cómo hay que reaccionar en esos momentos; si bien es verdad que eso habitualmente se produce una vez que el hecho objeto de debate ya ha tenido lugar.

Hay quienes llegaron a afirmar que lo que debiera haber hecho yo para evitar que la moción de censura saliera adelante era disolver las Cortes y anticipar las elecciones. De haber tomado esa decisión, sin duda alguna el Partido Socialista hubiera perdido los comicios. Pero eso no era posible, porque la Constitución española establece con meridiana claridad que el Presidente del Gobierno no puede convocar elecciones cuando está en trámite una moción de censura. Cuestión completamente lógica, por otro lado, dado que un Gobierno con una mayoría suficiente podría dilatar de forma artera la calificación de la iniciativa y su tramitación parlamentaria, para poder disolver de forma anticipada el Parlamento. Por tanto, no convoqué elecciones porque lo prohíbe expresamente la Constitución.

Otros entendían que la solución a la moción de censura era que yo presentara mi dimisión, pero, como he explicado, esa dimisión no salvaba al Gobierno del Partido Popular y además manchaba para siempre el nombre del partido con el marchamo de la corrupción. Tan solo habría servido para colgar sobre mi Gobierno un baldón injusto que ensuciaría para siempre al PP sin que hubiera sido ni juzgado ni condenado por nada.

Eso es así, y lo digo sin entrar en consideraciones sobre la circunstancia de que el PSOE ya contaba con la mayoría suficiente para que su candidato fuera elegido Presidente. Y que ningún otro candidato de otro partido podría lograr esa mayoría, que yo solo conseguí cuando fui investido por segunda vez Presidente del Gobierno gracias a la abstención del PSOE, algo que en esta situación se hacía lisa y llanamente imposible.

Creo que las decisiones que tomé en aquellos días, y también las que no tomé, fueron las adecuadas. Fueron las que entendí que eran mejores para mi partido y para mi país ante un escenario dramático e inédito en el que estimo sinceramente que solo los censurados pensábamos en el bien de España.

Fue un momento traumático para la política española, en el que el interés general quedó absolutamente desplazado por el juego de poder, y lo que ha ocurrido desde entonces no ha venido sino a confirmar que un Gobierno erigido sobre el rechazo no puede construir mayorías favorables. De hecho, en el momento de escribir estas líneas, la vulnerabilidad de quien no comparte nada más que lo que rechaza sigue poniéndose de manifiesto, y ha sido imposible incluso reeditar la mayoría de la moción de censura para conformar un nuevo Gobierno. Y lo peor es que la incapacidad de construir acuerdos ha obligado a convocar de nuevo a los españoles a las urnas por cuarta vez en cuatro años.

Estoy convencido de que no serán pocas las ocasiones en que, en los próximos años, tengamos que volver la vista atrás para pensar cuándo logró concitarse en el Congreso de los Diputados un amplio acuerdo y no únicamente un desacuerdo compartido. Y creo también que, conforme pase el tiempo, se pondrá mucho más el acento, no en las excusas de la moción, sino en lo que ocurrió la semana anterior: la aprobación de los presupuestos que hoy todavía siguen en vigor. Al final, el tiempo pone a cada uno en su lugar, y confío en que con el paso de los años se entiendan cuáles fueron las posturas de cada cual. Para bien y para mal. Yo, por mi parte, tengo muy claro que hice lo que tenía que hacer, y que no había nada más que pudiera hacer.

8

El debate territorial

No fueron disquisiciones sobre la esencia de la nación lo que nos unió y nos une a los españoles, sino la voluntad de compartir la vida e imaginar juntos un futuro mejor. Porque nos sentimos mejor juntos que separados; porque nos entendemos mejor entre nosotros que con cualesquiera otros; porque compartimos todas las peripecias del pasado, la mayor parte de nuestras costumbres y, sí, casi toda nuestra sangre como aquí se ha recordado hoy, y porque además nos conviene: juntos formamos un grupo humano con grandes posibilidades de abrirse paso con éxito en la vida y en el mundo. A todo esto, a lo que nos unió en 1978 y que nos une todavía hoy, a todo esto, vagamente, sentimentalmente, sin ningún afán trascendental, lo llamamos patria, pero si a ustedes no les gusta podemos llamarle futuro, un futuro de paz, de entendimiento, de convivencia y de bienestar para todos al que no tenemos derecho a defraudar.

8 de abril de 2014
(Congreso de los Diputados)

El Estado de las Autonomías: el consenso necesario

Las palabras que encabezan este capítulo vienen a resumir perfectamente lo que pienso sobre España. Es la idea que compartimos los españoles desde hace mucho tiempo y que hoy nuestra Constitución recoge porque así lo quisimos hace más de cuarenta años. Es nuestra nación constitucional, democrática y solidaria. Una nación libre, que no tiene más soberano que el conjunto del pueblo español, una nación que permanece unida al tiempo que reconoce y garantiza el derecho a la autonomía de las nacionalidades y regiones.

El debate sobre el modelo territorial fue sin ningún género de dudas uno de los más importantes al que hubieron de enfrentarse los constituyentes en el año 1978, cuando se aprobó nuestra Carta Magna. Las posiciones estaban muy encontradas. España era por aquel entonces un país fuertemente centralizado. Había quienes defendían ese *statu quo* y quienes se encontraban en las antípodas de esa posición. Igualmente eran muy variadas las opiniones intermedias. Pero lo más importante en aquella época era que había voluntad de acuerdo y de construir entre todos un mejor futuro, con democracia, con libertad, con derechos humanos, integrados en Europa y abiertos al mundo. Y fue precisamente esa vocación de consenso la que permitió, no sin muchos esfuerzos, acordar un modelo territorial que integraba en la unidad de España y la soberanía nacional el derecho a la autonomía de las nacionalidades y regiones, con una fórmula abierta y flexible que sería preciso desarrollar en el futuro y que llevaba en su esencia un elemento fundamental: la necesidad de pactos. El modelo se hizo por acuerdo, el desarrollo también debía completarse con acuerdo o, si se prefiere, con lealtad institucional. Fue sin duda este un compromiso político de una enorme importancia no suficientemente ponderado por todos y desconocido por algunos en la España de hoy. Era un excelente punto de partida para dar acomodo a las distintas sensibilidades y llevar a cabo una saludable descentralización.

A partir de entonces, con ese espíritu de diálogo y consenso, se aprobaron los estatutos de autonomía del País Vasco, Cataluña y Galicia, que eran los únicos territorios que habían refrendado en su día un Estatuto bajo el Gobierno de la República. No es mi pretensión a la hora de escribir estas líneas hacer un repaso de los pasos que se han dado desde entonces. Tan solo pretendo subrayar la importancia de que, en las grandes cuestiones de Estado, el diálogo, el pacto y el respeto a lo acordado primen sobre cualesquiera otras consideraciones, y recordar los perniciosos efectos de la ruptura de estas normas no escritas.

Por consenso se aprobaron poco tiempo después el resto de los estatutos de autonomía, no sin polémicas pero, al igual que los tres más arriba citados, siempre con amplísimas mayorías. Más tarde se reformaron algunos estatutos, y también con apoyos muy mayoritarios. Tuve la fortuna de participar en los Pactos Autonómicos del año 1992 durante la etapa de Gobierno de Felipe González, quien nunca cayó en la tentación de utilizar de forma partidista la cuestión territorial. Intervine intensamente en aquella negociación, que duró prácticamente un año, liderando la delegación del Partido Popular en mi condición de Vicesecretario General del mismo. Compartí con mis compañeros y con el ya fallecido Txiqui Benegas y el resto de la delegación socialista muchas y muy largas jornadas de trabajo discreto, que llevarían a la modificación de diez estatutos de autonomía.

Yo mismo defendí en el Congreso de los Diputados aquellos Pactos Autonómicos, que los parlamentarios refrendaron de forma muy mayoritaria. Entonces manifesté y hoy quiero reiterar lo siguiente: «Creo que no exagero si afirmo que pocos problemas más serios y graves ha tenido España como el que suscita el tema regional, [...] me parece conveniente recordar que en el tratamiento de este tema nunca han faltado, más bien han proliferado [...] los demagogos de uno y otro signo, desde quienes se han dado abiertamente a la irresponsabilidad cantonalista más elemental, hasta aquellos otros que han pretendido hacer su agosto político por el camino fácil, y no menos irresponsable, del alarmismo y de la exaltación del patriotismo por la invocación enfática de la unidad de España y el anatema contra sus supuestos enemigos». También señalé que «por primera vez en la moderna historia de España, las grandes decisiones sobre el tema regional (Constitución de 1978, Estatutos vasco y catalán, después gallego y andaluz, y pactos de 1981), se adoptaron con acuerdos mayoritarios, [...] más o menos acertados [...], pero, desde luego, con mucha mayor racionalidad y menos visceralidad que a lo largo de nuestra historia».

Resulta cuando menos curioso recordar hoy estos pactos, casi treinta años después, cuando a la vista de las últimas tendencias de la política española su reedición parece casi imposible. Pero lo cierto es que el desarrollo del modelo territorial que establece nuestra Constitución se ha construido siempre con acuerdos. He sido y soy un gran defensor de los consensos en los asuntos de Estado, y este lo es. Consensos políticos que estén fundamentados en la lealtad institucional y la legalidad democrática. Consensos que, como subrayé en aquella intervención tan lejana, son hijos de la racionalidad y nos previenen contra la polarización y el extremismo.

La ruptura de las reglas del juego

Esta manera de entender las cosas, actuando desde el respeto a nuestro texto constitucional, trabajando para entendernos y siendo leales los unos con los otros, tuvo una primera fractura importante con el conjunto de acontecimientos que se vinieron a llamar entonces el «Plan Ibarretxe».

Aquel «plan» fue el primigenio envite del secesionismo en la España democrática y vino a ser confrontado de la única manera que era posible entonces, y sigue siendo necesaria ahora, con el entendimiento de los dos principales partidos políticos de España: el Partido Socialista, con el entonces Presidente del Gobierno Rodríguez Zapatero al frente, y el Partido Popular, que yo lideraba en la oposición. En enero de 2005 mantuvimos una reunión en la que acordamos actuar con lealtad recíproca para hacer frente a aquella inconstitucional propuesta vasca. Más allá de los desencuentros propios de la confrontación política, lo cierto es que los dos partidos que hemos tenido la responsabilidad de asentar y afirmar el régimen constitucional estuvimos de acuerdo en que no era posible admitir la liquidación de la soberanía nacional en ningún caso. Convinimos en lo esencial. Y esa postura que entonces defendí es la misma que mantuve luego ante los retos que llegarían en mi etapa de Presidente del Gobierno: que no es posible ninguna negociación acerca de la soberanía española, porque nadie puede disponer sobre lo que únicamente pueden decidir el conjunto de los españoles.

En cualquier caso, es justo reconocer que el Lehendakari Ibarretxe cumplió al menos con los trámites formales de la legalidad. Acudió a las Cortes Generales a defender su propuesta y nunca planteó llevarla a cabo de manera unilateral, sin un acuerdo o un amparo legal. Una diferencia esencial con lo que después nos quedaría por ver respecto al llamado «desafío catalán».

La propuesta se articuló como una reforma del Estatuto de Autonomía que, como tal, debía ser debatida y valorada por las Cortes Generales. Eso es lo que marca nuestra Constitución y eso es lo que ocurrió. En apenas dos meses, el Congreso de los Diputados rechazó de forma contundente la toma en consideración del Plan Ibarretxe: 313 diputados, incluyendo los del PSOE y PP, pero también los de Izquierda Unida, Coalición Canaria y Chunta Aragonesista, dijeron no a la propuesta.

Aquel fue un buen debate parlamentario, con un sólido intercambio de argumentos por parte de los distintos grupos. A mí, como líder de la oposición, me correspondió abrir el turno de palabra después del Presidente del Gobierno y ya señalé entonces dos principios básicos de la democracia que, lamentablemente, me he visto obligado a repetir en infinidad de ocasiones desde entonces: el imperio de la ley y la defensa de la soberanía nacional: «Es muy importante que se respete la ley y que nadie la tome a beneficio de inventario. Cuando algo no nos gusta, el camino legítimo para cambiar las leyes no consiste en suplantar a la soberanía nacional, sino en persuadirla para que las modifique, todo lo contrario de lo que hace y preconiza el señor Ibarretxe. Solo quienes sean capaces de convencer a los españoles, o a quienes les representamos en esta Cámara, para que se hagan las cosas de otra manera pueden lograr una ley que coincida con sus pretensiones. Señoras y señores, esto que acabo de decir es el abecé de todas las democracias contemporáneas, incluida la española, y tiene gracia que en el año de 2005 tenga yo que decir esta obviedad aquí».

Lo que no tiene ninguna gracia es que haya tenido que seguir repitiendo esa misma obviedad desde 2005, de forma sistemática, ante los también sistemáticos intentos del nacionalismo de desbordar el marco constitucional. Tuve que decirlo y tuve que obrar en consecuencia cuando las cosas fueron a mayores. En cualquier caso he de confesar que he sentido cierta melancolía al releer aquel debate parlamentario, por su altura, por su capacidad pedagógica y también por sus sólidos fundamentos democráticos.

Sin entrar en otras consideraciones más profundas sobre la ideología nacionalista, sí quiero señalar que en aquel debate del Plan Ibarretxe ya aparecieron algunos elementos que iban a enmarcar gran parte el debate territorial que se ha desarrollado en España desde entonces. Me refiero, por ejemplo, a esa obstinada falacia llamada «derecho a decidir» con la que se pretende romper de tapadillo la soberanía nacional.

El «derecho a decidir» es la forma edulcorada y angelical que los nacionalistas han encontrado para ocultar su auténtica voluntad: lograr el derecho a la autodeterminación, que no admite ningún Estado democrático porque supone menoscabar el fundamento mismo de la nación, que es la soberanía nacional. Ningún Presidente podrá permitir nunca una consulta de ese tipo ya que sería tanto como abolir el artículo 1 de la Constitución, donde se establece que la soberanía reside en el pueblo español. Ni Gobierno, ni Parlamento, ni Comunidad Autónoma, ni poder alguno pueden limitar o suplantar al titular de la soberanía, que es el pueblo español. Por eso tales demandas están condenadas de antemano al fracaso y, a pesar de ello, insisten e insisten en la misma falacia.

Otro elemento igualmente falsario y propio de los nacionalistas y todos los populismos del mundo es el de enfrentar una supuesta legitimidad popular contra la ley. Todos podemos recordar uno de sus más famosos mantras: «No se puede oponer la ley a la democracia». La ley —en este caso la ley española— se presenta como un impedimento para que se haga la voluntad del pueblo. La ley se convierte así como una especie de corsé que constriñe las legítimas ansias populares de mayor autogobierno. De ahí a legitimar la desobediencia o el delito dista solo un pequeño paso. Que este tipo de conductas surjan entre grupos anarquistas o antisistema pudiera ser entendible, que no admisible; sin embargo, que lo hagan gobiernos democráticos resulta sencillamente delirante. ¿Cómo se puede entender que un gobernante denigre la ley democrática? ¿Cómo es posible semejante desafuero? A mi juicio, esto sucede por una sencilla razón, porque el gobernante nacionalista trabaja por y para un sujeto colectivo que es su pueblo. En esa tarea de construcción nacional, la ley democrática, la ley que nació para proteger los derechos individuales, suele estorbar. Los preceptos constitucionales, los derechos de las personas y hasta el imperio de la ley se convierten en un fastidio para el nacionalismo radical.

A estas reflexiones añadiría una más, si se quiere, de carácter más liviano, pero también recurrente, al menos en mi experiencia. Me refiero al uso fraudulento de la palabra «diálogo» y a un concepto muy peculiar del mismo. El diálogo con los nacionalistas se ha producido a lo largo de toda nuestra historia democrática, los nacionalistas han apoyado en distintos momentos la gobernabilidad de España sin mayores problemas: planteaban sus exigencias y por regla general se podían encontrar puntos de acuerdo. Así se gobernó España durante muchos años. Sin embargo, a partir de cierto momento, el diálogo pasó a significar sencillamente que el Gobierno de España debía aceptar exigencias imposibles de cumplir, como el famoso referéndum. En la versión más educada de este planteamiento se renuncia a imponer un trágala a cambio de exigir una solución. En consecuencia, ya no son ellos los culpables de haber creado un problema, sino que tú te conviertes curiosamente en el responsable por no acceder a su particular concepto del diálogo o por no haber podido encontrar una solución a sus reclamaciones. Es el también famoso mantra «¿Y usted qué ofrece?», o el no menos recurrente «Algo tendremos que darles». Para que no rompan la ley, para que se sientan cómodos en España, para superar esta situación; en definitiva, para que se apacigüen.

Puedo entender esta postura que comparten muchas personas no nacionalistas. A la gente no le gusta el conflicto y es comprensible que pidan acuerdos y cesiones. Yo mismo soy un partidario fervoroso de los pactos y del entendimiento. Pero es difícil entenderse con quien exige lo que no se puede dar y negociar con quien no es leal. Y esta es la parte fundamental de esta cuestión, porque resulta evidente que en los últimos años una parte del nacionalismo ha dejado de ser leal con la Constitución y, por tanto, con España. A mi modo de verlo, el debate territorial empezó a convertirse en un problema serio cuando los nacionalistas decidieron olvidar el principio de lealtad constitucional y desbordar claramente esa Constitución que había permitido el mayor nivel de autogobierno para las Comunidades Autónomas, no solo en la historia de España, sino en la mayoría de los países democráticos. Un Estado complejo como es el español, descentralizado, en el que las Comunidades Autónomas gestionan prácticamente el mismo gasto público que la suma de la Administración central del Estado y las corporaciones locales, solo puede funcionar satisfactoriamente bajo el principio de la lealtad, una virtud que va más allá del consenso. La lealtad institucional supone que ninguna administración puede utilizar el poder que le ha sido delegado por la Constitución para atacar esa misma Constitución; lealtad es respetar los fundamentos del sistema y sus reglas de juego aunque se discrepe de las mismas. Las Comunidades Autónomas pueden reclamar, pleitear, litigar o reformar sus estatutos. Acuden al Tribunal Constitucional cuando consideran que sus competencias son atacadas y en muchas ocasiones han obtenido sentencias favorables. Tienen unas competencias vastísimas, pero no deberían usarlas precisamente contra el modelo político que se las garantiza. Esa es la lealtad constitucional que algunos han liquidado. Un hecho que es imposible ignorar.

Cuando todo esto sucede, la mejor manera de hacerle frente es la acción coordinada y compartida entre los grandes partidos nacionales. Así ocurrió cuando llegó el Plan Ibarretxe. Lo peor es romper ese consenso y utilizar la cuestión territorial como elemento de diferenciación política entre los partidos nacionales. Así ocurrió con el Estatuto de Cataluña.

Si el Plan Ibarretxe fue presentado formalmente por el Lehendakari en el año 2003, también corrían esas fechas cuando el entonces candidato a la Presidencia del Gobierno por parte del Partido Socialista, José Luis Rodríguez Zapatero, anunciaba aquella malhadada promesa: «Apoyaré la reforma del Estatuto de Cataluña que apruebe el Parlamento de Cataluña». No quiero dejar de mencionar, ya que conviene ser justos, que el autor de la cita ha matizado su contenido al señalar que lo que quiso decir entonces es que apoyaría la propuesta de la Cámara catalana siempre que encajara dentro de los márgenes de la Constitución.

La reforma del Estatuto de Autonomía de Cataluña formaba parte de los compromisos alcanzados en el Pacto del Tinell que hizo Presidente de la Generalitat al socialista Pasqual Maragall. La tarea comenzó casi de inmediato, y los problemas surgieron casi con la misma celeridad. El texto hubo de pulirse o, mejor dicho, afilarse para acomodarse a los empeños y exigencias del nacionalismo catalán, comenzando por el propio Artur Mas, quien lejos aún de las demandas secesionistas que enarbolaría una década después, ya exigía por aquel entonces cesiones claramente contrarias a la Constitución, comenzando por reconocer a Cataluña como una nación y atribuir a la Generalitat una serie de competencias impropias y además blindadas ante cualquier posible intromisión del Gobierno de España. El propio Consejo Consultivo de Cataluña ya detectó en aquel primer borrador diecinueve preceptos inconstitucionales y dudaba de la constitucionalidad de otros treinta y nueve. No puede decirse por tanto que el Gobierno de España no estuviera advertido del tipo de texto que se estaba cociendo en las instituciones catalanas, sobre todo porque el propio Zapatero participó en negociaciones y encuentros con Pasqual Maragall y Artur Mas. Esta implicación fue necesaria para lograr el apoyo de última hora del partido de Mas a la propuesta de reforma, que superó el trámite en el Parlamento autonómico el 30 de septiembre de 2005, con el único voto en contra del Partido Popular.

Lo que yo dije entonces fue que una reforma del Estatuto con este planteamiento únicamente podría ser refrendada por el conjunto de los españoles al afectar de forma clara y directa al acuerdo constitucional que todos hemos adoptado. En aquel momento, los socialistas tuvieron que admitir que habría que retocar el texto aprobado por el Parlamento de Cataluña, reconociendo que lo que habíamos afirmado nosotros se ajustaba a la verdad de los hechos. No hubo mucho debate en el Congreso, porque la principal negociación fue la que tuvo lugar en La Moncloa entre el Presidente del Gobierno y Artur Mas, que se tradujo en un acuerdo que sirvió para que ambas fuerzas políticas aprobaran luego el Estatuto en las

Cortes Generales. El resultado fue calificado en aquel momento por Alfonso Guerra como «el cepillado de un carpintero». En mi opinión, no debía de ser mucha la competencia del carpintero cuando el Tribunal Constitucional declaró inconstitucionales varios preceptos del texto. En aquel cepillado muchos se dejaron demasiados pelos en la gatera.

A diferencia de lo que sucedió con el proyecto de Estatuto presentado por Ibarretxe, en este caso me tocó defender prácticamente en solitario en el pleno del Congreso de los Diputados la posición contraria del Grupo Popular. Era un proyecto claramente inconstitucional, quizá porque deliberadamente se prescindió del concurso de nuestro partido. El Pacto del Tinell tuvo entre uno de sus principales objetivos aislar al PP y, en consecuencia, terminaba con la política de consenso en los asuntos de Estado. Luego se demostraría lo negativo de esta manera de actuar y sus graves consecuencias.

Poco tiempo después, el texto del Estatuto fue sometido a referéndum, en el que participaron el 49 % de los ciudadanos de Cataluña; más de una cuarta parte no lo respaldaron. El resultado era muy pobre si lo comparábamos con votaciones similares, pero lo realmente grave es que el texto que se presentó a los catalanes no era un Estatuto conforme a nuestra Constitución, y por eso decidí plantear un recurso ante el Tribunal Constitucional. Conviene recordar que no fui el único en presentar recurso, también lo hicieron el Defensor del Pueblo y cinco gobiernos autonómicos, incluido alguno liderado por el Partido Socialista. Como todo el mundo sabe, a pesar de las presiones a algunos magistrados, el Alto Tribunal acabó declarando inconstitucionales catorce artículos, entre ellos los relativos a la lengua, a la existencia de un poder judicial autónomo o a la ampliación de las competencias fiscales. La sentencia dejaba muy claro, además, que el «pueblo de Cataluña» no es un sujeto jurídico titular de la soberanía nacional, que corresponde al conjunto del pueblo español. Una vez más, la tozuda realidad.

La sentencia llegó cuatro años después de su votación en referéndum, en 2010. No se puede ignorar la evidente decepción de muchos catalanes al comprobar que una parte del Estatuto que les habían presentado a sufragio no debía haber entrado en vigor nunca; pero lo cierto es que todo habría sido bastante diferente si la votación no se hubiera producido sobre un texto inconstitucional o, lo que es lo mismo, si se hubiera convocado a los catalanes al preceptivo referéndum después de haber conocido el criterio del Tribunal Constitucional. Eso hubiera sido así de haber estado vigente la posibilidad de interponer un recurso previo de inconstitucionalidad, es decir, consultar al Alto Tribunal la viabilidad jurídica de una norma antes de someterla al aval de los ciudadanos en las urnas. Esta herramienta dejó de estar disponible en 1985 por iniciativa del Partido Socialista, aunque, como creo que he señalado ya en un par de ocasiones, la experiencia es la mejor de las enseñanzas, y no olvidé incluir entre mis empeños como Presidente del Gobierno la recuperación de este resorte de nuestro ordenamiento jurídico. Lo hicimos en cuanto fue posible, en el año 2015. Y lo hicimos, además, como es debido, de acuerdo con el Partido Socialista.

La sentencia motivaría un amplio rechazo por parte del Gobierno catalán, entonces liderado por el también socialista

José Montilla, que había reeditado el tripartito catalán de Maragall, esta vez bajo el nombre de la *Entesa*. Pero ese rechazo frontal se dirigía contra el guardián de la Constitución y no contra los que la habían contravenido. Se convocó incluso una manifestación en contra del Alto Tribunal, una anomalía democrática sin precedentes, con los líderes del Ejecutivo Autonómico en la cabecera —muchos de ellos del Partido Socialista «de toda la vida»—, clamando en contra del respeto a la Constitución, el cumplimiento de la ley y el acatamiento de las sentencias de los tribunales. Años después, viendo el comportamiento de los dirigentes independentistas, no he podido evitar retrotraerme a aquella primera vez en que se cuestionó de forma tan agresiva una sentencia constitucional. Pensé entonces que ese tipo de actitudes son muy peligrosas, porque acaban dejando un poso de deslegitimación de las instituciones y transmiten un pésimo mensaje sobre los fundamentos del Estado de derecho. También me reafirmé, una vez más, en que en los temas de Estado los grandes partidos nacionales deben entenderse, como había sido la tónica general desde la aprobación de nuestro texto constitucional.

DEL NACIONALISMO AL INDEPENDENTISMO

En este escenario de despropósitos y desencuentros a finales de 2010 tuvieron lugar las novenas elecciones autonómicas en Cataluña. En aquella ocasión el Partido Popular, liderado con inteligencia y dedicación por Alicia Sánchez Camacho, registró su mejor resultado hasta entonces en la Comunidad

Autónoma con 18 escaños, una marca que solo sería superada por ella misma en las siguientes elecciones. Mientras, el PSC obtenía su registro más bajo hasta ese momento, y lo seguiría empeorando en comicios posteriores. Sin duda nuestra defensa de la Constitución española influyó en la decisión de muchos electores que no comulgaban ni con los postulados de los nacionalistas ni con la ambigüedad del PSC. Aquellas elecciones las ganó CiU, mejorando sus resultados anteriores frente al desplome de ERC, que perdió más de la mitad de sus escaños. La opción de CiU, entonces menos radical que el actual PDeCAT, era la preferida entre los votantes más propensos al nacionalismo.

Pocos días después Artur Mas fue elegido Presidente de la Generalitat en segunda vuelta con los únicos apoyos de CiU y la necesaria abstención del PSC. Pero su Gobierno estaba lejos de disponer de una estabilidad parlamentaria que le permitiera gobernar. El Partido Popular votó «no» a la investidura de Artur Mas. Su discurso en el Parlament supuso un anticipo bastante ilustrativo de la deriva por la que CiU comenzaba a transitar. Las apelaciones a la reforma de la Ley de Consultas que había aprobado en su día el tripartito, el pacto fiscal como modelo único y exclusivo para Cataluña, en detrimento de los demás, o el anuncio del inicio de una transición nacional articulada en torno al derecho a decidir no auguraban ciertamente buenos tiempos para Cataluña ni para el conjunto de España.

A pesar de nuestras profundas discrepancias, el PP permitió con su abstención la aprobación de los presupuestos de la Generalitat en el año 2011. El debate de los mismos había motivado un violento hostigamiento al Parlamento de Cataluña por distintos grupos antisistema y otras agrupaciones hasta el punto de que muchos diputados se vieron imposibilitados de acceder al recinto y el Presidente de la Generalitat tuvo que hacerlo en helicóptero.

Al igual que sucedió en aquel año 2011, en 2012 volvimos a respaldar los presupuestos. Entonces ya habíamos ganado las elecciones, estábamos en el Gobierno de la Nación y disponíamos de una amplia mayoría. No necesitábamos apoyos de otros grupos, pero era preciso llevar a cabo una política de ajuste, particularmente en Cataluña, que acumulaba casi la tercera parte de la deuda de todas las Comunidades Autónomas. Creo que hicimos lo que debíamos hacer. La precariedad de la situación económica en aquel año así lo demandaba. Sin duda, controlar las cuentas públicas era una de las grandes prioridades de entonces, como he señalado en un capítulo anterior de este libro.

En ese escenario, me reuní por primera vez en el Palacio de la Moncloa con Artur Mas. Fue en el marco de una rueda de contactos que celebré con los líderes de las autonomías poco tiempo después de acceder a la Presidencia. Hablamos entonces de la situación de la economía española, en particular de la de Cataluña. Estuvimos de acuerdo en que era imprescindible reducir el déficit público, así como adoptar otras medidas si queríamos afrontar con éxito la crisis. Controlar el déficit en España y en Cataluña era la preocupación prioritaria que compartíamos y, de hecho, Artur Mas situaba como referencia las políticas de austeridad del Ejecutivo catalán, que a su juicio debía aplicar también el Gobierno de la Nación. El dirigente catalán no dudó en mostrar además su respaldo y su comprensión a las políticas económicas que estaba poniendo en marcha el Gobierno de España, coincidiendo incluso en la importancia de la reforma laboral, que luego acabaría apoyando su partido, en contra de la tan extendida idea de que fue aprobada por el Partido Popular en solitario. A fin de cuentas, nuestra situación era muy similar a lo que le había ocurrido a él cuando llegó a la Generalitat después de la etapa del Gobierno tripartito. En aquel primer encuentro Mas me garantizó que desde Cataluña querían ayudar en la gestión de la crisis, aunque pudiésemos discrepar en los asuntos relativos a la autonomía.

Es curioso que lo que en mayor medida trascendió de aquella reunión no fueran tanto las preocupaciones que ambos líderes compartíamos como el saludo que intercambiamos. Pero creo que es fácil comprender que, en febrero de 2012, cuando un dirigente político me preguntaba qué tal estaba, yo contestase con cortesía y sinceridad: «Ya ves, vivo en el lío». No dejaba de ser un resumen tan escueto como fiel de lo que fueron aquellas primeras semanas en el Gobierno y, peor aún, un todavía inadvertido anticipo de lo que estaba por venir. Tuvo mucha repercusión pública y mediática entonces aquel ejercicio de realismo, al que el Presidente de la Generalitat contestó con un «Yo también, yo también». La casualidad quiso que las cámaras de televisión captasen una de las escasas ocasiones en las que estuvimos de acuerdo.

Las reuniones posteriores serían muy distintas. Artur Mas transitó muy pronto de los objetivos compartidos a las reclamaciones imposibles, encabezadas por el denominado «pacto fiscal». Lo que planteaba esta iniciativa implicaba que la Comunidad Autónoma de Cataluña tendría capacidad plena para fijar y diseñar los impuestos en el conjunto de su territorio y también para gestionarlos y recaudarlos con una agencia tributaria propia. Esto es, dispondría de soberanía fiscal. Eso sí, manifestaba su disposición a contribuir a la solidaridad con los demás mediante una aportación que se determinaría más adelante. Evidentemente, aquello no era posible. Además de que la situación de la economía española lo hacía inviable, era y es una propuesta inconstitucional y políticamente inasumible. El pacto fiscal es la consecuencia inevitable de una visión hemipléjica sobre la interdependencia económica y comercial de Cataluña con el resto de España que se resume en el manido «España nos roba».

Mas decidió convertir la reivindicación del pacto fiscal en su único discurso; más aún, en el discurso único del nacionalismo. Tengo para mí que en ese momento, más que la tradicional reivindicación de nuevas competencias —eterno *leitmotiv* de los partidos nacionalistas—, pesó la situación que su Gobierno y él mismo estaban viviendo. La durísima crisis económica, la mayor en décadas, provocó un brutal aumento del paro y una pérdida de bienestar como no se recordaba. Así las cosas, se hacía inevitable poner en marcha políticas de ajuste que evidentemente a casi nadie gustaban, y los gobiernos sufrimos muchísima presión. Yo la viví personalmente, mis ministros y colaboradores también. Lo mismo le sucedió a Artur Mas, que tuvo que soportar algunos episodios de acoso ciertamente condenables a los que no estaba acostumbrado, a diferencia de los militantes del Partido Popular de Cataluña, que ya venían sufriéndolos de antiguo. En esa situación algunos gobiernos aguantamos y otros, como sucedió en Cataluña, decidieron cambiar el tercio, no asumir que cuando se gobierna a veces hay que adoptar decisiones ingratas, y buscar culpables a quienes atribuir sus problemas. En este caso, el culpable era «ese concepto jurídico indeterminado llamado Madrid» que siempre ha sido muy socorrido. El razonamiento era muy fácil, de cajón: Madrid es el culpable de los recortes porque Madrid se queda con nuestro dinero. Por tanto, es preciso que nos lo devuelvan, y eso se consigue con el pacto fiscal, que se convirtió desde entonces en una exigencia no solo irrenunciable, también inmediata.

Artur Mas aprovechó la festividad de la Diada de ese año 2012, el tradicional 11 de septiembre, para convertir esa cita en una demanda colectiva en favor del pacto fiscal, esto es, de «la soberanía fiscal» para Cataluña. Otros dirigentes nacionalistas ya verbalizaban en aquel momento que el pacto fiscal era el primer estadio de una soberanía plena para la Comunidad catalana. Particularmente significativas en este sentido fueron las palabras que pronunció en aquella época el líder de ERC, Oriol Junqueras: «El nuevo modelo de financiación solo tiene sentido si es el primer paso hacia la independencia; si no es así, que no nos busquen».

En ese contexto tuvo lugar mi segunda reunión oficial con Mas en el Palacio de la Moncloa, que poco tuvo que ver con la primera. Antes, el 30 de abril, habíamos mantenido un almuerzo, que él había solicitado que fuera discreto. Yo siempre lo he sido cuando se trataba de mantener conversaciones políticas y nadie podrá decir que yo haya filtrado jamás un encuentro. Más bien me ha sucedido lo contrario, encontrarme con que el interlocutor pedía discreción y luego era él mismo quien lo acababa contando públicamente. En cualquier caso, Mas me pidió más discreción de la habitual y así se hizo. Nos reunimos fuera de la residencia oficial, en mi domicilio personal, en Aravaca. Allí almorzamos y mantuvimos una larguísima sobremesa que duró varias horas. Hablamos fundamentalmente de la crisis económica con todos los frentes que recordé al inicio de este libro y de las medidas que ambos gobiernos estábamos llevando a cabo. Pero para entonces Artur Mas había hecho suyo el discurso único del pacto fiscal.

Lo mismo hizo el 20 de septiembre de ese mismo año 2012 en nuestro segundo encuentro en La Moncloa, pero entonces ya me planteó formalmente la necesidad y la urgencia de la aprobación y puesta en marcha de aquel pacto. Le reiteré mi oposición una vez más: su pretensión rompía el espíritu de nuestro texto constitucional, afectaba al principio de igualdad entre españoles y era profundamente injusta para el resto de las Comunidades Autónomas que conforman nuestro país. Le recordé, además, que en la situación en la que todos estábamos viviendo debíamos concentrar nuestros esfuerzos en la recuperación de la economía y la creación de empleo y, también, en evitar la quiebra de algunas autonomías, como la catalana, que se encontraba realmente en una situación límite. Aquel día, ya como Presidente del Gobierno, puse en práctica mi tesis sobre la necesidad del consenso en los asuntos de Estado. En cuanto Artur Mas salió de La Moncloa llamé al líder de la oposición, Pérez Rubalcaba, que tampoco compartía la posición de Mas sobre el pacto fiscal.

Recuerdo de aquella conversación con el Presidente de la Generalitat dos circunstancias que llamaron poderosamente mi atención. La primera, su exigencia de que fuera yo quien presentara el pacto fiscal en el Parlamento y no él, que se supone era el convencido de sus bondades. No solo era yo quien debía presentarlo, también debía garantizar el apoyo del Grupo Popular al mismo. Naturalmente, me negué a ambas peticiones y le expliqué además que había ciertas cosas que yo no le podía pedir a mi grupo político. «Igual les puedo decir que un día vengan todos vestidos de verde. Pensarán que me he vuelto loco, pero a lo mejor lo hacen. Lo que jamás van a hacer es votar esa propuesta. Ni aunque yo se lo pidiera.»

En consecuencia, le insté a que lo hiciera él. Pero no quiso, salvo que yo le apoyara. Algo similar a lo que más tarde haría su sucesor, Carles Puigdemont, que también demostraría su alergia a defender sus propuestas en la Cámara que debía aprobarlas; y algo distinto, como recordaba antes, a lo que en su día hizo Ibarretxe, quien tuvo la gallardía de acudir al Congreso de los Diputados a defender su posición.

La segunda circunstancia que marcó aquel encuentro fue que Mas, cerca ya del final de la reunión, me dijo literalmente que si yo no aceptaba el pacto fiscal tendría que atenerme a las consecuencias porque él se consideraba «libre para actuar», sin más. Luego, ante los medios de comunicación dijo que, dada la inviabilidad de su propósito, plantearía un nuevo proyecto para Cataluña porque «no tiene sentido obcecarse en un camino que está cerrado».

El nuevo proyecto consistió en otra convocatoria de elecciones autonómicas, que anunció en el Parlament y en un nuevo discurso. Mas pidió una mayoría absoluta para ejercer un liderazgo fuerte en defensa del derecho a decidir, y anunció que era el momento de que el pueblo de Cataluña ejerciese el derecho a la autodeterminación. Ese era su gran proyecto. Eso sí, mientras Artur Mas nos explicaba a todos las bondades de su plan, la agencia de *rating* Standard & Poor's acababa de situar la deuda catalana al nivel del bono basura y la Generalitat se había visto obligada a acogerse al Fondo de Liquidez Autonómica que habíamos creado para rescatar a aquellas administraciones en situación límite —ese era el caso de la Generalitat— de tal suerte que pudieran atender sus vencimientos de deuda y evitar la quiebra formal.

Lejos de conseguir la mayoría absoluta que buscaba, Mas se dejó 12 escaños en las urnas y tuvo que pactar con ERC para ser investido de nuevo. En ese momento emprendió una política claramente soberanista: la reclamación del pacto fiscal pasó a mejor vida y el eje de toda su gestión fue la celebración de una consulta de autodeterminación. A partir de entonces, este empeño vino a ser prácticamente el único en la política catalana.

El año 2013 se inició ya con una resolución apoyada por los partidos independentistas, que declaraba «que el pueblo de Cataluña tiene por razones de legitimidad democrática carácter de sujeto político y jurídico soberano» y reclamaba la celebración de una consulta sobre su futuro político. Recurrí esta declaración al Tribunal Constitucional, que la declaró contraria a la Constitución española un año después, con un argumento que, de haber sido atendido y acatado entonces, hubiera evitado todos los dislates posteriores: no se puede otorgar el carácter de sujeto soberano a una parte del pueblo español y por ello no cabe que una autonomía convoque un referéndum de autodeterminación. Una y otra vez la realidad y la legalidad salían al encuentro del secesionismo.

Lamentablemente, sucedió que la evidencia no detuvo a la inconsciencia, y el independentismo siguió buscando cualquier ocasión para reclamar el supuesto derecho a decidir. Los meses que siguieron fueron de anticipos, anuncios y debates sobre cómo iba a ser la consulta. Se crearon comisiones de estudio y consejos asesores, se organizó una cadena humana con el lema «Vía catalana hacia la independencia» y el propósito de hacer una consulta en el año 2014. En el mes de noviembre se presentó el proyecto de presupuestos catalanes, que desatendía las prioridades de entonces para superar la crisis, particularmente la lucha contra el déficit, e incluía una partida presupuestaria para organizar una consulta.

En paralelo a estos acontecimientos yo seguía intentando hacer entrar en razón a Artur Mas. El Presidente de la Generalitat pedía diálogo y discreción. Le ofrecí y le di ambas cosas. Volvimos a reunirnos en dos ocasiones más el mismo año 2013, el 21 de marzo, de nuevo en mi domicilio, y el 29 de agosto, en La Moncloa. El diálogo que pretendía Artur Mas consistía únicamente en urgirme a definir una fórmula para celebrar la consulta de autodeterminación. Le expliqué hasta la saciedad que su pretensión no tenía cabida en nuestra Constitución y que España sería lo que decidiéramos entre todos y no solo una parte de los españoles. Me esforcé, pero siempre tuve la sensación de que no le importaba nada lo que yo pudiera decirle. Él mismo resumió con meridiana claridad las posturas de ambos cuando afirmó que estábamos en «las antípodas» en lo que a la pretendida consulta se refería.

De todos modos ambos acordamos nombrar a dos personas de nuestra confianza, ajenas a las labores de gobierno, para ver si podían avanzar en un acuerdo por muy difícil que pudiera parecer. Él designó a Joan Rigol y yo se lo pedí a Pedro Arriola. Como siempre que he tenido que abordar cuestiones de Estado, quise que asistiera a esos encuentros alguien de la confianza del líder socialista. Se lo planteé a Alfredo Pérez Rubalcaba, que aprobó la idea y designó a José Enrique Serrano, otro político de gran experiencia, no en vano fue Director de Gabinete de dos presidentes de Gobierno, Felipe González y José Luis Rodríguez Zapatero. Los tres se reunieron con asiduidad y absoluta discreción durante varias semanas tratando de buscar fórmulas que permitieran reconducir nuestras profundas diferencias. Pero no se trataba de un problema personal. Lo que no tenía solución era el encaje de las demandas del Gobierno catalán en la Constitución.

Por suerte, Artur Mas tampoco contaba con la disposición de Rubalcaba, con el cual yo mantenía entonces un contacto muy fluido, que se traducía en un entendimiento en lo fundamental.

Es cierto que discrepábamos en algunas propuestas. El PSOE siempre me ha acusado de inmovilismo en este asunto. Los socialistas creen que pueden aquietar al secesionismo con la promesa de una reforma constitucional que dé «encaje» a sus demandas y un carácter federal al Estado. Pero cuando uno pide más detalles, no encuentra respuesta. Cuando pregunta por las consecuencias, se encuentra algo parecido al cuento de la lechera. Todo se solucionará por arte de magia, porque somos dialogantes y porque somos socialistas. Pero las historias con final feliz solo están garantizadas en las películas. En la vida real y en la política hemos conocido demasiados casos de finales desastrosos a procesos que se iniciaron con ideas aparentemente brillantes. No niego que existan las genialidades, lo que mantengo es que las genialidades políticas necesitan ser valoradas con todo detenimiento porque tienen consecuencias y, a veces, muy graves.

Nunca me he negado en rotundo a una reforma constitucional, de hecho he apoyado dos, pero he rechazado de plano cualquier posibilidad de iniciar el proceso sin tener perfectamente diseñado su desarrollo y su final. No se puede decir: vamos a abrir el debate sobre una reforma constitucional y a ver qué nos sale. A mi juicio, es imprescindible saber qué se quiere hacer, cómo se va a hacer y contar ya con un amplio consenso para llevarlo a cabo. Asumo que este es un planteamiento conservador, pero yo soy un conservador en el mejor sentido de la palabra: no me niego a los cambios, pero sí a los saltos en el vacío.

A estas consideraciones generales sobre la necesaria prudencia a la hora de plantear la reforma de la Constitución, debemos añadir alguna seria objeción de fondo si nos referimos a lo que atañe a la cuestión territorial, un asunto que provoca profundas divisiones entre la sociedad española. En junio de este mismo año 2019, el CIS señaló que la mayoría de los españoles, el 43 %, son partidarios del actual modelo

autonómico; el 29 % optarían por reducir o suprimir la autonomía, y solo el 12 % abogarían por aumentar su autogobierno. Dicho de otra manera; los españoles no ven la necesidad
de la reforma y aquello que pudiera satisfacer a los independentistas no sería aceptado por el resto de la sociedad. Por
otra parte, cualquier nueva cesión que se pudiera hacer al
nacionalismo también parece insuficiente para satisfacer sus
demandas. Con ese clima de opinión, abrir ese debate sigue
pareciéndome algo incierto y arriesgado.

Pienso que acerté al no atender aquellas sugerencias, no
dudo que bienintencionadas, pero de consecuencias impre-
decibles. Y cuando veo lo que ocurrió en el Reino Unido a
raíz del referéndum del Brexit, me reafirmo: toda prudencia
es poca cuando se trata de abrir procesos de semejante repercusión constitucional y política; antes de ser planteados deben tener previsto y asegurado el desenlace final. Hoy España
sigue disfrutando de una arquitectura institucional estable,
eso que, al parecer, no valoran quienes me reprochan mi inmovilismo.

En el año 2014 se debatió en el Congreso de los Diputados una iniciativa aprobada en el Parlamento de Cataluña con
el objetivo de que se delegase en la Generalitat la competencia para autorizar y convocar referéndums consultivos, a la
que yo di réplica como también hizo el Secretario General del
PSOE. No estuvo presente aquel día Artur Mas, quien no
tuvo a bien dirigirse a quienes tenían que votar su iniciativa,
pero sí hizo una declaración en contra de la opinión de la
mayoría del Parlamento nacional desde el Palau de la Generalitat. De aquel debate, si tal nombre pudo merecer, solo

queda en mi recuerdo la pobreza argumental y parlamentaria de quienes defendían la iniciativa patrocinada por el Presidente de la Generalitat y el rechazo de su pretensión por una amplísima mayoría del Congreso. Recuerdo también una anécdota que me irritó extraordinariamente. Cuando Marta Rovira bajaba las escaleras del hemiciclo para dirigirse a la tribuna de oradores pasó a mi lado y me tendió la mano. Yo en ese momento estaba de espaldas a ella, conversando con la Vicepresidenta, pero en cuanto fui consciente de la situación, me giré, me levanté del escaño y le devolví el saludo. Al día siguiente la foto en un importante periódico de Cataluña no era la de ese saludo sino el momento previo en el que estaba de espaldas a ella. El mensaje que se trasladaba era clarísimo y falaz: había quedado retratado ante media Cataluña como un maleducado que no atendía a la mano tendida por la representante de ERC, cuando lo que había ocurrido era justamente lo contrario. Si traigo la anécdota a colación es porque creo que este tipo de detalles y otros muchos que no viene al caso recordar, también explican la situación en la que se encuentra hoy esa comunidad autónoma.

Después de aquel debate, volví a mantener una nueva reunión con Artur Mas el día 30 de julio de 2014. Una más. Para mí lo que estaba en juego lo merecía. Le reiteré que era muy peligrosa la inestabilidad política en un momento en que las reformas económicas que habíamos puesto en marcha empezaban a producir efectos positivos. En 2014 ya había en España, después de mucho tiempo, crecimiento económico y además comenzábamos a crear empleo; por su parte, el Fondo de Liquidez Autonómica permitía a la Generalitat atender sus obligaciones financieras y evitar la quiebra, y pagar a sus proveedores. En aquel momento la financiación por parte del Gobierno de España a las administraciones de Cataluña superaba ya los 38.000 millones de euros, más de un tercio de la facilitada al conjunto de las administraciones de toda España. Esas eran entonces mis prioridades y creo que las de muchísimos españoles.

Sin embargo, las prioridades de Artur Mas en aquel momento poco tenían que ver con las mías y con las de mucha gente en Cataluña. Me hizo entrega de un documento con veintitrés demandas centradas como siempre en la reivindicación de más dinero, más competencias y más infraestructuras. Me comprometí a estudiarlo y atender sus peticiones siempre que estas fueran justas, como acostumbraba a hacer con los demás presidentes. Y así lo hice. Pero lo que de verdad traía Artur Mas a La Moncloa era el referéndum. Todos mis argumentos contra esa demanda: que iba contra la Constitución, que yo no tenía la competencia para hacerlo, y que ni quisiera la tenía el Parlamento Nacional, fueron desdeñados. Artur Mas era plenamente consciente de lo inasumible de su petición, pero le daba igual. Me pidió que le ofreciera una alternativa, una propuesta, un «proyecto ilusionante», que así lo llamaba, un mantra que no dejaba de repetir, sabiendo que la única alternativa a esa petición, radicalmente contraria a la Constitución española y a los derechos de los demás españoles, era aplicar la legalidad, y así se lo hice saber. Era lo de siempre: te amenazo, y para que deje de amenazarte me tienes que dar algo, llámese pacto fiscal o proyecto ilusionante. Lo peor es que algunos que no son precisamente nacionalistas se lo creen.

Poco tiempo después de aquella reunión el Parlamento de Cataluña aprobó una Ley de Consultas para amparar la que pretendían llevar a cabo y Artur Mas la convocó para el día 9 de noviembre, siendo absolutamente consciente de que estaba vulnerando la ley. Desde China, donde me encontraba en viaje oficial, di instrucciones para recurrir el decreto que convocaba la consulta, así como la Ley de Consultas. El Tribunal Constitucional no demoró su actuación y de inmediato suspendió por unanimidad ambas disposiciones.

Artur Mas tuvo que admitir que no podía celebrar la consulta como él la había previsto y decidió sustituirla por un llamado «proceso participativo» en el que no había ni censo, ni administración electoral, ni junta electoral, ni nada que tuviera el más mínimo parecido a una convocatoria de las que son habituales en las democracias. Hasta los republicanos la calificaron como un amaño que no sustituye en ningún caso a la consulta. Aun así, el Gobierno volvió a recurrir al Tribunal Constitucional este «proceso participativo», que fue suspendido a apenas cinco días de la fecha para la que estaba previsto.

A pesar de ello, el día 9 de noviembre de 2014 tuvo lugar la jornada a la que estaban convocados todos, incluidos los mayores de dieciséis años, los extranjeros y casi cualquiera que entonces se encontrara en Cataluña, aunque fuera de paso. Yo mismo habría podido votar si hubiera estado por allí. Basta con remitirse a las palabras de Artur Mas, que ese mismo día 9 de noviembre anunció su intención de convocar un «referéndum real», para certificar que lo que había ocurrido ese día no podía considerarse como tal.

Creo que aquel pseudorreferéndum merece algún comentario añadido, incluso alguna autocrítica por mi parte. Por formación y por mi larga experiencia política, tiendo a considerar que lo que no es legal no genera efectos jurídicos por mucho ruido que haga, por mucho tiempo que pueda aparecer en televisión y aunque se convierta en la noticia del día o del mes. Aquel simulacro, con urnas en la calle, no dejaba de ser un acto de propaganda política sin la menor consecuencia institucional. Sin embargo, he llegado a comprender que mucha gente bienintencionada y preocupada por su país lo percibió como una humillación. Creo que lo ocurrido después demuestra que no tenían razones para ello. El Estado de derecho funcionó con normalidad: si no hubo actuación policial fue porque el criterio de la Justicia entonces resultó contrario a las medidas cautelares por considerarlas «desproporcionadas» y la Fiscalía General del Estado, pocos días después del 9 de noviembre, presentó una querella contra el Presidente de la Generalitat y varios *consellers* que terminó con condenas de inhabilitación para el ejercicio de la política, además de una multa de varios millones de euros impuesta por el Tribunal de Cuentas. Esas fueron las únicas consecuencias de aquella jornada, las lógicas cuando se comete una ilegalidad, por más que a mí me costara una denuncia de un partido político que consideraba que había faltado a mi juramento de proteger la Constitución. Otros, más moderados, solo pidieron mi dimisión. Si pudiera cambiar algo de mi conducta de entonces, hubiera hecho desde el principio una pedagogía más intensa explicando esto que acabo de decir: que no estábamos ante un referéndum sino ante una broma de mal gusto. Creo que hoy todo el mundo puede estar de acuerdo en ello.

La reacción por parte del secesionismo a aquel fracaso fue una nueva convocatoria electoral anunciada con nueve meses de anticipación y, por tanto, nueve meses de precampaña a la que se presentaron en una candidatura conjunta. Esa lista, denominada «Junts pel Sí», ganó las elecciones, pero no logró alcanzar la mayoría absoluta para gobernar, precisaba de los todavía más extremistas diputados de la CUP. Empezaba así otro espectáculo, uno más, de los muchos a los que nos tenían acostumbrados desde hacía algún tiempo los partidos soberanistas de Cataluña.

En paralelo al interminable proceso electoral y a la vista del cada vez más preocupante devenir de los acontecimientos, di instrucciones para reforzar los instrumentos del Estado de derecho. El Congreso de los Diputados aprobó una iniciativa del Partido Popular para mejorar la capacidad del Tribunal Constitucional en la ejecución de sus sentencias como garantía del Estado de derecho y, a su vez, el Gobierno comenzó a aplicar una regla de condicionalidad al reparto de los recursos del Fondo de Financiación para Cataluña. A partir de entonces, el Gobierno pasó a abonar directamente las facturas a los proveedores de la Generalitat. Además, la financiación adicional solo podía dedicarse al pago de los servicios públicos y se imponían diversas obligaciones a la Generalitat en los fondos procedentes del modelo de financiación autonómica.

Eran ciertamente medidas duras y exigentes, pero la solvencia y la confianza en el Gobierno autonómico estaban bajo mínimos. Las agencias de *rating* habían rebajado la nota de la deuda catalana, la Generalitat incumplía sus obligaciones de información sobre partidas presupuestarias y su indebida contabilización —incumplimiento que provocó un déficit adicional y oculto de 1.300 millones de euros—, y eran reiteradas las manifestaciones sobre la intención de no pagar las deudas con las farmacias e incumplir la legislación vigente.

Tampoco dejamos de recurrir ante el Constitucional ningún acto o ninguna declaración política que considerásemos contraria a las leyes. Ahorro al lector la lista por lo larga y farragosa.

Artur Mas compareció como candidato a la Presidencia de la Generalitat en una sesión de investidura que tuvo lugar el día 9 de noviembre de ese año 2015. No consiguió la mayoría necesaria para ser elegido ni en la primera ni en la segunda votación. La CUP, de cuya decisión dependía la suerte de Artur Mas, a buen seguro consideró que el candidato, a pesar de su creciente fervor independentista, no tenía el pedigrí suficiente para encabezar el proceso hacia la secesión. Decidió que Junts pel Sí no podía nombrar candidato a Presidente de la Generalitat a pesar de haber obtenido 62 escaños. A mí no me sorprendió en absoluto el comportamiento de la CUP, pero sí la reacción de Junts pel Sí, que no fue capaz de plantar cara, mantener el pulso y cedió al chantaje. Así se consumó el trágala. Y así apareció en escena Puigdemont, elegido el 10 de enero, último día hábil antes de que se produjera de forma automática la convocatoria de otras nuevas elecciones. Ya eran demasiadas.

Puigdemont era entonces Alcalde de Girona y una persona desconocida para la mayoría del gran público. No era ese mi caso. Habíamos tenido la oportunidad de coincidir con ocasión de la inauguración del AVE a Girona y Figueres a principios de 2013, en donde acompañé al entonces Príncipe Felipe que presidía la inauguración de la infraestructura a la que calificó con razón de «auténtica historia de éxito». En aquel acto estaban también presentes Artur Mas como Presidente de la Generalitat y la Ministra de Fomento, Ana Pastor. Confieso que me llamó la atención la intervención de Puigdemont. No era la primera vez que yo asistía a un evento de estas características y lo habitual en las inauguraciones de este tipo de obras públicas, tan importantes para las ciudades que tienen la fortuna de recibirlas, es que, además de las palabras de las autoridades autonómicas y nacionales y del Jefe del Estado o del sucesor a la Corona si asiste, el alcalde de la ciudad tenga una primera y breve intervención para dar la bienvenida, agradecer la ejecución de la obra y poner en valor ante los vecinos sus gestiones para que la misma fuese una realidad. Así suele suceder, al menos en las muchas inauguraciones en las que yo estuve presente en mi vida política. Se trata de un acto festivo en el que todos nos «llevamos bien», como corresponde a la circunstancia. No fue el caso de Puigdemont, que parecía enfadado por nuestra presencia allí, incluida la de Artur Mas. Lejos de celebrar la llegada del AVE, nos echó un rapapolvo porque las obras «habían tardado mucho» y «provocado una herida muy dura en la ciudad». Remató diciendo que «el proyecto ferroviario está a medio hacer» y «estamos muy lejos de recuperar la normalidad». Pensé entonces que aquel estrafalario alcalde había buscado su minuto de gloria a base de descortesía. Por eso, cuando la CUP tuvo a bien señalarle como líder del proceso hacia la independencia de Cataluña y darle sus parabienes estuve seguro de que íbamos a vivir momentos de gran intensidad.

9

El artículo 155

Durante estos cuarenta años nuestra vida en común ha sido, en términos generales, tan pacífica y tan democrática que el reconocimiento de los fundamentos básicos de nuestra concordia cívica pudiera llegar a parecernos una rutina, un conjunto de frases hechas, o, lo que es peor, un conjunto de frases huecas. Sin embargo, a la luz de los acontecimientos de estos días, todos hemos recuperado la percepción exacta del alcance y de la importancia de esos valores.

La gestión eficiente y pacífica de la complejidad de intereses que caracteriza la convivencia de un país avanzado exige un diálogo pactado y permanente bajo la cobertura cotidiana de la ley. O la ley es el eje de gravedad de la convivencia o cualquier sociedad se atomiza en un sinfín de conflictos.

Cuando se rompe la ley —la ley democrática—, la sociedad en su conjunto se resiente y se allana el camino hacia la sinrazón generalizada y el caos. Surgen el miedo, la inseguridad y la zozobra, se rompe la convivencia y se acaba liquidando el bienestar.

11 de octubre de 2017
(Congreso de los Diputados)

Un gobernante contra la ley

Como había previsto, tras la llegada de Puigdemont a la Presidencia de la Generalitat en enero de 2016, las cosas fueron a peor. Cualquier atisbo de moderación o responsabilidad fue borrado del mapa. Nuevamente, se pusieron en marcha en el Parlamento de Cataluña toda suerte de comisiones y ponencias para volver a plantear los principios rupturistas, y de nuevo el Gobierno de España ganó todos los recursos interpuestos contra aquellos. No dejamos de actuar a pesar de estar en situación de Gobierno en funciones tras las elecciones del 20 de diciembre del año 2015, una situación que distaba mucho de ser la más idónea para abordar con fortaleza y eficacia los acontecimientos que estaban teniendo lugar.

Este era el marco en que nos movíamos cuando tuvo lugar mi primera reunión con Puigdemont en el Palacio de la Moncloa. Fue el día 20 de abril de 2016, un día lluvioso en Madrid. No tardé ni un minuto en confirmar lo que ya intuía: su única intención era continuar con el proceso secesionista. Me hizo entrega de un documento con cuarenta y seis demandas, el doble que las que me había planteado Artur Mas en su día. La primera, la que más le importaba, de hecho, la única que realmente le interesaba, era la apertura de una negociación para celebrar un referéndum vinculante sobre la independencia de Cataluña. Los argumentos eran sobradamente conocidos y mi respuesta, en consecuencia, la misma. Estuve de acuerdo, sin embargo, en que la Vicepresidenta del Gobierno se reuniera con el Vicepresidente de la Generalitat para tratar de las cuarenta y cinco inquietudes restantes de Puigdemont, pero le reiteré con claridad que yo no iba a autorizar nunca un referéndum por la independencia de Cataluña. Saqué de aquel encuentro una sensación de amargura y preocupación; era evidente que jamás iba a poder llegar a ningún tipo de acuerdo con Puigdemont. Eso ya no era una buena noticia en sí, pero la personalidad del Presidente de la Generalitat, su manera de conducirse en política y la de los socios que le habían encumbrado y le acompañaban en su aventura auguraban nuevos y graves problemas.

La CUP nunca ocultó su posición antisistema. Habían superado la fase del referéndum de autodeterminación, apostaban sin ningún tipo de reparo por la declaración unilateral de independencia y habían impuesto al presidente que necesitaban para ello. Tuvieron sus trifulcas presupuestarias, pero el 27 de julio recuperaron su antigua y volátil amistad y aprobaron en el Parlament lo que llamaron «Las conclusiones del proceso constituyente» donde apuntaban ya a la posibilidad de una declaración de independencia. La votación se produjo en ausencia de los diputados del PP, PSC y Ciudadanos y a pesar de que la Presidenta del Parlament había sido advertida por el Tribunal Constitucional para que no autorizara dicha votación. Lo cierto es que recurrimos de nuevo al Alto Tribunal, que el 1 de agosto suspendió por enésima vez una resolución ilegal del Parlament.

Creo que el funcionamiento de nuestro Estado de derecho en aquellos días fue modélico en su agilidad y eficacia. Mi Gobierno seguía planteando los correspondientes recursos e incidentes de ejecución contra cualquier resolución contraria a la ley, el Tribunal Constitucional suspendía sin dilación las disposiciones ilegales adoptadas por el Parlamento de Cataluña y la Justicia avanzaba con nuevas acciones, como la condena por desobediencia a Mas, Ortega, Rigau y Homs dictada en marzo de 2017.

A pesar de nuestras abismales diferencias pedí a Puigdemont un nuevo encuentro. El 11 de enero de ese mismo año 2017 volví a reunirme con él en el Palacio de la Moncloa, en un almuerzo que se celebró a instancias mías. Acordamos no hacerlo público. Mi experiencia me dice que la mejor forma de construir en política es actuar con discreción. No se trata ni de secretismo ni de falta de transparencia ni de hurtar nada a la opinión pública, se trata simplemente de crear vínculos de confianza, o al menos así es como yo lo he vivido. Los políticos siempre estamos obligados a desempeñar un papel, existe algo de teatralización en nuestra actividad. Los electores, los medios de comunicación y nuestros propios compañeros nos identifican con una imagen y unas conductas a las que intentamos responder y normalmente lo hacemos con bastante profesionalidad. Es lo que nos caracteriza ante la sociedad. En cambio, cuando no están las cámaras delante podemos salir un poco de ese cliché para facilitar el entendimiento con el rival. Sin la presión de los medios, sin la necesidad de defender las posiciones públicamente, podemos hablar con más franqueza y explorar las vías que puedan llevar a encontrar acuerdos, por difíciles que sean.

Los años dedicados a la política me han enseñado que este tipo de encuentros discretos son mucho más productivos para el interés general que el habitual despliegue de focos, micrófonos y declaraciones de todo tipo, aunque para ello ambas partes deben cumplir su compromiso de discreción, que no de secreto. Si finalmente se acierta a encontrar un acuerdo, este se hace público cuando ya está cerrado, incluso se pacta cómo se va a comunicar. Sea como fuere, aquella reunión también se hizo pública, aunque un mes después.

Lo que le pedí entonces a Puigdemont es que acudiera a la Conferencia de Presidentes de Comunidades Autónomas prevista para unos días después, el 17 de enero. Le hablé de la necesidad de incorporar en su agenda de gobierno temas importantes que allí se iban a tratar. Recuerdo que me referí a la financiación de la Administración catalana, a los problemas de la dependencia o de la pobreza energética, entre otros muchos. Sin embargo, él estaba más interesado en el referéndum que en dar solución a los problemas de los catalanes. Volvió a reiterarme lo que yo ya sabía: el referéndum era innegociable, aunque se podía hablar de otras cuestiones colaterales, como la fecha, la literalidad de la pregunta, el color de las papeletas y cosas así.

En un momento de nuestra conversación, que ya había alcanzado el grado de debate, llegué a preguntarle si de verdad pensaba que yo iba a autorizar el referéndum. Todavía hoy me produce perplejidad su respuesta: «No lo vas a autorizar, porque, además, no puedes». Aquello no era una broma, su sentido del humor no daba para tanto. Ante tamaña desfachatez pensé cómo podía continuar intentando hacer entrar en razón a quien deliberadamente había decidido ignorar la realidad y la ley. ¿Cómo argumentar contra aquella obstinada cerrazón? Aquello era nuevo para mí a pesar de los casi cuarenta años que llevaba en política. En aquel momento vinieron a mi mente todos los catalanes a quienes su presidente les estaba engañando conscientemente y todas aquellas personas bienintencionadas y razonables que se desvivían para evitar con toda su buena voluntad el famoso «choque de trenes». Todos merecerían haber escuchado como lo hice yo aquella respuesta que dejaba en evidencia la doblez del secesionismo: la abismal diferencia entre lo que sabían y lo que estaban prometiendo a la sociedad catalana.

Puigdemont nunca tuvo voluntad de acordar nada. El referéndum para él lo era todo y lo que dijera la ley no le importaba. Su particular concepto de la democracia estaba por encima de las leyes, que son las leyes de todos. La soberanía nacional no existía y la voluntad de diálogo era lisa y llanamente mentira. Pura propaganda para intentar legitimar la liquidación del Estado de derecho que pretendía y la privación a los españoles del derecho a decidir sobre su propio país. Tampoco parecían preocuparle las consecuencias que aquello pudiera suponer a los ciudadanos de Cataluña, como se vería días más tarde. Aunque Puigdemont tenía razón en algo: ni el Presidente del Gobierno, ni siquiera el Parlamento, ni nadie que no sea el pueblo español en su conjunto, puede disponer de la soberanía nacional y, por lo tanto, ese referéndum nunca iba a contar con la autorización por parte del Gobierno de España.

El nuevo paso en su desafío se consumó cuando el 9 de junio de 2017 anunció un referéndum soberanista en el que se planteaba una única pregunta: «¿Quiere que Cataluña sea un Estado independiente en forma de República?». A continuación, Junts pel Sí y la CUP presentaron de la mano dos iniciativas en el Parlament: la Ley de Referéndum de Autodeterminación de Cataluña, que preveía la posibilidad de declarar la independencia si ganaba el «sí» en esa consulta, y la Ley de Transitoriedad Jurídica y Fundacional de la República, una suerte de Constitución catalana en la que se establecía el camino para convertir a Cataluña en una república. En paralelo, a finales de julio aprobaron en el Parlament una reforma del Reglamento que permitía la aprobación de esas leyes por el procedimiento de lectura única, que de hecho privaba a los grupos de la oposición de su derecho a debatir y de presentar enmiendas a los textos. Todo esto se hacía además ignorando o desobedeciendo los insistentes llamamientos de los letrados del Parlament, que advertían de la ilegalidad de todas estas decisiones. Por si alguien albergaba alguna duda sobre la naturaleza de la república que se pretendía alumbrar, aquel comportamiento insólito, desconocido en España en toda su etapa democrática y propio de autócratas sin escrúpulos, era un buen indicio. El secesionismo se había quitado la careta para mostrar a todo el mundo su auténtico rostro: un proyecto radical y divisivo que se intentaba imponer a las bravas, sin respetar ni la ley ni la convivencia ni las reglas más elementales de la democracia.

La sesión que el Parlamento de Cataluña celebró los días 6 y 7 de septiembre constituyó la apoteosis de aquella sinrazón. Por mayoría se modificó el orden del día de la sesión, incluyendo en ella las leyes de referéndum y transitoriedad que, como he explicado antes, eran los pilares básicos del proyecto independentista. En unas horas, después de retorcer el Reglamento de la Cámara, sin que hubiera prácticamente debate, privando de sus derechos a los diputados de la oposición y dejando a un lado los trámites que son obligatorios en los parlamentos democráticos, se aprobaron las dos leyes. Se pretendió liquidar la Constitución española acabando con su vigencia en Cataluña y activando una futura Constitución catalana. Por el camino también quedaría sin efecto el propio Estatuto de Autonomía de Cataluña. Puestos a saltarse todos los límites, los miembros del Gobierno catalán firmaron además el Decreto de Convocatoria del Referéndum, al amparo de la norma que acababan de aprobar. Aquella sesión del Parlamento de Cataluña quedará como una de las páginas más negras de nuestra reciente historia no solo por la gravedad de lo que allí ocurrió, sino también por el profundo desprecio de sus protagonistas hacia la ley y hacia la convivencia pacífica entre catalanes. Los grupos de oposición tuvieron todo el apoyo del Gobierno de España en las iniciativas que adoptaron para intentar frenar aquellos abusos: Soraya Sáenz de Santamaría, lo mismo que José Luis Ayllón, hablaban constantemente con Miquel Iceta, Inés Arrimadas y Xavier García Albiol. Y creo que puedo decir sin temor a equivocarme que nunca les faltó el aliento, el consejo o incluso la asistencia técnica.

En aquellos días de septiembre los secesionistas pusieron en marcha toda una campaña de acoso contra quienes se resistían a secundar sus planes. Particularmente grave fue la presión contra el Delegado del Gobierno en Cataluña, Enric Millo, quien defendió con gallardía y coraje el cumplimiento de la ley en Cataluña. Al igual que él, los alcaldes y políticos constitucionalistas eran señalados en carteles como enemigos de Cataluña. Esta presión que tantas veces habían sufrido los compañeros del PP catalán fue particularmente intensa contra los alcaldes y concejales del PSC. Yo mismo pude hablar con alguno de ellos para mostrarle mi solidaridad e interesarme por su situación. No se trataba de un hecho espontáneo; había sido Puigdemont quien había animado públicamente a la gente a encararse con sus alcaldes si estos se negaban a facilitar los locales para la celebración del referéndum.

La escalada de tensión fue tan preocupante que algunos abogaron por aplicar ya entonces el artículo 155 de la Constitución. Yo no. Por varias razones que explicaré más adelante.

Como ocurrió siempre a lo largo de este proceso, reaccionamos sin dilación a cada uno de esos dislates y al día siguiente de la votación del Parlament, el Consejo de Ministros, reunido en sesión extraordinaria, recurrió la Ley del Referéndum, el Decreto de Convocatoria y otros acuerdos complementarios. Pocas horas más tarde, el Tribunal Constitucional acordó por unanimidad su suspensión. Lo mismo haría poco después con la Ley de Transitoriedad.

Por su parte, el Ministerio de Hacienda intervino de manera inmediata las cuentas autonómicas después de que Junqueras, en pleno fervor independentista, decidiera incumplir su obligación de informar sobre los gastos de la Generalitat. No deja de ser paradójico que los independentistas, a pesar de estar lanzados en una carrera insurreccional, no tuvieran reparo en recurrir esta decisión, que Puigdemont calificó como «estado de excepción» ante el Tribunal Supremo, que, más tarde falló en contra de su demanda.

A su vez, el Tribunal Superior de Justicia de Cataluña admitió a trámite la querella presentada por la Fiscalía contra Puigdemont y el resto de su Gobierno por desobediencia, prevaricación y malversación. Y, además, la Fiscalía dio instrucciones a la Guardia Civil, Policía Nacional y Mossos d'Esquadra para que adoptaran todas las medidas que fueran necesarias para impedir la celebración del referéndum, y así lo hicieron: cerraron páginas web, efectuaron registros en innumerables locales públicos y privados, se incautaron de material electoral, etc.

La operación más importante contra la logística del referéndum y también los acontecimientos más graves de aquellos días se vivieron el día 20 de septiembre, cuando la Guardia Civil, siguiendo instrucciones de la Justicia, registró varias oficinas de la Generalitat, una operación en la que se confiscó abundante material electoral. También procedió a la detención de catorce personas, incluyendo a varios altos funcionarios, entre ellos el número dos de la Conselleria que dirigía Oriol Junqueras. A lo largo del día y, en particular, de la noche, la CUP, la ANC, Òmnium y otras organizaciones llamaron a la gente a concentrarse delante de la Conselleria de Economía para impedir la salida de la comitiva judicial y de los guardias civiles que habían entrado a realizar un registro por orden judicial. Hubo episodios violentos, se vivieron momentos de enorme tensión que todos recordamos y los mossos d'esquadra se vieron obligados a cargar contra los manifestantes. La gravedad de aquellos incidentes acaparó toda la atención, y llegó a eclipsar el hecho no menos relevante de que en aquella jornada quedó completamente desarticulada la organización del referéndum. Yo comparecí por la tarde para valorar el éxito policial y pedir a los dirigentes de la Generalitat que cesaran en su locura: «Saben que este referéndum ya no se puede celebrar. Nunca fue legal ni legítimo; ahora no es más que una quimera imposible o, lo que es peor, la excusa que algunos parecen buscar para ahondar aún más la fractura que han provocado en la sociedad catalana».

Efectivamente, el 1 de octubre no hubo ninguna legislación electoral que amparase consulta alguna, ni junta electoral, ni mesas legalmente constituidas, ni representantes de la Administración en las mismas, ni censo oficial, ni un sistema de recuento de votos, ni nadie habilitado para hacerlo. Lo único que permanecía era la voluntad inalterable de los independentistas de ahondar en la fractura social.

Como hemos sabido más tarde con ocasión del proceso judicial por estos hechos, los Mossos d'Esquadra llegaron a advertir al Gobierno de la Generalitat de su «grave preocupación» sobre la jornada, ya que «podía acabar en una escalada de violencia», pero los responsables de la Generalitat decidieron seguir adelante. La Policía y la Guardia Civil cumplieron con su obligación y atendieron las instrucciones judiciales, a pesar de que se vieron acosados, hostigados e incluso agredidos. Actuaron con profesionalidad y de manera proporcionada, dada la situación que se encontraron, y el objetivo de sus actuaciones nunca fueron las personas, sino impedir los actos ilegales. Las afirmaciones de los organizadores del referéndum acusando de desmesura, cuando no de cosas peores, a las Fuerzas y Cuerpos de Seguridad del Estado fueron lisa y llanamente una parte más de su mismo plan secesionista. Se buscó elevar al máximo la tensión, obligar a la intervención policial y convertir esta situación en un nuevo motivo de agravio, además de buscar una repercusión internacional. Se alimentó deliberada e irresponsablemente la tensión por puro interés político y solo la profesionalidad de nuestras fuerzas de seguridad impidió que ocurrieran sucesos más dramáticos en aquella jornada. Creo que ahora, pasado un tiempo razonable, podemos convenir que la escandalera organizada por la actuación policial fue exagerada e injusta. Respondía a un clima de opinión creado artificialmente por algún caso real, pero sobre todo por una auténtica catarata de imágenes falsas y manipuladas. En primera instancia lograron engañar a mucha gente; incluso el PSOE llegó a pedir la reprobación de la Vicepresidenta, decisión que, sabiamente, rectificó después.

Quiero dejar muy claro que ese día no hubo ningún tipo de orden política a los responsables del despliegue. Jamás se me ocurrió, ni como Presidente del Gobierno ni como Ministro del Interior, interferir en los operativos policiales. Siempre respeté sus criterios técnicos y siempre tuvieron mi apoyo. También el 1 de octubre, entre otras razones porque soy muy consciente de las limitaciones que se encontraron para llevar a cabo la misión que les encomendó la Justicia. Hacía mucho tiempo que aquellas fuerzas habían dejado de estar desplegadas en Cataluña en virtud de las transferencias realizadas a lo largo del periodo democrático; unas transferencias que, como decía en el capítulo anterior, solo se entienden desde un principio de lealtad constitucional que resultó traicionado por el Gobierno catalán. Estoy convencido de que ninguno de mis predecesores en el cargo pudo llegar a imaginar la situación que se dio en Cataluña los días 1, 2 y 3 de octubre de 2017, porque de haberlo sabido jamás hubieran admitido ceder la competencia en un área tan decisiva como la Seguridad. Pues bien, a pesar de todas las dificultades operativas que se encontraron, las fuerzas de seguridad hicieron una labor más que meritoria en aquellos días. Ellos, junto con jueces y fiscales, fueron la avanzada en la respuesta del Estado, pero no la única.

Nosotros ya llevábamos tiempo trabajando en el desarrollo de las distintas opciones legales para frenar a Puigdemont, pero especialmente en el diseño de la aplicación del artículo 155 de la Constitución. No había jurisprudencia, no había precedentes, nadie sabía con exactitud en qué consistía ese artículo que, como decían los profesores de Derecho Constitucional, parecía estar escrito para no ser aplicado nunca. Le encargué a la Vicepresidenta que diseñara el procedimiento de ejecución de aquel precepto constitucional. Esto era vital, no nos podíamos permitir dar ni un paso en falso y adoptar alguna medida que luego fuera objeto de enmienda por los tribunales o motivo de controversia política. En circunstancias normales no resultaría tan relevante, pero en aquel momento era indispensable no cometer ningún error. Teníamos que actuar cargados de razones políticas y jurídicas. Así se organizó un grupo de trabajo formado por altos funcionarios del Estado que fueron diseñando las distintas posibilidades de aplicación del artículo 155 y descartando las que resultaban inconvenientes. Al mismo tiempo respondieron puntualmente y en tiempo récord a cada una de las provocaciones de los secesionistas. Hicieron una labor ingente que quiero destacar y agradecer desde aquí. Ni una sola de las decenas de disposiciones que salieron de aquel grupo de trabajo fue anulada o enmendada. Todas recibieron el respaldo de los tribunales. Gracias a ellos, cuando llegó el momento de aplicarlo, el artículo 155 estaba impecablemente fundamentado y perfectamente desarrollado, como certificaría *a posteriori* el Tribunal Constitucional. Incluso lograron evitar meses después la afrenta democrática de ver elegido como Presidente de la Generalitat a un prófugo de la justicia española gracias a que recurrieron la propuesta de investidura de Carles Puigdemont tras las elecciones de diciembre. Recurrieron incluso sin el aval del Consejo de Estado, y también ganaron.

A principios de octubre se produjeron tres hechos decisivos en el desarrollo de los acontecimientos en Cataluña y en el resto de España.

El primero fue el mensaje institucional del Rey Felipe VI llamando a asegurar el orden constitucional y la vigencia del Estado de derecho. Su discurso destacó por su hondura y determinación democrática, pero además supo sintonizar con el sentimiento y la inquietud de millones de españoles en aquel momento para transmitirles seguridad y serenidad: «Son momentos muy complejos, pero saldremos adelante. Porque creemos en nuestro país y nos sentimos orgullosos de lo que somos. Porque nuestros principios democráticos son fuertes, son sólidos. Y lo son porque están basados en el deseo de millones y millones de españoles de convivir en paz y libertad». Para el Gobierno, aquel mensaje, que como es habitual en estos casos conocí antes, también resultó reconfortante. Estábamos pasando momentos de enorme dificultad en soledad, sin apoyos públicos y con críticas muy agrias a lo ocurrido el 1 de octubre. Sus palabras nos animaron y creo que lo mismo pudieron sentir todas las personas que estaban dando la batalla legal contra el secesionismo: me refiero a los policías, jueces, fiscales o funcionarios. Escucharon al Rey decir que «es responsabilidad de los legítimos poderes del Estado asegurar el orden constitucional», y eso es lo que todos estábamos haciendo. Supongo que ellos lo agradecieron tanto como yo.

El segundo elemento que marcó un punto de inflexión fue el inicio de un proceso de traslado de empresas desde Cataluña hacia el resto de España. Aquello causó un tremendo impacto. Todas las advertencias sobre los riesgos económicos que entrañaba aquella locura, y que los independentistas habían rechazado sistemáticamente como exageraciones del Gobierno, se hicieron realidad de golpe y causaron en Cataluña una auténtica conmoción. Particularmente llamativo fue el caso de La Caixa. Una mañana me llamó Luis de Guindos para comentarme la situación y la petición que le habían hecho llegar los responsables de la entidad. Necesitaban agilizar el traslado de su sede y frenar así una peligrosa fuga de depósitos que podía llegar a afectar a su solvencia. Como era lógico y como era nuestra responsabilidad, atendimos su petición y aprobamos un decreto para facilitar su traslado. ¡Lo último que nos faltaba en aquel octubre del 17 era tener que hacer frente, además, a una situación de pánico bancario!

Las grandes y pequeñas empresas catalanas, que encarnaban la tradición de laboriosidad y capacidad emprendedora de esa comunidad, tomaron medidas inmediatamente ante aquel clima de creciente revuelta y los nuevos desafíos que ya se podían anticipar en el futuro más inmediato. Venían a demostrar así que la independencia de cuento de hadas del imaginario secesionista era otra más de sus muchas mentiras. CaixaBank, Sabadell, Naturgy y otras 5.000 empresas más cambiaron su sede social a raíz de los sucesos de octubre de 2017. Incluso lo hicieron algunos empresarios conocidos por sus tesis cercanas al secesionismo; el activismo político de estos llegó hasta donde empezaba su cuenta de resultados. Seguro que más de alguno recordó el famoso aforismo: «Cuidado con tus sueños, pueden hacerse realidad».

El tercer elemento decisivo aquellos días fue el comienzo de movilizaciones en sentido contrario al habitual. Ya no eran los independentistas los que tomaban las calles, sino los catalanes que querían seguir siendo españoles. La Cataluña silenciosa, la que votaba pero no se manifestaba, la que solo aparecía en las noches electorales para recordar que constituían más de la mitad de la población, decidió dejarse ver. Aquella reacción fue ganando terreno día a día hasta protagonizar una impresionante manifestación contra la independencia el día 8 de octubre en Barcelona. También entre la sociedad del resto de España se produjo una reacción espontánea y absolutamente inédita hasta entonces. La gente empezó a sacar banderas de España a sus balcones y ventanas para mostrar un amor a su país que hasta entonces no habían tenido necesidad alguna de reivindicar en público. Era emocionante comprobar aquella explosión de patriotismo, e inquietante comprobar el empecinamiento de los gobernantes de la Generalitat en llevarnos a todos al abismo.

Es probable que aquellos días de octubre de 2017 fueran

los días más difíciles de mi etapa de Gobierno, más incluso que en los angustiosos días del rescate cinco años antes. Recibí muchísimas llamadas de gente alarmada que ofrecía todo tipo de sugerencias para atajar aquella escalada de despropósitos. Algunos me hablaban de mandar al ejército y otros, por el contrario, me instaban a sentarme a negociar con Puigdemont. Muchos me contaban sus contactos con el President o sus entornos, para que estuviera informado de sus intenciones y argumentos. También los había que, cargados de las mejores intenciones, ofrecían su mediación con la Generalitat: políticos de diferentes partidos, expolíticos, periodistas e incluso cardenales. Soraya y yo recibimos en La Moncloa a los cardenales de Madrid y Barcelona, monseñores Osoro y Omella, que nos habían trasladado su profunda preocupación y su disposición a ayudar en lo que se les pidiera para reconducir aquella deriva. Les recibimos y les explicamos con todo detenimiento qué estábamos haciendo y sus razones; respondimos a sus dudas y lo entendieron muy bien. Ambos son hombres de paz, venían a ayudar desinteresadamente. Tampoco faltaron los expertos internacionales en resolución de conflictos, que se dejaron caer por aquí para ofrecer sus servicios. Tengo para mí que estos últimos eran menos desinteresados que los eclesiásticos.

Escuché a muchas personas y tuve muchas ofertas de mediación que siempre decliné cortésmente. No hubo, pues, mediador alguno, ni persona autorizada para hablar en mi nombre. Las cosas estaban lo suficientemente claras.

Pero sobre todo dedicaba mi tiempo a mantener bien informados de la evolución de los acontecimientos a los líderes del PSOE y Ciudadanos y coordinar con ellos nuestra respuesta ante los escenarios del futuro. A nadie le puede extrañar. Una de mis prioridades era lograr un gran consenso nacional en la forma de encarar aquella crisis. Respondía a mi convicción de antiguo sobre la necesidad de actuar así en las grandes cuestiones de Estado y además quería evitar convertir la respuesta al secesionismo en una cuestión de debate partidista. De esta manera, mientras los expertos iban cerrando los últimos detalles técnicos del desarrollo del 155, yo me apliqué a un objetivo que consideraba esencial: fraguar un gran acuerdo nacional para hacer frente al envite secesionista. Me reuní con Sánchez y con Rivera más de una y más de dos veces en aquellas semanas, sin contar las innumerables conversaciones telefónicas. La posición de ambos fue evolucionando desde un rechazo inicial hasta su pleno respaldo. Unos habían dicho que era «una medida cruenta», otros lo definieron como «matar moscas a cañonazos», pero ambos convinieron después en la necesidad de activarlo y nos apoyaron sin fisuras, a pesar de algunos momentos de gran tensión.

Ni entonces tuve queja alguna de su comportamiento en aquel trance decisivo, ni la tengo ahora. Creo que actuaron de forma responsable en una situación muy grave. También el Gobierno lo hizo: dispusieron de toda la información que teníamos nosotros, nunca les ocultamos nada y contaron con nuestro apoyo las iniciativas que pudieron plantear. Atendimos sus propuestas, como la creación de una subcomisión para estudiar el funcionamiento del Estado autonómico y también alguna de sus objeciones en cuanto a las medidas que debían adoptarse en la ejecución del 155 y su duración temporal. De hecho, durante unos días una delegación socialista encabezada por Carmen Calvo negoció con el equipo de Soraya Sáenz de Santamaría la redacción definitiva del acuerdo. Con Ciudadanos no fue necesario porque Rivera nos dio su plena confianza y yo le mantenía informado puntualmente de cualquier cambio.

También hablamos bastante con los nacionalistas vascos. Incluso Andoni Ortuzar y Aitor Esteban vinieron un día a almorzar con Soraya y conmigo en La Moncloa. En ese caso el objetivo no era lograr un apoyo que ni teníamos ni íbamos a tener jamás. Solo les pedimos que intentaran hacer entrar en razón a Puigdemont para evitar una situación límite. Tampoco ellos lo consiguieron.

El poco tiempo que me quedaba lo dedicaba a explicar a mis colegas europeos la evolución de la situación en Cataluña y adelantarles mis planes para defender la unidad territorial de España y el principio del imperio de la ley. Una tarea en la que siempre tuve la ayuda inestimable de nuestro Portavoz en el Parlamento Europeo, Esteban González Pons, una persona que se ganó el respeto de sus pares y llevó a cabo una magnífica labor en defensa de nuestra democracia. Angela Merkel y Theresa May fueron particularmente cercanas y solidarias, y las autoridades europeas, con Juncker y Tajani a la cabeza, se comportaron de manera sencillamente ejemplar. También el Vicepresidente Timmermans o el Portavoz Schinas tuvieron intervenciones muy acertadas en defensa de las razones democráticas que asistían al Gobierno español. Durante una visita a Estados Unidos pude explicar a su Presidente, Donald Trump, lo fundamental de la situación. Le dije que era, más o menos, como si en su país el Gobernador de cualquier estado hubiera decidido convocar un referéndum para independizarse. Mostró un gesto de incredulidad y me dijo: «¡Pero eso es imposible!». «Exactamente —retomé yo—, y en España también.» Trump me mostró su respaldo inequívoco al igual que el Presidente de la República Francesa, Emmanuel Macron. Todos los líderes sin excepción apoyaron la posición del Gobierno de España. Solo el Primer Ministro belga mostró reticencias, sin duda motivadas por la naturaleza de sus apoyos en el Parlamento federal; estas quedaron solventadas en dos conversaciones privadas que ambos mantuvimos en Bruselas.

Es cierto que los medios extranjeros fueron intoxicados en los primeros días de octubre por la campaña de manipulación de la Generalitat, aunque la realidad siempre se acaba imponiendo y el secesionismo perdió rápidamente su favor; con todo, entre los gobiernos y los organismos oficiales nunca existió la menor duda, si acaso causaba auténtico estupor la contumacia de la Generalitat en contravenir la ley, algo que resulta inconcebible para cualquier gobernante democrático. La disposición de todos para colaborar con el Gobierno y defender el orden constitucional fue total, como se pudo comprobar la tarde del 10 de octubre tras la declaración de independencia de Cataluña; en aquellas horas se produjo una auténtica catarata de declaraciones internacionales contra la independencia y en defensa del orden constitucional español: Alemania, Croacia, Eslovenia, Italia, Francia, Polonia, Portugal, Reino Unido, etc. Otro mito secesionista, el del apoyo internacional, se derrumbó. Evidentemente, aquello no ocurrió por casualidad.

La fuerza de la Constitución

El día 10 de octubre Puigdemont compareció ante el Parlamento de Cataluña y aseguró que asumía «el mandato del pueblo» para que «Cataluña se convierta en un Estado independiente en forma de república». A renglón seguido, en una de sus típicas piruetas que desconcertaban incluso a sus seguidores, propuso «suspender los efectos de la declaración de independencia». A nosotros, mientras seguíamos sus palabras, se nos quedó la misma cara de perplejidad que a los periodistas, los diputados del Parlament, la multitud que se congregaba fuera y cualquiera que hubiera escuchado aquella insólita extravagancia política. De inmediato se dispararon las llamadas a mi despacho para preguntar qué había pasado en realidad, si había o no había independencia y cómo íbamos a responder a esta deliberada confusión. También salieron unos cuantos exégetas a explicar que lo ocurrido no era grave porque no había consecuencias jurídicas. La única deducción lógica de aquella declaración era que si Puigdemont era partidario de suspender los efectos de la declaración de independencia, entonces esta ya se había declarado. No se puede suspender lo que no existe, y además, a continuación del pleno, los diputados de Junts pel Sí y la CUP firmaron un documento sobre la independencia de Cataluña. En algún momento de aquella noche pensé que hasta para declarar la independencia y perpetrar una ilegalidad de esa magnitud conviene ser una persona seria. Después de todo, Puigdemont estaba jugando con las ilusiones de cientos de miles de catalanes a los que había embaucado en un proyecto imposible.

A la mañana siguiente, 11 de octubre, activamos la aplicación del artículo 155 de la Constitución española. Conforme a lo establecido en dicho precepto, enviamos un requerimiento al Presidente de la Generalitat para que aclarase si se había declarado o no la independencia de Cataluña y, en caso de ser así, se le instaba a restituir el orden constitucional alterado. El requerimiento incluía dos plazos: el primero, hasta el día 16 de octubre a las 10.00 horas, en el que Puigdemont debía contestar si había o no una declaración de independencia; el segundo, hasta el 19 de octubre a las 10.00 horas, que solo tendría lugar si la respuesta al primero era afirmativa, confusa o inexistente, para que rectificase y volviera a la ley.

Siempre estuvo en las manos de Puigdemont evitar la aplicación efectiva del artículo 155 de la Constitución. Bastaba con haber contestado al requerimiento diciendo que no existía una declaración de independencia o, en caso de admitir que la había declarado, solo tenía que manifestar su voluntad de restaurar la legalidad. Así de claro era. Sin embargo, no quiso hacer ni una cosa ni la otra. El día del vencimiento del primer plazo, 16 de octubre, me remitió una carta manifestando su deseo de abrir un proceso de negociación con el Gobierno, pero sin responder a lo que se le preguntaba: si había declarado o no la independencia. Ese mismo día le contesté por escrito, recordándole que el requerimiento seguía sin respuesta y que le quedaban tres días para rectificar y volver a la legalidad. Unos minutos antes de que ese segundo plazo expirase, Puigdemont me reiteraba en un nuevo escrito su oferta de diálogo, pero nunca contestó al requerimiento.

En consecuencia, ese mismo día 19 de octubre anunciamos que, ante la negativa de Puigdemont, el Gobierno de España continuaba con los trámites previstos en el artículo 155 de la Constitución para restaurar la legalidad, como así hicimos. Apenas tres días después, el 21 de octubre, un Consejo de Ministros extraordinario aprobó el acuerdo para dar por no atendido el requerimiento y solicitar del Senado la autorización para la adopción de las medidas necesarias en aplicación del artículo 155. El pleno se fijó para el día 27.

Es difícil describir cómo fueron esos cinco días, los cientos de llamadas y recados que llegaban por todas partes, incluso por los canales más sorprendentes. Ahora que el procedimiento estaba en marcha parecía que a todo el mundo le había entrado el vértigo. Algunas medidas ya habían originado cierta polémica. Los socialistas nos pidieron rebajarlas. Me refiero a las medidas referidas al Parlament y a la intervención de los medios de comunicación públicos. Lo aceptamos por mantener el consenso, sin embargo rechazamos con rotundidad otra enmienda planteada por el PSOE, que abogaba por suspender la aplicación del 155 en el caso de que Puigdemont convocara elecciones.

Ese fue el caballo de batalla de la jornada previa al debate en el Senado: la convocatoria electoral a cambio de suspender el 155. Así, el día 26 de octubre el rumor generalizado era que el Presidente de la Generalitat iba a convocar elecciones. Hubo algarabía y alborozo general, con todas las radios y televisiones pendientes del anuncio y una inexplicable sensación de euforia, como si las elecciones pudieran borrar de un plumazo todo el cúmulo de ilegalidades y tropelías que se habían cometido durante los meses anteriores. Yo, sin embargo, no veía ninguna razón para dejar en suspenso una decisión que no era fruto de ningún arrebato, sino consecuencia de semanas de estudio y de muy sólidos argumentos jurídicos y políticos. Antes de llegar a aplicar aquel precepto constitucional nos habíamos cargado de razones y estas no desaparecían por el hecho de que Puigdemont convocara elecciones; la independencia seguía declarada y el requerimiento sin responder.

Estaba enredado en esas cavilaciones cuando llegó el primero de muchos recados, con distinta formulación y distintos porteadores, pero con un único mensaje: «Puigdemont quiere una garantía por escrito de que no habrá represalias si convoca elecciones». Pensé para mí: «Volvemos a las andadas», y contesté a todos los enviados que no había ni negociación, ni garantía, ni acuerdo. En aquella última pirueta, Puigdemont contó con el apoyo de Miquel Iceta. En un momento determinado, en mi despacho en La Moncloa estábamos la Vicepresidenta, mi Jefe de Gabinete y yo mismo discutiendo a la vez el asunto por teléfono con Carmen Calvo, Miquel Iceta y Pedro Sánchez, respectivamente.

La historia es de todos conocida: el anuncio de la convocatoria electoral se retrasó varias veces a lo largo de la jornada hasta que fue descartado. Puigdemont actuó espoleado por los más radicales, entonces la CUP y ERC, cuyo Portavoz en el Congreso, Gabriel Rufián, llegó a compararlo con Judas Iscariote, acusándole de traición por plantearse la convocatoria de elecciones. Un año más tarde, en septiembre de 2018, la presidenta de la ANC criticaba a «la misma persona que hace un año hacía un tuit hablando de 155 monedas de plata y presionaba para declarar la independencia, ahora dice otra cosa». Cosas de la vida.

El 27 de octubre, unas horas después de que el Parlamento de Cataluña volviera a proclamar la independencia de Cataluña, el Pleno del Senado —en el que el Portavoz del Partido Popular, José Manuel Barreiro, tuvo una brillante intervención—, autorizó al Gobierno a aplicar el artículo 155. Ese mismo día, el Consejo de Ministros volvió a reunirse para acordar las primeras medidas en aplicación de la autorización del Senado. Yo comparecí personalmente ante la opinión pública después de habérselas anunciado a Pedro Sánchez y Albert Rivera. Las más relevantes eran: el cese del Presidente de la Generalitat y todos los miembros del Govern; la designación de los órganos administrativos encargados de dar cumplimiento a las medidas en aplicación del artículo 155 —que son los ministerios correspondientes a las competencias de cada Conselleria—; la extinción de distintos organismos públicos como las oficinas del Presidente y el Vicepresidente, el Consejo de Transición Nacional, el Patronato del Diplocat y las «embajadas» catalanas, así como el cese de los delegados de la Generalitat en Bruselas y en Madrid y del Secretario General del Departamento de Interior y el director general de la Policía autonómica. Y, finalmente, la disolución del Parlament y la convocatoria de elecciones anticipadas.

En aquellas horas previas hubo quien me aconsejó, con buen olfato político, que convocara a la vez las elecciones generales en España. No teníamos dudas de que, en esas circunstancias, mi partido podría ampliar sustancialmente su mayoría parlamentaria. No lo hice por responsabilidad y por coherencia. La aplicación práctica del artículo 155, la administración de la Generalitat de Cataluña o la supervisión del proceso electoral convocado en esa comunidad autónoma eran asuntos suficientemente graves para prestarles toda la atención y no distraerse con trifulcas electorales. Además, España estaba ante la crisis constitucional más grave de su historia reciente y no tenía sentido, después de haber trabajado tanto por un gran consenso, ponerlo en riesgo con una campaña en la que ese sería el único asunto de debate. Nunca he sido un jugador de ventaja.

El porqué de las decisiones

La aplicación del artículo 155 de la Constitución española no fue una decisión más de las muchas que un Gobierno tiene que adoptar a lo largo de su mandato, ni siquiera una de las más importantes. No. Fue la más trascendente, la principal, la de mayor consideración de entre todas las que tomé a lo largo de mi etapa como Presidente del Gobierno.

Las razones son evidentes. En primer lugar, su excepcionalidad. De hecho, era la primera vez que un Gobierno hacía uso de ese artículo de la Constitución, aprobada casi cuarenta años antes. También por lo que significaba desde el punto de vista político y por su contenido, por el alcance de las medidas adoptadas, entre ellas el cese de todo el Gobierno autonómico y la disolución del Parlament. Era ciertamente un momento absolutamente singular y totalmente anómalo en nuestra reciente historia democrática.

Ese conjunto de circunstancias dio lugar a la apertura de toda suerte de debates, valoraciones y consideraciones, unas expresadas —las menos— antes de que el Gobierno tomara la decisión de poner en marcha el precepto constitucional y otras —las más— después, o dicho en román paladino, «a toro pasado», cuando ya se encontraba en su fase de aplicación. Hubo incluso quien abogó por declarar el estado de sitio o el de excepción, seguramente ignorando que tal decisión suponía privar de sus derechos fundamentales a los ciudadanos de Cataluña, fueran independentistas o no. En todos los ambientes, ya fueran mediáticos, de entendidos, también en los políticos o en el seno de los partidos, proliferaban toda suerte de opiniones. Lo cual era muy razonable, porque estábamos ante acontecimientos cruciales para España que generaban preocupación e interés entre los españoles.

Muchas personas, en particular en los ambientes nacionalistas, han puesto en tela de juicio lo sustancial, lo central, lo fundamental de la actuación del Gobierno: la propia aplicación del artículo 155 de la Constitución. Es una opinión que equivale a una enmienda a la totalidad. En virtud de su razonamiento, no existían motivos para utilizar ese artículo y, en consecuencia, el Gobierno no debería haberlo hecho. A mi manera de ver, la única razón de este tipo de críticas respondería a lo que podríamos definir una suerte de «corporativismo» entre nacionalistas. A ninguno de ellos le complace ver un Estado fuerte ejerciendo sus funciones con determinación y menos justificarlo públicamente, aunque en privado puedan admitir lo fundamentado de sus razones, como de hecho sucedió. En cualquier caso, tengo la certeza de que ni un solo gobernante democrático, en situación similar, hubiera actuado de forma diferente. Cuando un Gobierno regional, en este caso el de Cataluña, declara unilateralmente la independencia, se le requiere para que aclare su comportamiento, se le insta a rectificar su decisión, y si no lo hace, es evidente que el Estado tiene que actuar, velar por la integridad territorial de la nación y garantizarla. Es su obligación más esencial, y quien no lo entienda así se equivoca y acaba teniendo problemas mayores. Es lo que le sucedió a Puigdemont, que intentó organizar una insurrección pensando que el Gobierno iba a abdicar de sus responsabilidades. Es evidente que no midió bien sus fuerzas. En suma, el Gobierno cumplió con su obligación. Como ha señalado el Tribunal Supremo en reiteradas ocasiones, la Generalitat de Cataluña «en franca vulneración de la Constitución, optó por separar esa comunidad autónoma de España. La gravedad extraordinaria de lo sucedido no parece necesitar de más explicación».

De hecho, no son pocos los que han entendido que la decisión del Gobierno debería haberse producido antes, que no era preciso esperar a la declaración unilateral. Es verdad que todavía hoy existen discrepancias a la hora de definir cuál hubiera sido el momento idóneo. Las opiniones aquí son muy diversas: desde quienes preferían el día 9 de noviembre de 2014, cuando se celebró la ficción de «consulta», hasta quienes sostenían que el momento adecuado hubiera sido tras el pleno del Parlament de los días 6 y 7 de septiembre de 2017, cuando se aprobaron las leyes de Referéndum y Transitoriedad.

Sin duda alguna, la cuestión del momento para aplicar el

artículo 155 es algo opinable, como todas las cuestiones que no son matemáticas. Por mi parte, siempre tuve claro que el artículo 155 no era uno más dentro de nuestra Carta Magna. Era un precepto que nuestros constituyentes incluyeron pensando única y exclusivamente en una situación de excepcionalidad. Era un artículo para usar en situaciones límite. Entendí que la declaración de independencia por parte de Puigdemont era ese punto de no retorno. Le pedí una rectificación y se negó, y en consecuencia puse en marcha el procedimiento establecido en la Constitución. Un procedimiento que recientemente el Tribunal Constitucional ha calificado de «extraordinario» y «previsto para afrontar incumplimientos constitucionales extremadamente cualificados, siendo esta medida un último recurso del Estado». Entendimos, en suma, que el artículo 155 no es el primer resorte, sino el último. Para entonces el Gobierno se había cargado de razones.

Había otra razón política. Fue entonces cuando el PSOE y Ciudadanos llegaron a la convicción de la necesidad de aplicarlo. Es cierto que por razón de número no precisábamos su apoyo, pero siempre creí que en un país serio las reglas del juego y la defensa de la nación son cosa de todos y no debe ser objeto de controversias políticas sino de consensos. Ninguno de sus líderes estaba, poco tiempo antes, animando a la utilización del artículo 155, pero la deriva de los acontecimientos les hizo cambiar de opinión. Tengo que decir que, en este caso, tanto el señor Sánchez como el señor Rivera fueron constructivos y, en mi opinión, cumplieron con su deber. Además de las reuniones que ya he citado con ambos, siempre por separado, también tuve un almuerzo en La Moncloa con

Miquel Iceta y Salvador Illa, los máximos dirigentes del PSC. Todos entendieron que correspondía al Gobierno liderar la reacción, pero lo hicimos contando siempre con su opinión.

Con el paso del tiempo surgió otra discusión sobre las propias medidas que debían haberse adoptado en aplicación del artículo 155. La Constitución no especifica cuáles son esas medidas y otorga al Gobierno y al Senado un amplio margen de decisión para fijarlas. Aquella fue la primera vez en la historia en que hubo que decidir. Jamás un político se vio en la obligación de aplicar ese artículo, carecíamos por tanto de experiencia, de precedentes con los que intentar alumbrar la mejor de las soluciones. Ni los habíamos visto, porque no existían, ni había jurisprudencia alguna sobre el asunto, y ni siquiera la doctrina que tanto y con tan buen tino glosó y comentó los preceptos de nuestra Carta Magna aportaba algo de luz sobre lo que teníamos entre manos. No era ciertamente fácil adoptar la mejor decisión en aquel momento.

La medida más importante de todas las que acordamos fue, junto con la disolución del Parlament, cesar a todo el Gobierno de Cataluña. Nunca se había hecho esto en la España democrática, pero el momento lo exigía. Esa fue y sigue siendo hoy mi opinión. Fue una decisión excepcional para una circunstancia que también lo era. Para unos también fue un atropello, otros querían más. Pienso que hicimos lo que había que hacer a la vista de lo que estábamos viviendo.

Más tarde, tanto el Tribunal Supremo como el Tribunal Constitucional avalaron esa decisión. La última vez, en mayo de 2019, el Tribunal Supremo desestimó el recurso de Puigdemont contra su cese y consideró que este «fue conforme a derecho», pues fue el propio Puigdemont el que dejó de actuar desde «la lógica y desde las exigencias de sus competencias y de su posición constitucional, estatutaria y legal, y desnaturalizó y devaluó su estatus constitucional y estatutario». También el Tribunal Constitucional, en julio de 2019, consideró que la medida estaba justificada, dada la voluntad de la Presidencia y del Gobierno de la Generalitat «de situarse al margen de la Constitución, del propio Estatuto de Autonomía y del ordenamiento en su conjunto, a fin de constituir, a lo largo de un proceso al margen de cualquier norma y con menosprecio de toda lealtad constitucional, un Estado independiente en forma de república».

Sin duda el cese del Gobierno de la Generalitat fue una medida de enorme trascendencia. Ello implicaba que el Gobierno de España asumía el ejercicio de sus funciones, previendo además medidas singulares en ámbitos de actuación reforzada como seguridad y orden público, gestión económica, financiera, tributaria y presupuestaria, telecomunicaciones y comunicaciones electrónicas y audiovisuales. Así lo acordamos con los partidos políticos que nos apoyaron, y en particular con el Partido Socialista, a instancias del cual habíamos modificado determinados aspectos del texto. El Tribunal Constitucional, en la sentencia antes citada, avaló las decisiones que adoptamos en este ámbito, considerándolas adecuadas a la Constitución.

También decidimos en aquel momento no nombrar nuevos responsables políticos al frente de la Generalitat. Cada departamento ministerial se hizo cargo de las competencias que le correspondían en función de la materia. Todos los viernes el Consejo de Ministros celebraba una doble sesión: en primer lugar, tratábamos de los asuntos que afectaban al conjunto de la nación, y después, tras un receso, de aquellos que correspondían al Gobierno de la Generalitat de Cataluña. Se desbloquearon muchas cuestiones que hasta entonces estaban pendientes de resolución por la inacción de los responsables políticos cesados. Los técnicos de la Generalitat, en términos generales, colaboraron para el correcto funcionamiento de la administración y que los ciudadanos se viesen atendidos y no perjudicados. Y así ocurrió. Nadie echó de menos al Gobierno cesado.

Una cuestión que se hizo controvertida con el transcurso del tiempo fue la determinación de convocar elecciones autonómicas. Por dos razones muy distintas en su fundamentación. Para unos el Gobierno de la Nación no podía disolver el Parlamento de Cataluña y convocar elecciones autonómicas. Los partidos nacionalistas discutían nuestra capacidad para disolver la Cámara autonómica. No comparto su opinión porque el Parlamento de Cataluña fue un instrumento decisivo en los hechos que motivaron la aplicación del 155, entre otras razones porque fue la institución que declaró la independencia de Cataluña, por tanto se hacía imprescindible su disolución. El Tribunal Constitucional, en la sentencia antes citada, avaló mi criterio afirmando que «si un parlamento autonómico llevase a cabo actuaciones que incumpliesen obligaciones constitucionales o legales o atentasen gravemente al interés general de España, la concreción de lo necesario para retornar al cumplimiento constitucional o restablecer el interés general puede también referirse a la asamblea legislativa». Y en el caso concreto, el Tribunal, citando sentencias y autos dictados en relación con actos y decisiones de la Cámara autonómica, constata que «el Parlamento de Cataluña no ha resultado en absoluto ajeno a los hechos que han desencadenado la aplicación del procedimiento del artículo 155 CE».

Para otros, la convocatoria electoral suponía que la vigencia de la aplicación del artículo 155 en Cataluña sería muy limitada porque el acuerdo de aplicación fijaba como plazo la toma de posesión del Gobierno resultante de esas elecciones. Durante nuestras conversaciones constaté que PSOE y Ciudadanos no estaban por una intervención larga de la autonomía catalana, aunque por distintas razones. Para mí había además un principio superior de convicción democrática. La disolución de un parlamento elegido por el pueblo solamente puede hacerse en circunstancias excepcionales cuando se rompe el orden constitucional y con el objetivo de restablecerlo a la mayor celeridad. La aplicación del 155 no podría restringir los derechos de los ciudadanos de Cataluña a contar con un Gobierno propio. Por eso convoqué elecciones, algo que, recuerdo, suscitó un apoyo generalizado, tanto en España como fuera.

El Tribunal Constitucional, en la misma sentencia, también respondió a quienes demandaban una aplicación sin fecha definida del artículo 155 CE al señalar que el mismo «permite la alteración temporal del funcionamiento del sistema institucional autonómico, pero en modo alguno puede dar lugar a la suspensión indefinida de la autonomía», y que «el procedimiento previsto en el artículo 155 CE ha de tener, por su propia naturaleza y atendiendo a la finalidad que persigue, un límite temporal, bien expresamente determinado o bien determinable», para terminar diciendo que este «requisito de temporalidad se cumplió en el Acuerdo que se examina». Pienso que la sentencia es ponderada y equilibrada. Pretender que aquella intervención fuera indefinida va en contra de la propia esencia del artículo 155 CE, que como también señaló el Tribunal Constitucional, «no es un fin en sí mismo, sino un instrumento para garantizar la validez y eficacia de la Constitución» y «la finalidad última que el precepto consiente no puede ser otra que la de restablecer el orden constitucional y, con él, el normal funcionamiento institucional de la comunidad autónoma en el seno de dicho orden».

Existe una corriente de opinión que fue adquiriendo cuerpo después de la victoria insuficiente del constitucionalismo en las elecciones de diciembre según la cual no hubo una contestación política al desafío independentista y que la única respuesta que se dio fue la judicial. En teoría nos habríamos inhibido de nuestra responsabilidad y dejado a los jueces como únicos defensores del Estado de derecho. Tengo que discrepar radicalmente de ese planteamiento. Hubo sin duda una sólida respuesta judicial a los numerosos delitos en los que los independentistas incurrieron durante todo ese periodo, que no me corresponde a mí juzgar, pero también creo que nadie puede sostener, desde la honestidad intelectual, que no hubo respuesta política cuando se cesó a un Gobierno en pleno, se asumió la administración de una comunidad autónoma, se disolvió un parlamento y se convocaron elecciones. Y todo ello se hizo con un gran consenso nacional. Si eso no es una respuesta política, tal vez deberíamos reformular el concepto para entender cuál es su significado. Hasta que eso no se produzca yo mantendré que se dio una respuesta política inédita, contundente y plenamente democrática.

Puedo llegar a entender que muchas personas confiaran en que el artículo 155 hubiera servido para desandar el camino recorrido en nuestro modelo autonómico, pero no era ese su objetivo. No se pensó para recortar las autonomías sino para garantizar su adecuación al orden constitucional, y así es como funcionó. Ni fue escrito ni fue concebido como un mecanismo para reformar (de tapadillo) la Constitución. Quien así lo pretenda debe, al igual que los independentistas, hacerlo por los métodos previstos en la propia Carta Magna.

Por lo que se refiere a las redes de apoyo social tejidas por los secesionistas en la sociedad catalana a lo largo de muchos años, que existen y son muy activas, creo firmemente que no se van a desarticular por nuevas concesiones que se les pueda hacer sino por la acción política perseverante y determinada de los propios catalanes constitucionalistas, que deben contar siempre con el apoyo del Gobierno de España y del conjunto del país. La nación española es de todos y todos tenemos el derecho y la obligación de defenderla juntos.

Tampoco me parece conveniente la apelación continuada a este artículo por meros intereses partidistas. Las subastas para ver quién habla más alto, quién hace el mejor titular o da más espectáculo deberían excluir estos asuntos que necesariamente deben ser de todos y afectan a principios constitucionales muy delicados. Ante acontecimientos tan serios los políticos debemos cuidar las palabras y los hechos y no pensar únicamente en el telediario de la noche. Es mejor trabajar para no tener que volver a hablar del artículo 155 que dedicarnos a debatir cómo se aplica.

Sea como fuere, alguna lección nos queda para el futuro. La más importante es que España es una democracia que cuenta con medios para defenderse. Hoy todos sabemos que ese artículo no es un renglón sin más de nuestra Constitución sino un instrumento útil para protegerla. Un instrumento que tiene carácter extraordinario, como ha dicho el Tribunal Constitucional, y que solo debe usarse como último recurso. Yo añadiría un dato más: debe hacerse buscando el máximo acuerdo entre los partidos que defienden la Constitución. Es lo que siempre defendí y lo que en todo momento apliqué desde la Presidencia del Gobierno.

Epílogo

El jueves 31 de mayo de 2018, cuando salí hacia el Congreso de los Diputados, sabía, con toda certeza, que aquel iba a ser mi último debate parlamentario. El PNV mantenía la ficción de una deliberación interna, pero las cosas estaban meridianamente claras para cualquier persona con una mínima experiencia política. Yo intuí que la moción de censura iba a prosperar casi desde el mismo momento en que se presentó, pero a pesar de ello preparé mis dos intervenciones con el mayor esmero. Una para defender a mi Gobierno de la censura que se planteaba y otra para enumerar los argumentos que desaconsejaban votar al candidato propuesto. Evidentemente, los discursos no sirven para ganar votaciones, pero yo lo hice por respeto a todas las personas que me habían apoyado dentro y fuera de la Cámara, por consideración hacia todos aquellos que habían confiado en mí. Y sirvieron al menos para dejar constancia en el Diario de Sesiones de todas las perversiones de una operación política que, según anuncié aquel día, «va a formar el Gobierno más inestable de la historia de España desde el año 1977, cosa que sabemos todos y cada uno de los presentes, incluidos los que van a apoyar al señor Sánchez». Fin de la cita. A los hechos me remito.

Cuando terminé las dos intervenciones, mi papel en aquel debate había concluido; había defendido a mi Gobierno, a mi partido y a mi persona de la mejor manera que supe y nada más podía hacer allí. Ahora era el candidato quien se convertía en protagonista de la sesión al debatir con el resto de los grupos el apoyo para su candidatura. Como mi presencia era ociosa ya había anunciado que no me quedaría a la sesión de la tarde, lo mismo que había hecho durante la moción de censura presentada por Podemos unos meses atrás. Pude haberme ido a casa, pero algunos compañeros propusieron montar una comida, algo que hacíamos habitualmente después de un debate parlamentario importante. Aquel día yo lo agradecí. Ellos quisieron acompañarme y yo también prefería estar acompañado. Alguien escogió un restaurante cercano y allí nos plantamos María Dolores de Cospedal, Fátima Báñez, Dolors Montserrat, Íñigo de la Serna, Rafael Hernando y yo. Podían haber sido otros, pero la casualidad quiso que fueran ellos, no hay razones políticas. Pasamos una larga sobremesa que solo se interrumpió cuando María Dolores de Cospedal regresó al Congreso para desmentir una vez más los rumores sobre mi posible dimisión que algunos insistían en difundir. En aquella sobremesa me localizó Andoni Ortuzar para anunciarme lo que ya sabía y no me llegaron más mensajes porque la cobertura de teléfono era pésima.

A la mañana siguiente se iba a producir la votación. Tenía preparada una breve intervención de despedida, pero la deseché de camino al Congreso. Lo que tenía que decir era muy poco y lo improvisé durante el trayecto: «Ha sido un honor —no lo hay mayor— haber sido Presidente del Gobierno de

España. Ha sido un honor dejar una España mejor que la que encontré. Ojalá mi sustituto pueda decir lo mismo en su día. Se lo deseo por el bien de España. Creo que he cumplido con el mandato fundamental de la política, que es mejorar la vida de las personas. Si alguien se ha sentido en esta Cámara, o fuera de ella, ofendido o perjudicado, le pido disculpas. Gracias a todos, y de manera muy especial a mi partido, sin el cual nada hubiera sido posible. Gracias a todos los españoles por haberme brindado su comprensión y su apoyo. Y suerte a todos ustedes por el bien de España».

Volví a La Moncloa por última vez como Presidente del Gobierno. Entretanto en la residencia, Viri, mi mujer, daba los últimos toques a la mudanza. Ella siempre rechazó cualquier tipo de protagonismo público, pero realizó una labor callada y eficaz de mejora del complejo de La Moncloa, renovó la selección de cuadros expuestos, recuperó de los almacenes piezas fantásticas que estaban olvidadas, mejoró la gestión económica de la residencia y también ordenó la restauración de numerosos desperfectos en el palacio y en los jardines. Esa misma diligencia la acreditó al desmontar una casa y organizar una mudanza en apenas cuatro días. Su apoyo y su generosidad, tan indispensables para que yo me pudiera dedicar a la política con la intensidad que lo hice durante muchos años, también lo fueron en el momento de salir del Gobierno.

Le di instrucciones a mi secretaria Ketty para que convocara aquella misma tarde a una copa de despedida al personal del complejo que nos había acompañado durante todos aquellos años. Ese fue mi último acto en La Moncloa y resultó muy gratificante, el mejor colofón a unos días muy duros. Allí se dieron cita personas muy variopintas: bedeles y secretarios de Estado, personal de seguridad y «fontaneros», médicos y camareros; estaban Soraya y su equipo, José Luis Ayllón y sus asesores, que en su mayor parte eran los que habían venido a La Moncloa con Jorge Moragas, Eva Valle con la gente de la Oficina Económica que dirigía y también los periodistas de la Secretaría de Estado de Comunicación, que se presentaron con unas camisetas especiales para la ocasión.

Había caras de mucho cansancio; ellos también habían tenido que desmontar en cuestión de horas sus despachos, después de haber trabajado sin descanso para preparar el debate parlamentario, y su expectativa para el día siguiente era la oficina del desempleo. Sin embargo, en contra de lo que pudiera sospecharse, aquella no fue una reunión triste ni melancólica. No diré que fue una fiesta, porque no lo fue, pero sí me pareció una celebración de lo mucho que habíamos hecho por nuestro país. Nuestro tiempo en el Gobierno había llegado a su fin, pero no nos fuimos con una sensación de derrota. En definitiva, no se va al Gobierno para ocupar despachos y quedarse allí de manera indefinida; se va por un periodo de tiempo limitado y para hacer cosas por el país. Y nosotros pudimos hacer mucho por España. Esa satisfacción, la de haber rendido —cada uno en su responsabilidad— un servicio a nuestro país y a nuestros compatriotas era el sentimiento dominante en la reunión. Esa noche los Rajoy-Fernández, Viri, Mariano, Juan y yo, muy cansados, volvimos a dormir en nuestra casa de Aravaca. A la mañana siguiente mi hijo mayor, Mariano, emprendió con toda normalidad el viaje de estudios que tenía previsto para aquel verano. Juan parecía más afectado por el cambio: estaba muy preocupado pensando que no iba a poder celebrar su cumpleaños. Sus dudas fueron disipadas de inmediato y, unos días después, lo celebró en nuestra casa con todos sus amigos.

Salir de la política nunca resulta fácil. La presencia pública tiene un componente adictivo que engancha —probablemente la vanidad— y, por lo general, nadie renuncia a ella por propia voluntad. Los pocos que así lo han hecho parecen haber pasado el resto de su vida lamentándolo. Desde mi punto de vista, hay dos factores determinantes para abandonar la política. El primero es que los ciudadanos te retiren su confianza; una severa derrota electoral suele llevar aparejada la dimisión, aunque hay circunstancias que pueden matizar esta norma general: no es lo mismo, por ejemplo, para un líder que se acaba de estrenar que para quien ya lleva varias citas con las urnas. El segundo factor, casi más importante que el primero, es perder la confianza de los propios compañeros; uno no puede salir al ruedo público a defender una posición cuando tiene su retaguardia convertida en un incendio.

Celebro que en mi caso no se hayan dado ninguna de esas dos circunstancias. A pesar de los chistes, los memes, las descalificaciones y las campañas de difamación, cada vez que comparecí ante los españoles en la última década fui elegido como la opción preferida muy por delante de todas las demás: incluso en mi última campaña del año 2016 la superioridad del Partido Popular sobre el resto de los grupos fue incuestionable y abrumadora. Siempre estaré agradecido a los millones de personas que me honraron durante todos estos años con su confianza. Es algo que me acompañará el resto de mi vida.

Respecto al apoyo de mi partido, solo puedo desear a todos los presidentes del PP que me sucedan que lleguen a disfrutar de la misma lealtad con la que me arroparon mis compañeros. Aun en los momentos de mayor incertidumbre siempre conté con su respaldo y, lo que es más importante, su afecto. No necesité gobernar a mi partido con mano de hierro ni hacer purgas de ningún tipo para mantener mi autoridad. Siempre preferí el diálogo al mando y jamás lo he lamentado. Los críticos, que también los he tenido, pudieron hablar en todo momento con plena libertad, aunque con apoyo escaso entre la organización.

Entiendo que haya gente que desdeñe estas consideraciones, pero para mí sí tienen relevancia. Entre otras razones, porque me permitieron asumir la moción de censura no como un drama personal a pesar de lo emotivos que pudieron ser algunos de aquellos momentos. A mí no me apartaron de la política ni mis compañeros ni los españoles, eso sí hubiera significado un disgusto personal. A mí me expulsaron del Gobierno los adversarios del Partido Popular, que resultaron ser más. Parafraseando la célebre frase de Vujadin Boskov referida al fútbol —no podía acabar este libro sin dejar constancia de mi acreditada y polémica condición de lector del *Marca*— habría que decir aquello de que «política es política». Pero mi vida siempre estuvo compuesta de muchas más cosas.

La política española sigue su curso sin mí y yo sigo mi vida razonablemente feliz. Agradezco las muestras de cariño con que la gente me obsequia y trato de compensar a mi familia de todas las ocasiones que les hurté. No me quedan cuentas pendientes ni nostalgia de ningún tipo. Me quedo con todo lo bueno y he preferido ignorar lo malo. La política me ha dado conocimientos, amigos, experiencias, emociones, algún disgusto y muchas alegrías. He disfrutado de una vida tan intensa que a veces pienso que ha sido como vivir dos veces. Tuve la oportunidad de servir a mi país en momentos extraordinarios y ahora, desde la distancia, veo que a pesar de los problemas, que nunca faltan, España sigue unida, la ley se cumple y el crecimiento económico ha llenado las calles de actividad. Afortunadamente, la España que entregué no se parece en nada a la que recibí; esa es mi mayor recompensa.

Confío en que nunca más se repitan algunos episodios como los que yo tuve que afrontar desde la Presidencia del Gobierno de España. Confío en que nunca más el orden constitucional se vea desafiado de una manera tan abierta y desestabilizadora como ocurrió durante el año 2017. Pero si eso llegara a suceder, quien pueda estar al frente de los destinos de los españoles en ese momento no tendrá que lamentar que un antecesor llamado Mariano Rajoy le dejara privado de instrumentos para defender la Constitución. Antes al contrario, queda la experiencia de haber aplicado un artículo hasta entonces inédito. Mi más ferviente deseo es que nunca más se tenga que recurrir a él, pero todos sabemos, incluidos los independentistas, que está ahí y que es útil para defender la soberanía nacional y las reglas de nuestra democracia.

Unos habrían querido más aunque fuera sin consenso y otros hubieran preferido que mirara hacia otro lado en aras del consenso, pero hice lo que me dictaron mi responsabilidad, mi compromiso con mi país y mis convicciones democráticas. Intenté mantener la templanza en tiempos destemplados y no he entregado ni cedido nada que pudiera debilitar a España, ni por las malas ni por las buenas, ni ante los chantajes ni ante los cantos de sirena. Tampoco he tenido la tentación de utilizar la aplicación de ese delicado instrumento constitucional para obtener una ventaja política; de hecho, trabajé con lealtad para hacer frente al mayor desafío político que se planteó a nuestra España constitucional desde la fortaleza del consenso político. Que otros no hayan querido cuidarlo ya no es materia de este libro.

Llegué a la Presidencia del Gobierno con la prudencia y la humildad suficientes para saber que la historia no empezaba conmigo; aun así, reformé todo lo que creía que era preciso reformar y celebro que muchas de esas medidas aún sigan vigentes: no me refiero solo a la reforma laboral o la Ley de Estabilidad Presupuestaria que he comentado en los primeros capítulos, también a otras como la reforma energética, la reforma de las Administraciones Públicas, la Ley de Transparencia, el impulso a la Formación Profesional y a la calidad de la educación o medidas como la prisión permanente revisable. En esa tensión que define la política, y de la que hablaba al inicio de este libro, entre los objetivos absolutos y los logros relativos, creo que el balance es razonablemente positivo.

¿Me hubiera gustado haber hecho más? ¿Y a quién no? Me hubiera gustado liderar desde el Gobierno la transformación de España para encarar nuestra plena digitalización, me hubiera gustado presidir el primer Gobierno de gran coalición y también me hubiera gustado irme del Gobierno como yo tenía previsto, midiendo los tiempos y de forma ordenada. Pero valorando cuidadosamente unos factores y otros, mi balance personal es satisfactorio. El que puedan hacer otras personas tampoco es materia de este libro.

De mi tiempo en La Moncloa y en la primera línea de la política española la principal lección que he aprendido es que la mejor manera de mirar a España es hacerlo a través de los españoles, de esos millones de personas anónimas que cada día se esfuerzan por mejorar su vida y la de sus familias sin ser conscientes de lo mucho que así contribuyen al progreso de su país.

España no es un país democrático porque así esté escrito en nuestra Constitución. Lo es porque los españoles practicamos cada día la democracia, porque afrontamos nuestros retos, por difíciles que puedan ser, sin haber rebajado nunca el listón de nuestras libertades y derechos. Nunca nos hemos permitido el menor retroceso en cuestión tan decisiva. Son los españoles, con su conducta diaria, quienes consiguen que España destaque en los puestos de cabeza de todos los índices de excelencia política del mundo. Lo mismo podríamos decir de nuestra fama de país abierto y solidario. ¿Cómo se consiguen esos títulos? ¿Quién los certifica? Solo una actitud diaria y persistente y extendida en el conjunto de la sociedad española. Somos los españoles quienes nos hemos ganado esa consideración al no haber tenido miedo de acoger a millones de ciudadanos de otros países que se han incorporado a nuestra sociedad de forma paulatina. Somos uno de los países de Europa con mayor porcentaje de población extranjera y el que menos problemas de integración tiene. ¿Acaso eso no dice algo bueno de nosotros?

¿Y qué decir del tópico de nuestra creatividad e imaginación? ¿Es solo porque contamos con grandes artistas o reputados cocineros? En todas las escuelas de negocio del mundo se estudian los casos de grandes empresas españolas que han sabido revolucionar el sector donde se desenvuelven. Eso es creatividad y no hace falta ser una multinacional con miles de trabajadores para demostrarlo. Hace unos años visité en Tarragona una empresa puntera en el envasado de alimentos. Lo curioso de su historia es que poco tiempo antes había sido una empresa de construcción que quebró como tantas otras a causa del estallido de la burbuja inmobiliaria. Sus propietarios se encontraron de golpe sin negocio, sin futuro e hipotecados en una nave que acababan de comprar. Pero en aquella nave quedaba, como un vestigio de su actividad anterior, una vieja cadena de envasado de alimentos que llevaba años sin usarse. Era lo único que tenían en aquel momento frente al agujero negro del colapso de la construcción, y a ello se agarraron. La pusieron en marcha, aprendieron del sector, empezaron a visitar ferias y a documentarse sobre esa nueva actividad. Unos años después habían conseguido sobrevivir con éxito a la crisis y construir un boyante negocio. Esta historia, que nadie contó en las crónicas de aquella jornada, constituye en sí misma una lección inspiradora de liderazgo y de creatividad. Una más de las muchas que he tenido la suerte de conocer en todos los rincones de España. Una más de las que jalonaron nuestro camino hacia la recuperación.

No es preciso remontarse hasta nuestro Siglo de Oro para

buscar una grandeza pasada, hoy España es un país que rebosa vitalidad y energía. Sin aspavientos y sin afectaciones hemos protagonizado unas cuantas historias de éxito que definen a un país admirable: hemos culminado feliz y pacíficamente una transición de la dictadura a la democracia, hemos abierto nuestra economía al mundo y sabido diversificarla, nuestro sistema de bienestar social es envidiado en todas partes, hemos derrotado a una banda terrorista, superado una crisis devastadora y nos hemos transformado en una potencia exportadora. Estas son algunas de las «menudencias» que hemos logrado juntos en nuestra historia reciente. ¡Cómo no confiar en un país capaz de semejantes logros!

Los españoles no necesitan de nadie para seguir haciendo grande su país. Cada día lo consiguen con inteligencia, trabajo y tesón. Solo hay que dejarles actuar en libertad sin entorpecer su talento ni malgastar sus esfuerzos. No rendirse si ellos no se rinden, no cansarse si ellos no se cansan, no flaquear si ellos no flaquean. Si a mí me cabe adjudicarme algún mérito es solo el de haber confiado plenamente en ellos, en su capacidad para superar las dificultades y en su determinación para defender sus valores democráticos. Esa fuerza es la que me dio templanza en los momentos de mayor dificultad y la que me aconsejó siempre mantener la prudencia y la serenidad. A mí me tocó en suerte la desagradable tarea de pedirles esfuerzos mientras que otros han tenido la fortuna de encontrarse un país saneado. Pero al menos hoy todos sabemos que aquellos esfuerzos no resultaron baldíos.

Si en la noche de las elecciones del 20 de noviembre de 2011, con aquella rotunda victoria, pensé que toda mi carrera política había cobrado su auténtico sentido, ahora sé que estaba equivocado. El auténtico sentido de tantos años de trabajo no era haber llegado a La Moncloa sino el que recordé en mi despedida del Congreso aquel 1 de junio de 2018. Es la circunstancia que hoy me permite disfrutar con serenidad mi nueva vida fuera de la política y la que ha venido a dar título a este libro: haber dejado una España mejor. Ese y no otro es el auténtico sentido de la política.

Agradecimientos

Hay temas en la vida que no se pueden afrontar en solitario. Escribir este libro constituye un ejemplo palmario de cuán verdadera es esa afirmación. Contar los acontecimientos más importantes que viví en casi siete años en la Presidencia del Gobierno, así como los porqués de tantas decisiones que tuve que adoptar me obligó a un gran esfuerzo memorístico y también a hablar con muchas personas que me ayudaron a recordar hechos y claves importantes. Fue indispensable hacerlo porque, además, a lo largo de mi etapa en el Gobierno jamás escribí una línea con el objetivo de plasmarla más adelante en libro alguno.

Pero ese esfuerzo no fue suficiente. Era preciso mucho más: recuperar documentación, contactar con más gente, recordar sucesos y anécdotas de interés, conseguir fotografías, corregir textos, aportar ideas... Fue una labor gigantesca e imprescindible. Carmen Martínez Castro, Miri Barreira y Ketty Satrústegui me asistieron de manera incondicional. Ellas han logrado que todos ustedes puedan disponer de una versión infinitamente mejor y más cercana a la realidad de lo que ocurrió entonces. Muchísimas gracias a las tres.

Han contribuido a hacerlo posible.